Organisez vos données personnelles

Groupe Eyrolles
Éditions d'Organisation
61, bd Saint-Germain
75240 Paris cedex 05

www.editions-eyrolles.com
www.editions-organisation.com

Xavier Delengaigne
Pierre Mongin
Christophe Deschamps

Organisez vos données personnelles

L'essentiel du Personal Knowledge Management

EYROLLES

Éditions d'Organisation

Sommaire

Introduction

« Quand les vents du changement soufflent,
certains construisent des abris, et d'autres des moulins. »
Proverbe chinois

Regardez autour de vous : que voyez-vous ? Si vous êtes actuellement au travail, vous remarquerez sans doute votre ordinateur, en bonne place sur votre bureau, tellement présent qu'on finit par l'oublier. À ses côtés, votre téléphone. Jetez un coup d'œil dans la poche intérieure de votre veste : vous y retrouverez probablement votre téléphone portable. Dans votre autre poche, peut-être avez-vous un iPod ? Si vous êtes chez vous, vous avez de fortes chances de retrouver un ordinateur dans votre bureau. Peut-être êtes-vous d'ailleurs en train de télécharger de la musique et/ou des films (légalement) ? Bref, qu'on le veuille ou non, les TIC (Technologies de l'information et de la communication) font désormais partie de notre quotidien… et jongler avec tous ces outils n'est pas toujours évident.

Par ailleurs, pour la plupart d'entre nous, la vie devient de plus en plus fragmentée. Professionnellement, rares sont ceux qui restent toute leur vie dans la même entreprise. Désormais, nous devons mener de front plusieurs carrières (qui n'ont parfois rien à voir les unes avec les autres). Pratiquer un métier totalement différent de l'objet de ses études devient de plus en plus fréquent. Fort de ce constat, chacun de nous doit se constituer un bagage de connaissances et de savoir-faire pour s'adapter à une vie de plus en plus fluctuante. Nous avons donc besoin de ces nouvelles technologies et de méthodologies pour « apprendre à apprendre ».

Dans les formations que nous, auteurs de ce livre, dispensons (« Communiquer avec les outils électroniques », « Organiser sa veille », etc.), nous avons remarqué que les stagiaires apprennent à maîtriser de nouveaux outils sans forcément comprendre les logiques qui en découlent. Ils piochent souvent dans le catalogue en fonction de leurs besoins immédiats, mais aussi de leurs envies. Au final, rares sont les stagiaires qui suivent un parcours pédagogique cohérent. Le résultat ? Un savoir lui aussi fragmenté.

Néanmoins, de nombreuses organisations mettent en place des plans de formation pour contrer cet effet « consommateur ». En effet, acquérir une vision globale des problématiques et des solutions pour organiser nos données personnelles devient urgent et crucial.

Penser le XXIe siècle

> « The illiterate of the 21st century will not be those who cannot read and write, but those who cannot learn, unlearn and relearn[1]. »
> Alvin Toffler, Future Shock, 1970.

Au XXIe siècle, notre pensée sera confrontée aux problématiques suivantes :

La pensée du XXIe siècle

Caractéristiques	Aptitudes à acquérir
La surinformation	Visualiser, prioriser, organiser
La fragmentation du savoir	Intégrer, connecter, réfléchir
L'incertitude	Rechercher l'information, composer avec ce que vous ne savez pas
Les changements rapides	Être proactif, planifier, contrôler, anticiper
Les dilemmes complexes	Organiser, cartographier, structurer, analyser
La compétitivité	Être créatif, développer les produits et les services intellectuels

• La surinformation : nous sommes tous confrontés quotidiennement, de façon presque anodine, à la surinformation. Par exemple, sur Internet, une simple recherche Google peut renvoyer à plusieurs dizaines de milliers de réponses ! Mais « l'information n'est pas le savoir » a dit Albert Einstein : nous devons, en effet, apprendre à traiter les données pour les transformer en informations, puis en connaissances (voir dans le chapitre 1 la sous-partie intitulée « Passer des données à la connaissance », page 26).

---

1. « Les illettrés du XXIe siècle ne seront pas ceux qui ne savent pas lire ou écrire mais ceux qui seront incapables d'apprendre, de désapprendre et de réapprendre. »

- La fragmentation du savoir : multisource (livre, Internet, télévision…), mais aussi de provenances géographiques diverses, le savoir est désormais morcelé. George Siemens a dit : « J'aimerais voir l'apprentissage commencer par des connexions et non pas par du contenu. » En effet, nous devons apprendre à réaliser des connexions avec nos connaissances actuelles et entre différents nouveaux domaines que nous allons découvrir. Certains outils, comme le *mind mapping* par exemple, nous aident à établir ces connexions.
- L'incertitude : l'avenir et l'accroissement exponentiel du savoir, c'est aussi composer avec l'inconnu. Apprendre à rechercher et à évaluer ce que vous trouvez, mais aussi à découvrir ce que vous ne savez pas, devient une composante essentielle de votre travail.
- Les changements rapides : dans un monde en perpétuel mouvement, celui qui n'avance pas recule ! Fort de ce constat, nous devons nous doter d'outils intellectuels pour suivre et porter un regard critique sur l'évolution de notre société.
- Appréhender les dilemmes complexes : le monde dans lequel nous vivons se complexifie à mesure que nos connaissances s'accroissent. Résoudre des problèmes représente donc une capacité cognitive primordiale.
- La compétitivité : face à la montée de la mondialisation, la concurrence inter-États, inter-entreprises mais aussi inter-individus ne cesse de croître… Un moyen de résister à la concurrence des pays émergents (Chine, Brésil, Inde…) n'est-il pas de développer les produits et les services intellectuels ? Favoriser la créativité dans tous les domaines reste un bon moyen de garder une certaine avance face à la concurrence.

Certains rencontrent plus de difficultés à appréhender ces bouleversements technologiques que d'autres. Bien souvent (et de manière un peu schématique), ce sont ceux qu'on appelle les *digital immigrants*, en français les « immigrants numériques ». Nés avant la révolution technologique, ils se sont adaptés tant bien que mal aux nouvelles technologies de l'information. Comment les reconnaître ? C'est très simple, ils impriment encore les e-mails qu'ils reçoivent !

D'autres semblent plutôt bien s'acclimater à ce bain technologique : ce sont les *digital natives* (en français les « natifs numériques », terme inventé par Marc Prensky au début des années 2000), qui, comme leur nom l'indique, sont nés avec l'avènement d'Internet. Toutefois, même si ce sont la plupart du temps de très bons utilisateurs des nouvelles technologies, de récentes études montrent qu'ils rencontrent de réelles difficultés à maîtriser réellement l'information (notamment lorsqu'il s'agit d'en évaluer la fiabilité).

L'arrivée des *digital natives*

> *« Sous l'influence du numérique, d'Internet, de la téléphonie mobile, la société est en train de changer sous nos yeux sans qu'on en mesure spontanément la profondeur. Toute une génération se sert encore des outils numériques comme d'accessoires. La génération montante, elle, s'en sert comme d'un élément central de communication, d'éducation, de distraction. Quand elle aura pris le pouvoir, les fonctionnements vont changer en profondeur. »*
>
> Maurice Levy, président-directeur général de Publicis (né en 1942)

Nés avec une console de jeux dans les mains, bercés par la musique mp3, les *digital natives* débarquent au sein de nos organisations. Certains sont même déjà là. Qui sont-ils ? Comment vont-ils bouleverser les entreprises ? Autant de questions qu'il faut se poser si nous ne voulons pas rater notre futur…

Les organisations, un espace de cohabitation forcée ?

Les organisations sont à l'image de la société. La composition du personnel devient tout naturellement marquée par les évolutions sociologiques. Ainsi, en Occident, plusieurs générations cohabitent au sein d'une même organisation :
• les baby-boomers : individus nés entre 1945 et la fin des années 1950 ;
• la génération X : individus nés entre le début des années 1960 et 1978 ;
• la génération Y : individus nés entre 1978 et le milieu des années 1990 ;
• la génération Z : individus nés depuis le milieu des années 1990.

Les natifs digitaux regroupent les générations Y et Z, c'est-à-dire tout individu né après 1978. En quoi sont-ils différents de leurs prédécesseurs ? Pour eux, la technologie est naturelle. Elle fait partie intégrante de leur quotidien. La génération Z en particulier n'a jamais connu de monde sans ordinateur, ni Internet, ni téléphone portable.

Certains chercheurs avancent que même le fonctionnement de leur cerveau diffère car il évolue en fonction de leur environnement numérique. Cette thèse est plus que probable. Au cours de l'évolution humaine, le cerveau s'est en effet adapté à son environnement (et notamment à l'utilisation d'outils) : « Selon l'anthropologiste Stanley Ambrose de l'université d'Illinois, il y a approximativement 300 000 années, un homme de Néandertal se rendit compte qu'il pouvait prendre un os avec sa main et l'utiliser comme un marteau primitif. Nos ancêtres eurent tôt fait d'apprendre qu'il était plus efficace de maintenir l'objet à frapper avec la main opposée. Ceci conduisit nos ancêtres à développer leur latéralité et à devenir droitiers ou gauchers. Tandis qu'un côté du cerveau évolua pour améliorer la dextérité, le côté opposé se spécialisa dans l'évolution du langage[1]. »

Les avis s'accordent toutefois pour reconnaître la spécificité du comportement des natifs digitaux. Multitâches, ils excellent à jongler avec plusieurs activités : chatter tout en écoutant de la musique, télécharger un fichier tout en regardant une vidéo. L'environnement collaboratif constitue leur royaume : ils consacrent un temps non négligeable à entretenir leurs relations au travers des réseaux sociaux en ligne, comme Facebook par exemple. Ils peuvent toutefois souffrir d'un véritable déficit d'attention et ne sont pas forcément doués pour les relations interpersonnelles en face-à-face. Par ailleurs, ils ont tendance à prendre l'information tirée du web pour argent comptant (et ils savent rarement comment la vérifier).

S'agit-il d'une simple différence de génération ? La rupture semble plus profonde. Les natifs digitaux ne sont pas uniquement des simples consommateurs d'outils numériques. Nourris à la sauce 2.0 (voir définition de « web 2.0 » dans le lexique en fin d'ouvrage), ils créent désormais leurs propres outils : ils lancent un wiki[2] pour collaborer avec leurs collègues, ils tapent des commandes Ubiquity[3] sur Firefox pour surfer sur Internet. Leur façon de penser aussi diffère. Face à un problème, ils ne raisonnent pas forcément de façon cartésienne comme leurs prédécesseurs en tentant de trouver les causes. Élevés à l'ère du jeu vidéo, ils vont expérimenter les différentes solutions jusqu'à la réussite. Seul le résultat à brève échéance compte.

La dualité entre *digital immigrants* et *digital natives* s'est par ailleurs accompagnée d'une migration progressive vers une société du savoir. Désormais, nous sommes, pour la plupart d'entre nous, des travailleurs du savoir. Pourtant, très peu d'entre nous ont appris à maîtriser véritablement l'information.

Muter vers une organisation numérique 2.0

La révolution numérique est en marche. Elle touche à la fois notre environnement, nos comportements mais aussi notre façon de penser. Les entreprises ne sont pas épargnées.

---

1. Traduction libre de Gary Small M.D. et Gigi Vorgan, *iBrain: Surviving the Technological Alteration of the Modern Mind*, éditions Collins Living, 2008, page 10.
2. Site web dont l'écriture est collaborative, voir lexique.
3. Si vous êtes un immigrant numérique, vous avez sûrement besoin de précisions ! Ubiquity est une extension du navigateur web Firefox. Elle permet d'interagir avec le web directement en ligne de commande.

Flux RSS, réseaux sociaux, wikis… Combien d'employés ou de cadres disposent de ces outils dans le cadre de leur travail ? Très peu à n'en pas douter. De nombreuses organisations sont en retard en ce qui concerne l'introduction professionnelle des outils 2.0. Pourtant, elles ne peuvent pas se réfugier derrière une question de prix : la plupart de ces technologies, hormis la formation, sont à faible coût. Aujourd'hui, elles doivent relever le défi d'une organisation toujours plus numérique, avec un personnel qui sera à terme différent. La présence d'employés et de cadres dotés de compétences différentes et complémentaires représente une véritable richesse pour les entreprises. Sauront-elles l'exploiter ?

Les flux RSS, par exemple, peuvent se lire grâce à un lecteur gratuit comme RSS Bandit. L'utilisation des logiciels libres peut même permettre de réaliser de sérieuses économies, qui peuvent être réinjectées dans du matériel ou de la formation. Il s'agit davantage d'un changement de mentalités et d'un mode d'organisation à revoir, de passer d'une organisation hiérarchique à un système collaboratif.

Adopter le PKM

Actuellement, le PKM (*Personal Knowledge Management*) peut répondre à cette problématique qui représente, dans les années à venir, un véritable enjeu, non seulement pour les individus, mais aussi pour les organisations. En français, le terme de PKM est traduit par « gestion des données personnelles ».

Pour esquisser une première ébauche, nous pourrions définir le PKM comme la capacité à la fois individuelle et personnelle d'apprendre continuellement, de s'adapter et de gérer ses connaissances pour réussir sa vie professionnelle et personnelle. Il s'agit notamment de transformer toutes les données qui nous assaillent (nous en avons trop) en connaissances (nous n'en avons jamais assez).

Toutefois, à ce jour, la notion de PKM reste un peu floue. Chacun y va de sa définition. En effet, les savoirs accumulés et développés par l'individu représentent un véritable kaléidoscope. Les appréhender dans leur totalité reste un challenge. C'est le défi relevé par ce livre.

INTRODUCTION

PARTIE 1 : Devenez un maître de l'univers informationnel avec le PKM

Chapitre 1 : La naissance du *Personal Knowledge Management* (PKM)
Chapitre 2 : Collecter les données
Chapitre 3 : Organiser l'information
Chapitre 4 : Évaluer l'information
Chapitre 5 : Présenter l'information
Chapitre 6 : Collaborer autour de l'information
Chapitre 7 : Sécuriser l'information

Organisez vos données personnelles

PARTIE 2 : Organisez votre propre système d'information personnel avec le modèle TIICC

Chapitre 8 : Donner du temps au temps
Chapitre 9 : Qui es-tu sur le net ? Ou comment mieux gérer son identité numérique
Chapitre 10 : Le social, c'est capital !
Chapitre 11 : Développer ses compétences personnelles
Chapitre 12 : Mettre en place un système d'information personnel

CONCLUSION

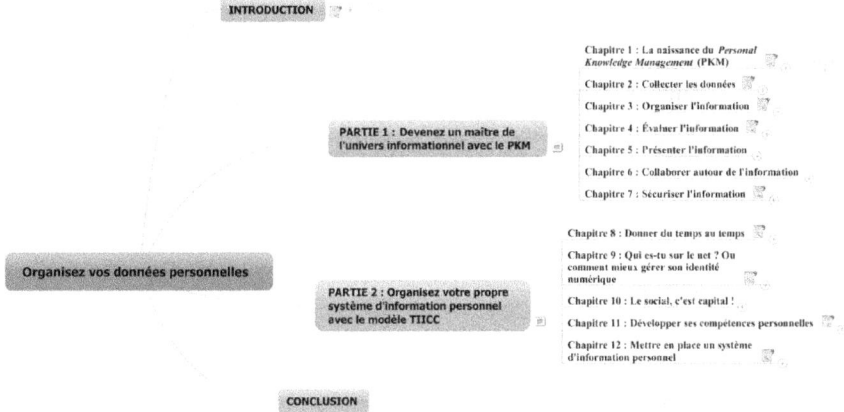

Les bénéfices de ce livre

Grâce à ce livre, vous relierez les différentes formations que vous avez suivies. Vous découvrirez les logiques inhérentes à chaque outil. Bref, vous apprendrez des connaissances transversales qui vous serviront tout au long de votre vie professionnelle, mais également personnelle.

Dans la première partie de notre ouvrage, vous apprendrez à devenir un véritable maître de l'univers informationnel. Nous reprendrons pour ce faire les éléments originels du PKM :

– collecter les données ;
– organiser l'information ;
– évaluer l'information ;
– présenter l'information ;
– collaborer autour de l'information ;
– sécuriser l'information.

PARTIE 1 : Devenez un maître de l'univers informationnel avec le PKM

Chapitre 1 : La naissance du *Personal Knowledge Management* (PKM)
Chapitre 2 : Collecter les données
Chapitre 3 : Organiser l'information
Chapitre 4 : Évaluer l'information
Chapitre 5 : Présenter l'information
Chapitre 6 : Collaborer autour de l'information
Chapitre 7 : Sécuriser l'information

Dans la seconde partie de notre ouvrage, nous assemblerons les pièces manquantes de notre système. En effet, les compétences liées au PKM ont elles aussi évolué. Désormais, de nouveaux éléments sont à prendre en compte, comme par exemple l'identité numérique et les réseaux sociaux.

Le PKM s'étend peu à peu vers la sphère du développement personnel et fait appel à des méthodes complémentaires (la GTD, ainsi que celles de Stephen Covey et de Peter Drucker) et à de nouveaux outils (*mind mapping*, etc.). Il peut alors s'aborder au travers de l'acronyme du modèle TIICC :

- Temps ;
- Identité numérique ;
- Information ;
- Capital social ;
- Compétences personnelles.

Ces cinq notions constituent autant de repères qui vous aideront à progresser vers tout le halo numérique qui nous entoure.

PARTIE 2 : Organisez votre propre système d'information personnel avec le modèle TIICC

Chapitre 8 : Donner du temps au temps

Chapitre 9 : Qui es-tu sur le net ? Ou comment mieux gérer son identité numérique

Chapitre 10 : Le social, c'est capital !

Chapitre 11 : Développer ses compétences personnelles

Chapitre 12 : Mettre en place un système d'information personnel

C'est en maîtrisant ces outils que nous pourrons prétendre à plus d'efficacité et d'aisance, aussi bien dans notre carrière professionnelle que dans notre parcours personnel. Le PKM a ainsi le pouvoir de changer notre propre perception de la vie, et d'améliorer notre quotidien très concrètement et durablement.

PARTIE 1

DEVENEZ UN MAÎTRE DE L'UNIVERS INFORMATIONNEL AVEC LE PKM

Cette première partie est consacrée à une approche classique du PKM (présentation au chapitre 1) dans sa facette « gestion de l'information », à savoir :

- Collecter des données (chapitre 2) ;
- Organiser l'information (chapitre 3) ;
- Évaluer l'information (chapitre 4) ;
- Présenter l'information (chapitre 5) ;
- Collaborer autour de l'information (chapitre 6) ;
- Sécuriser l'information (chapitre 7).

Acquérir une vue d'ensemble de toutes les sources de données dont nous disposons est important. Devant cette masse toujours grandissante, nous devons obligatoirement réaliser des choix et nous verrons dans cette partie lesquels sont les plus judicieux.

En comprenant comment ces données sont diffusées et nous parviennent, nous découvrirons comment naît et meurt l'information. En effet, celle-ci peut avoir un temps de vie extrêmement limité et nous devons en prendre connaissance avant qu'elle ne devienne caduque. Il s'agit donc de savoir comment nous pouvons la capter et la canaliser au mieux afin de la faire fructifier en un temps réduit.

1

LA NAISSANCE DU *PERSONAL KNOWLEDGE MANAGEMENT* (PKM)

> « *The problem of information overload, therefore, may not be the quantity of it but our inability to know what to do with it.* »
> Danniel Tammet[1]

Éléments de contexte

Après moi, le déluge informationnel

Comme nous l'avons vu dans l'introduction, la surinformation ne nous guette plus : elle nous a déjà rattrapés depuis longtemps ! D'ailleurs, aucune raison pour que ce déluge informationnel cesse. En 2013, la population connectée à Internet dans le monde devrait en effet atteindre 2,2 milliards contre 1,45 en 2008. Or, avec le web 2.0, nous sommes de plus en plus nombreux à :

• tenir un blog ou un site web ;
• commenter des articles de journaux ou des billets de blogs ;
• donner notre avis ;
• converser *via* Twitter, Facebook, etc. ;
• publier des photos ou des vidéos ;
• partager des documents numériques.

---

1. « Le trop-plein d'information n'est pas, en soi, problématique ; c'est surtout notre incapacité à savoir qu'en faire qui est en jeu. »

Pour être clair, nous produisons du contenu en permanence. Une étude publiée par la société IDC[1] indique que l'humanité va produire durant l'année 2010 la quantité jamais atteinte d'un zettabyte d'informations, soit de quoi remplir 75 milliards d'iPad !

Reference overload

Or, les contenus produits par les internautes ne sont pas la seule surcharge à laquelle Internet nous expose. On peut en effet parler d'un phénomène que nous avons baptisé le *Reference overload*, soit une surcharge de contenus dits de référence. Il y a encore une dizaine d'années en effet, seuls les scientifiques et les chercheurs accédaient aux bases de données qui leur permettaient de rechercher des articles rédigés par leurs collègues. Aujourd'hui, n'importe quel quidam souhaitant creuser tel ou tel sujet peut accéder à une information scientifique et technique (généralement validée par un collège de spécialistes de la matière), et c'est presque aussi simple que d'interroger Google. Les articles qui sortent dans les résultats ne sont certes pas tous accessibles gratuitement, mais le mouvement grandissant de l'*open access* permet d'accéder à un nombre d'articles en texte intégral, en croissance exponentielle.

Le mouvement de l'*open access*

Il a été lancé vers la fin des années 1990 par des scientifiques soucieux du développement des pays du tiers-monde, dont les chercheurs ne peuvent accéder à des publications scientifiques coûteuses. La déclaration de Berlin sur le libre accès aux connaissances[2] dans le domaine des sciences indique que le libre accès (*open access*) signifie notamment :

- que l'accès aux documents est gratuit (en ligne et en texte intégral) ;
- qu'une version complète du document libre d'accès est déposée dans au moins un service d'archivage en ligne pour permettre le libre accès, la diffusion sans restriction, l'interopérabilité et l'archivage à long terme.

Les moteurs et services proposant de rechercher en plein texte dans ces données sont d'ailleurs de plus en plus nombreux et sophistiqués.

Tools overload

Le *Reference overload* serait presque supportable s'il ne s'y ajoutait pas une autre forme de surcharge constituée cette fois-ci par le nombre de logiciels et de services en ligne sans cesse croissant qui nous est proposé. Que vous souhaitiez montrer

---

1. « The Digital Universe Decade », IDC, 2010 : www.emc.com/collateral/demos/microsites/idc-digital-universe/iview.htm
2. Voir http://oa.mpg.de/openaccess-berlin/BerlinDeclaration_wsis_fr.pdf

Quatre moteurs de recherche académiques

Nom	Description	Adresse
Google Scholar	Multilingue. Propose un mode de recherche avancée ainsi que des alertes e-mails par mots-clés.	http://scholar.google.fr
Scirus	Multilingue. Permet de choisir les types de sources à interroger *via* la recherche avancée.	www.scirus.com
OAIster	Multilingue. Permet de rechercher dans près de 1 100 ressources universitaires ou scientifiques en *open access*.	http://oaister.worldcat.org
BASE	Multilingue. Interface de recherche avancée. Indexe près de 1 200 sources en *open access*.	www.base-search.net

vos photos à vos proches, créer des groupes de discussion privés, mettre en ligne et gérer vos performances de joggeur, de plongeur, de cycliste, critiquer des livres ou toute autre activité qui vous vient à l'esprit, plusieurs services existent déjà bien souvent et sont en concurrence. En gros, partez du principe que si vous ressentez un besoin, c'est qu'il a déjà été ressenti par d'autres avant vous et que, parmi ces autres, il y a statistiquement de fortes chances pour qu'il y ait eu des développeurs informatiques qui aient décidé d'y répondre. Il ne reste plus qu'à identifier leurs solutions… Rien ne dit par ailleurs que le service qui apparaîtra demain matin ne sera pas finalement celui dont vous avez réellement besoin.

Cette situation entraîne deux conséquences :

• vous devez être en veille permanente sur les nouveaux services en ligne susceptibles de vous être utile ;

• vous devez trouver le temps de les comparer pour ensuite choisir le meilleur.

Or, cela nécessite à nouveau d'avoir la possibilité de dégager du temps. La situation peut se résumer ainsi : perdre du temps avec des outils et services que l'on maîtrise bien mais qui sont dépassés en termes de productivité potentielle, ou perdre du temps à rechercher et tester le nouveau service répondant le mieux à votre besoin (perdre du temps pour mieux en gagner donc !). Chacune de ces attitudes présente un risque, la première est d'utiliser des outils datés (et de ne finalement plus être concurrentiel), la seconde est de ne pas voir son travail de recherche et de test payé en retour. Cette dernière attitude a toutefois pour avantage de vous permettre de rester à la pointe de l'information puisque vous connaîtrez les nouvelles fonctionnalités dès leur arrivée. Ainsi, vous serez mieux à même de juger des vraies évolutions lorsqu'elles se présenteront.

Social overload

Last but not least, le *social overload* est aussi de la partie et vient changer la donne. Il s'agit tout simplement de notre capacité à multiplier d'une manière tout à fait inédite dans l'histoire de l'humanité le nombre de contacts que nous détenons au sein de nos réseaux. L'anthropologue Robin Dunbar avait, au début des années 1990, émis une règle qui porte son nom : un individu ne peut pas maintenir des relations stables avec un nombre d'individus supérieur à environ 130. C'est en moyenne le nombre d'« amis » que nous avons sur Facebook mais c'est sans compter sur nos contacts Twitter, LinkedIn, Viadeo et autres réseaux sociaux. D'après la chercheuse Judith Donath de l'université d'Harvard, les réseaux sociaux nous permettent de construire un *supernet* (super réseau) dont les contacts sont très faciles d'accès, et leur nombre bien plus important que prévu. Ainsi, il n'est pas rare de voir des membres de Facebook avec plus de 1 000 « amis ». Judith Donath signale une situation dont, certes, on ne peut encore envisager les conséquences en termes d'interactions sociales, puisqu'elle est totalement inédite dans l'histoire de l'humanité, mais dont on peut conclure sans hésiter qu'à titre individuel, elle va fatalement nous demander plus de temps pour son entretien et sa gestion. Cette situation composée de *reference overload*, de *tools overload* et de *social overload* crée de fait ce que nous nous proposons d'appeler *everything overload*. Tout est en surcharge : les données, les outils, les réseaux sociaux, mais pas les connaissances qui sont un patrimoine que chacun se bâtit à son rythme et qu'il convient de respecter, sous peine de perdre ses repères.

Des bouleversements socio-économiques qui nous impactent individuellement

Le contexte socio-économique

Le contexte de travail dans les pays occidentaux a beaucoup évolué depuis les années 1960, et clairement pas dans le sens de la sécurisation des emplois. Un sondage de l'Institut CSA paru en mai 2007 indiquait que la précarité de l'emploi est devenue aujourd'hui une source d'inquiétude majeure pour 49 % des cadres, devançant même la défense du système de retraite par répartition (48 %) ou l'augmentation du pouvoir d'achat (45 %)[1].

En effet, les règles du jeu ont changé. La dérégulation de l'économie, sa mondialisation, l'accélération des progrès scientifiques et techniques, le développement d'Internet, la marchandisation, sont désormais notre quotidien.

---

1. Enquête « Réalité cadres », Institut CSA, mars 2007.

Ils traînent dans leur sillage autant de craintes que d'espoirs. Grâce au système post-paternaliste mis en place après guerre, chacun pouvait espérer réaliser toute sa carrière dans une même entreprise. Ce système a complètement explosé. Dans ce contexte, chacun comprend bien qu'il doit avant tout compter sur lui-même pour rester en situation d'employabilité, qui se définit comme la capacité d'un salarié à conserver ou à obtenir un emploi.

Les nouvelles attentes du travailleur du savoir

L'expression « travailleur du savoir » a été créée par un auteur majeur du management moderne, Peter Drucker, pour désigner une personne « qui met en œuvre ce que son éducation lui a appris, c'est-à-dire des concepts, des idées et des théories, plutôt que (…) des compétences manuelles ou musculaires[1] ». Cette définition, déjà ancienne puisqu'elle date des années 1960, ne pouvait évidemment prendre en compte les grands changements apportés par l'informatique personnelle. Avec eux, nous devenons tous des travailleurs du savoir dès lors que nous manipulons symboliquement des objets *via* une souris et un écran. En agrégeant des chiffres fournis par le U.S. Bureau of Labor Statistics, Richard Florida estimait en 2005 que près d'un tiers des 136 millions de travailleurs américains étaient d'une manière ou d'une autre des travailleurs du savoir. Il serait étonnant que cela soit différent en France.

Or, les travailleurs du savoir possèdent des besoins bien particuliers, déjà analysés auparavant par Drucker. Tout d'abord, ils se considèrent comme égaux à leur employeur, c'est-à-dire comme des associés plutôt que comme des employés. Ensuite, nombre d'entre eux passent une bonne partie de leur temps à effectuer des travaux non qualifiés. Cependant, ce qui les identifie, dans l'esprit des autres comme dans le leur, c'est la part de leur travail qui implique qu'ils mettent leurs connaissances formelles en pratique. Enfin, ils peuvent être attachés à une organisation (et s'y sentir à l'aise), mais leur appartenance principale va plutôt à la branche de connaissances dans laquelle ils sont spécialisés.

Se sentant rattachés à leur spécialité avant de l'être à leur employeur, ils veulent avant tout rester à la pointe de ce qui s'y fait. Un emploi qui ne leur permettrait pas de progresser, d'apprendre, pourrait donc être ressenti comme limitant et peu attrayant. Si le travailleur du savoir reste bien conscient qu'il ne fera pas toute sa carrière dans une seule et même entreprise, il attend de celles qui l'emploient qu'elles mettent tout en œuvre pour que son passage lui soit profitable et accroisse ainsi ses compétences (et donc son employabilité).

---

1. Peter Drucker, Management: Tasks, Responsibilities and Practices, Harper & Row, 1973.

Les conséquences globales pour le travailleur du savoir

Le contexte général et les attentes propres aux travailleurs du savoir que nous venons de décrire entraînent certaines conséquences. Nous allons maintenant les détailler. Nous avons choisi pour cela de mettre en œuvre la méthode dite des « pourquoi ? ». Elle est utilisée habituellement dans les procédures qualité. Elle va ici nous aider à comprendre l'objectif lié à une meilleure gestion de notre information personnelle, en repoussant la réponse jusqu'à sa dernière extrémité et en allant ainsi très rapidement à l'essentiel.

La question de départ que nous pouvons nous poser concerne l'une des tâches incontournables auxquelles les travailleurs du savoir doivent faire face : pourquoi est-il important de mieux gérer la quantité d'informations et de données toujours croissante à laquelle nous sommes exposés ?

Pourquoi mieux gérer ses données ?

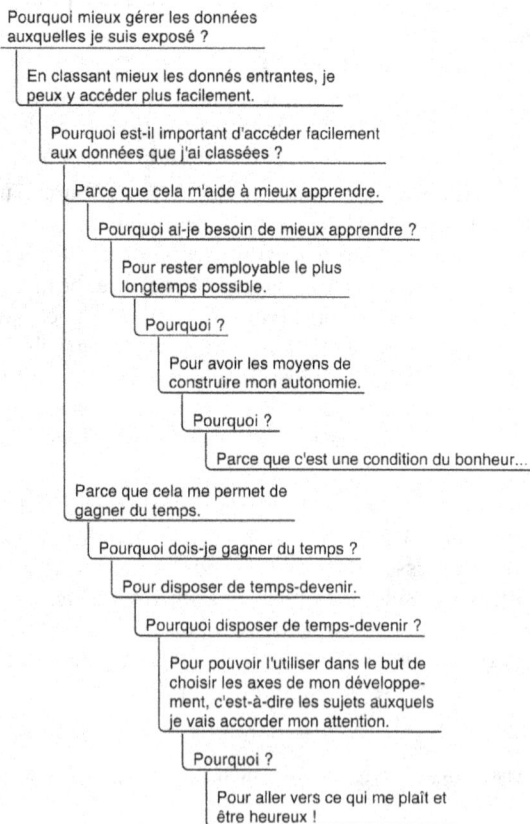

Pourquoi mieux gérer les données auxquelles je suis exposé ?

En classant mieux les donnés entrantes, je peux y accéder plus facilement.

Pourquoi est-il important d'accéder facilement aux données que j'ai classées ?

Parce que cela m'aide à mieux apprendre.

Pourquoi ai-je besoin de mieux apprendre ?

Pour rester employable le plus longtemps possible.

Pourquoi ?

Pour avoir les moyens de construire mon autonomie.

Pourquoi ?

Parce que c'est une condition du bonheur...

Parce que cela me permet de gagner du temps.

Pourquoi dois-je gagner du temps ?

Pour disposer de temps-devenir.

Pourquoi disposer de temps-devenir ?

Pour pouvoir l'utiliser dans le but de choisir les axes de mon développement, c'est-à-dire les sujets auxquels je vais accorder mon attention.

Pourquoi ?

Pour aller vers ce qui me plaît et être heureux !

Précision : le temps-devenir évoqué dans cette carte conceptuelle représente une idée empruntée à l'économiste et sociologue Philippe Zarifian. Il désigne ainsi des moments de réflexion volontaire, du temps consacré à la lecture d'articles, d'ouvrages, mais aussi le temps fécond que nous accordons à l'oxygénation de notre esprit et de notre corps. Ces moments sont indispensables pour, par exemple :

• réaliser des bilans réguliers de ses compétences ;
• se fixer de nouveaux axes d'étude, de lecture, de développement sur une période donnée ;
• être créatif.

Pour Philippe Zarifian, le temps-devenir s'oppose au temps spatialisé. C'est-à-dire au temps compté, décompté. Celui de la montre et de la pointeuse.

Ce travail de questionnement en cascade nous a permis de relier en cinq étapes le trivial à l'essentiel. Il montre que l'un ne peut jamais aller sans l'autre. Comme l'explique Stephen Covey (voir dans le chapitre 11 la sous-partie intitulée « Changer de vie ? »), les projets les plus ambitieux, au premier rang desquels les projets de vie, se construisent au quotidien, jamais dans un absolu toujours repoussé au lendemain car inatteignable. Ici, le trivial, c'est la gestion de l'information, et l'essentiel, c'est tout simplement la vie la plus heureuse possible que chacun d'entre nous souhaite mener.

Qu'est-ce que l'infobésité ?

L'infobésité se retrouve sous les appellations de « surinformation », de « surcharge informationnelle » ou d'« *information overload* ». L'infobésité représente une des principales caractéristiques de notre société de l'information. Loin de constituer une solution idyllique, la technologie à notre disposition fait partie du problème.

Les principaux symptômes de l'infobésité sont au nombre de quatre[1] :

– Obtenir plus d'informations pertinentes que ce que vous pouvez assimiler. Vous avez par exemple collecté dix livres et cinq thèses intéressantes sur un sujet. Difficile de tout lire de façon exhaustive dans le temps imparti.
– Recevoir de nombreuses informations non sollicitées. L'e-mail représente une source habituelle d'informations non sollicitées. Chaque jour, nous recevons ainsi dans notre boîte mail de nombreux spams (ou pourriels). Le temps

© Groupe Eyrolles

---

1. Voir www.anderson.ucla.edu/faculty/jason.frand/researcher/articles/info_overload.html

passé à séparer le bon grain de l'ivraie n'est pas utilisé à traiter de l'information pertinente.
– Ne pas arriver à suivre la fréquence élevée à laquelle vous recevez les informations.
– Constater une baisse de la valeur de l'information. La masse d'informations à gérer croît de façon exponentielle. Déterminer la valeur de chaque information devient de plus en plus difficile en raison de la redondance et du bruit (voir lexique).

Quels sont les effets de l'infobésité ?

Ils sont maintenant bien connus des travailleurs du savoir :
– Le multitâche : les informations arrivent de tous côtés. Ainsi, nous devons gérer ces informations grâce à différents outils. Par exemple, nous répondons à un e-mail tout en conversant au téléphone.
– Le manque d'attention : face à l'infobésité, nous rencontrons des difficultés à nous concentrer.
– Le stress : la pression engendrée par l'infobésité nous stresse.

Comme l'indique Daniel Tammet dans son livre *Embrasser le ciel immense, le cerveau des génies*, l'infobésité impacte notre psychologie : « Le psychologue britannique David Lewis décrit pour sa part les effets du trop-plein d'informations sur la santé : l'insomnie et la mauvaise concentration. Ce sont deux signes d'un syndrome de la fatigue lié à l'information. Les études du docteur Lewis ont montré que les gens contraints de travailler dans un milieu où les informations et les sollicitations fusent de toute part deviennent plus vulnérables, multiplient les erreurs, n'arrivent plus à comprendre correctement leurs collègues et voient leur temps de travail augmenter pour faire face au flot incessant de nouvelles[1]. » Ceux qui travaillent dans un environnement *open space* pourront sans doute vous en parler.

Comment lutter contre l'infobésité ?

Au fil du temps, l'être humain a mis en place des stratégies pour lutter contre l'infobésité. Le psychologue Miller en a identifié au moins six :

---

1. Daniel Tammet, *Embrasser le ciel immense, le cerveau des génies*, Éditions Les Arènes, 2008, page 256.

- Omettre de chercher l'information : face au flot d'informations, nous avons le sentiment de ne pas pouvoir tout gérer. Nous ignorons tout simplement l'information ou nous ne la travaillons pas temporairement.
- Ne retenir que les premières informations obtenues : cette stratégie est fréquente lors de recherches sur Internet notamment. Certaines personnes se basent sur les premiers résultats renvoyés par le moteur de recherche (en l'occurrence Google, dans la majorité des cas).
- Retarder le moment où nous allons travailler l'information : nous empilons les informations dans l'espoir de les travailler plus tard. Toutefois, le flot continu d'informations ne faiblit pas. Reporter le travail de l'information reste illusoire.
- Fuir : nous baissons les bras face à la montagne de travail à accomplir pour gérer toute cette information.
- Généraliser : à partir d'informations minimales, nous extrapolons pour prendre par exemple une décision.

Le PKM, une notion en construction

Même si gérer son information au mieux demeure une chose essentielle pour les raisons déjà évoquées, ce n'est cependant pas suffisant de nos jours. La gestion de l'information n'est en effet qu'une porte d'entrée pour mettre en place un système individualisé plus large visant à nous permettre de gérer l'ensemble de notre vie.

Pourquoi ? Parce que la complexité du monde dans lequel nous vivons nous oblige à gérer ses conséquences au mieux, plutôt qu'à les subir. Le concept qui s'oriente le plus vers cela, (même si le terme choisi pour le désigner peut s'avérer discutable), reste celui de *Personal Knowledge Management*, ou PKM.

Le PKM représente une discipline aussi ancienne que le KM, le *Knowledge Management* (gestion des connaissances) pour les entreprises. En effet, elle a un peu plus de dix ans. Elle est apparue en même temps que lui, puisqu'elle a été développée par les mêmes chercheurs. On l'a cependant « oubliée » en cours de route car il était tout de même plus facile de faire du chiffre en vendant du logiciel… En conséquence, de nombreux projets KM dans les entreprises se sont soldés par des échecs[1]. C'est bien évidemment le chemin

---

1. Voir Christophe Deschamps, *Le nouveau management de l'information. La gestion des connaissances au cœur de l'entreprise 2.0*, FYP Éditions, 2009, page 120.

que pourraient suivre les projets de type 2.0 (réseaux sociaux d'entreprises) s'ils sont pris par le petit bout de la lorgnette, c'est-à-dire par l'outil.

Le PKM tire donc son origine des travaux de pionniers du KM comme :

- Karl-Eric Sveiby : dès 1995, il pose les compétences individuelles comme le point de départ de son modèle de gestion des compétences dans les entreprises.
- Peter Drucker : en 2000, âgé de quatre-vingt-dix ans, il en affirme l'importance dans un article au titre on ne peut plus explicite : *Manager la connaissance signifie se manager soi-même*[1].
- Peter Senge : l'auteur d'un des ouvrages phares du KM, *La cinquième discipline*[2], évoque lui le terme de maîtrise personnelle (*personal mastery*). Il en fait l'un des cinq piliers d'une entreprise apprenante.

Ce dernier auteur est sans doute celui qui a le plus creusé la question. Pour lui, la maîtrise personnelle, prise au sens large (c'est-à-dire non réduite à la seule gestion de l'information) doit permettre à chacun de clarifier en permanence ce qui est important pour lui à long terme (ce qu'il appelle la « vision »), et d'évaluer sa situation du moment de la manière la plus réaliste possible. De cet écart émerge alors ce qu'il appelle une « tension créatrice ». C'est-à-dire une dynamique née de notre volonté de faire coïncider ces deux pôles. L'essence de cette maîtrise personnelle est donc « d'apprendre à générer et entretenir la tension créatrice dans nos vies[3] », c'est-à-dire d'appliquer la notion de mouvement perpétuel à notre besoin de connaître afin de nous insérer dans une dynamique d'apprentissage permanent.

Ces trois auteurs partent du même principe : permettre aux travailleurs du savoir de mieux gérer les problèmes qu'ils rencontrent au quotidien, même les plus triviaux, les aider à être plus autonomes et à prendre en main leur parcours professionnel ne peut avoir que des retombées positives sur les résultats des organisations quelles qu'elles soient.

Qu'est-ce que le PKM ?

Les définitions du PKM sont à peu près aussi nombreuses que les auteurs qui ont abordé le sujet. Toutefois, les deux définitions les plus opératoires proviennent selon nous du même auteur, Steve Barth. Ce journaliste, chercheur et

---

1. Voir http://www.leadertoleader.org/knowledgecenter/journal.aspx?ArticleID=26
2. Éditions First, 1991.
3. Peter Senge, *The Fifth Discipline, the Art and Practice of the Learning Organization*, Crown Business, 1995, 2e édition, page 139.

consultant, est sans doute celui qui a fait le plus pour populariser ce concept depuis plus de dix ans. On lui doit à la fois un travail qui a permis d'en poser les bases théoriques et de nombreux articles, très concrets, visant à aider à mettre en place son propre système.

La première définition du PKM que Steve Barth propose date de 2000 : « Le *Personal Knowledge Management* met en jeu un ensemble de techniques et d'outils relativement simples et peu coûteux que chacun peut utiliser pour acquérir, créer et partager la connaissance, étendre son réseau personnel et collaborer avec ses collègues sans avoir à compter sur les ressources techniques ou financières de son employeur[1]. » Elle pose très concrètement les enjeux essentiels de cette « discipline » :

- mise en œuvre de techniques et d'outils ;
- simplicité ;
- coûts faibles (voire gratuité dans la plupart des cas) ;
- utilisation personnelle mais…
- … possibilité de passage en mode collaboratif ;
- autonomie.

Pour qui observe les changements survenus sur Internet depuis dix ans, on peut dire sans se tromper que cette vision a clairement trouvé sa concrétisation dans les services du web 2.0. Certains défenseurs du PKM l'ont interprété comme un système qui ne serait pas uniquement le reflet du mode de fonctionnement d'un individu solitaire mais qui permettrait naturellement de collaborer au fil de l'eau ou de mettre en œuvre des dispositifs sociaux (au sens des réseaux sociaux). Ceux-là ont eu raison avant les autres.

La seconde définition synthétise les éléments déjà évoqués en une formule aux répercussions multiples : « Le PKM, c'est prendre la responsabilité de ce que vous connaissez, qui vous connaissez et ce qu'ils connaissent. » Nous préférons cette définition à la précédente. Elle ouvre en effet des perspectives très intéressantes qui trouvent leur application dans le modèle TIICC évoqué plus loin.

KM et PKM : quelles différences ?

Le KM, c'est comme une équipe de football. Si personne ne sait jouer, l'équipe perdra rapidement ses matchs et les joueurs se décourageront vite. De même, si certains des membres de l'équipe sont « nuls » alors que d'autres sont des pro du ballon rond, les mauvais joueurs risquent de ne pas souvent obtenir de passes.

---

1. « The power of one » in *Knowledge Management Magazine*, décembre 2000.

Avec le KM, c'est pareil : pour que cela fonctionne pleinement, chacun doit disposer de compétences minimales et maîtriser auparavant le PKM.

Bref, loin de s'opposer, KM et PKM sont avant tout complémentaires.

Prendre la responsabilité de ce que l'on connaît

Cela entraîne deux conséquences.

Premièrement, il faut gérer les données et informations dont nous disposons déjà et qui pourraient nous servir de référence à tout instant. Pour cela, elles doivent être classées et indexées afin d'être aisément retrouvées. Que l'on utilise le système de dossiers de son ordinateur, un classement par tags ou tout simplement un moteur de recherche plein texte de fichiers (comme Google Desktop, Copernic Agent Pro ou Exalead Desktop), l'informatique personnelle nous a apporté des moyens inégalés pour stocker et retrouver facilement les données et informations dont nous pourrions avoir besoin. L'élément du modèle TIICC évoqué ici correspond donc au second I, c'est-à-dire à la gestion de l'Information.

Deuxièmement, plus important encore, il faut se mettre dans la situation de tension créatrice évoquée par Peter Senge afin d'affiner en permanence nos besoins en informations. En y répondant au mieux (par exemple en mettant en place une veille personnelle), nous viendrons alimenter nos compétences existantes, et surtout, nous apprendrons au quotidien et développerons ainsi les nouvelles compétences que nous souhaitons acquérir. Nous serons alors dans une dynamique d'apprentissage permanent.

Certains auteurs comme Stephen Downes[1] ou Jane Hart[2] préconisent ici la mise en place d'un *Personal Learning Environment* (PLE, ou EAP en français, soit Environnement d'apprentissage personnel). De fait, un système de PKM pourrait être synonyme d'un PLE (ce qui serait déjà beaucoup) si, comme nous allons le voir maintenant, il ne poursuivait pas également d'autres objectifs. L'élément du modèle TIICC évoqué dans ce second point correspond logiquement au second C, c'est-à-dire à la gestion des Compétences.

Prendre la responsabilité de qui l'on connaît et de ce qu'ils connaissent

Ce précepte ne doit pas être pris dans le sens d'une responsabilité morale mais dans celui de la nécessaire gestion de son réseau relationnel afin d'entretenir au mieux son capital social. Se pose notamment ici la question de la place que vous occupez parmi les personnes que vous fréquentez, qu'il s'agisse de

---

1. www.downes.ca
2. www.c4lpt.co.uk

fréquentations numériques ou réelles. C'est donc d'identité numérique qu'il s'agit ici, ainsi que de son inévitable conséquence, la réputation numérique[1]. Gérer son réseau relationnel, c'est entretenir un capital social. Il est rarement fondé sur l'amitié, mais beaucoup plus souvent sur le partage et la réciprocité en cas de besoin. En cela, il ressemble beaucoup à une assurance mutualiste : vous cotisez un petit peu tout le temps (en informations, mises en relation, intermédiations, conseils...) et vous recevez la contrepartie de cette participation en retour lorsque vous en avez besoin. Nota : à force de relations numériques, l'amitié (ou sa promesse) peut parfois émerger de votre réseau.

Gérer son réseau, c'est donc dépasser un modèle de PKM uniquement basé sur vos besoins propres, ce qui risquerait de vous éloigner des réalités, pour prendre en compte ce qui fait le sel de la vie : les relations humaines. Il s'agira par exemple ici d'apprendre ensemble pour mieux avancer. C'est la mise en œuvre de la théorie de l'apprentissage social formulée par le psychologue Albert Bandura[2]. Selon elle, le phénomène d'acquisition chez un sujet a lieu sous l'effet de l'environnement social dans lequel il se trouve, environnement dans lequel il va observer ses pairs, les imiter, communiquer avec eux, etc. Les réseaux sociaux, notamment thématiques, s'avèrent particulièrement adaptés pour mettre en œuvre un apprentissage social[3].

Par ailleurs, même s'il est important de posséder un stock d'informations de référence dans lequel on pourra puiser en fonction de ses besoins, il est tout aussi important, dans une période où tout s'accélère, de savoir qui est susceptible d'avoir déjà la réponse à une question que l'on se pose.

Nous avons donc ici plusieurs éléments qui peuvent se décliner dans le modèle TIICC. Tout d'abord, le premier C correspond à la gestion de votre Capital social. Le premier I correspond ensuite à la gestion de votre Identité numérique. Le second I représente la gestion de l'Information. Vous allez en effet devoir mettre en œuvre des stratégies pour gérer les connaissances des membres de votre réseau, c'est-à-dire trouver des moyens pour savoir au plus vite qui sait quoi et qui peut donc vous aider.

Une lettre du modèle TIICC n'a pas encore été abordée, le T. C'est en fait la gestion du Temps. Elle est au cœur de tout système de gestion, qu'il soit personnel ou collectif. Gérer son temps, c'est d'abord décider d'accorder plus de temps à telle activité plutôt qu'à telle autre. C'est par exemple décider

1. Voir chapitre 9 « Qui es-tu sur le net ? Ou comment mieux gérer son identité numérique. »
2. *Social Learning Theory*, General Learning Press, 1977.
3. Voir notamment Stefania Aceto, Claudio Dondi et Paolo Marzotto, *Pedagogical Innovation in new learning environment*, Commission européenne, 2010 : http://ftp.jrc.es/EURdoc/JRC59474.pdf

d'optimiser son réseau social, ou encore de mieux classer ses informations personnelles afin de mieux les retrouver ultérieurement. C'est aussi décider d'apprendre une nouvelle langue ou de lire les travaux d'un chercheur qui vous semblent intéressants. Bien sûr, vous pouvez aussi choisir de passer ce temps à suivre les dernières péripéties d'une émission de télé-réalité ou à lire les magazines people. Mais peut-être est-il bon d'entendre ici la voix des anciens : « Aimes-tu la vie ? demande Benjamin Franklin. Alors, ne gaspille pas ton temps, car il est l'essence de la vie. »

Ce n'est pas un jugement de valeur mais l'expression d'une nécessaire prise de conscience : ce sur quoi vous décidez de porter votre attention impacte votre vie et le temps que vous y passez ne sera jamais retrouvé, d'où les choix conscients qui doivent en découler. C'est parce que la gestion du temps est transversale à toute activité humaine et qu'elle est la condition *sine qua non* de toute réalisation (y compris de sa propre réalisation) qu'elle est si essentielle à un système de PKM et ne peut être négligée. Gérer l'Information, son Capital social, son Identité numérique ou ses Compétences, c'est y consacrer du Temps. S'il est bien géré, le reste suit.

Qu'attendre de la mise en place d'un système de PKM ?

Le PKM, on l'aura compris, correspond à une prise en compte large des besoins des travailleurs du savoir contemporains. Il ne s'agit pas d'acquérir une maîtrise informationnelle (ce que les Anglo-Saxons nomment *information literacy*) au détriment des nouvelles compétences sociales liées au web ou de l'amélioration de vos compétences propres. Tout se tient : la maîtrise de l'Information passe aussi par la gestion de votre Capital social qui peut vous apporter beaucoup au sein des réseaux et processus sociaux du web 2.0. Pour disposer d'un réseau social de qualité, vous devez, d'une part, l'entretenir au quotidien, d'autre part, disposer d'une Identité numérique (et donc d'une réputation numérique) qui donne envie d'être en relation avec vous. Pour cela, vos Compétences professionnelles sont évidemment un atout. Elles jouent un rôle fort dans l'identité que vous projetez sur le web. Une bonne gestion du Temps permettra enfin de mettre en musique les quatre éléments précédents en vous aidant à répartir votre attention en fonction des objectifs profession-nels ou personnels que vous vous serez assignés.

Le PKM doit donc être conçu comme un système pour mieux se piloter soi-même dans un univers où les différents types de surcharge évoqués plus haut nous masquent le chemin en permanence. Il est la boussole qui nous permet de garder le cap de nos objectifs à long terme.

Le modèle TIICC

Initialement élaboré par Christophe Deschamps dans son ouvrage *Le nouveau management de l'information*[1], le modèle TIICC s'oppose à un PKM qui serait uniquement de l'*information literacy* ou le déploiement d'un *Personal Learning Environment*. Ces deux approches sont de fait intégrées à un système de PKM qui, comme on l'a vu, propose une démarche pour gérer la surinformation.

Il ne s'agit pas d'une méthodologie en tant que telle mais de cinq éléments que l'on doit garder à l'esprit si l'on veut continuer d'avancer, tant dans ses objectifs professionnels que privés. Nous sommes bien conscients que cela peut sembler une vision très utilitariste de ce que doit être la vie : « construire dès maintenant pour continuer d'avancer », « rester employable », « être efficace au quotidien », « ne pas perdre son temps », etc. Nous l'assumons toutefois, ne serait-ce que parce que le simple fait de réfléchir à ces sujets permet de prendre conscience de l'existence de l'*everything overload* et du gaspillage de temps qu'il engendre. Mieux gérer ce phénomène peut nous permettre de gagner en temps-devenir. Il ne s'agit donc pas de perdre sa vie à la gagner mais au contraire de tenter de limiter au mieux les assauts de notre vie professionnelle (surtout si on ne la trouve pas épanouissante) contre notre vie privée, car c'est bien plus souvent dans celle-ci que l'on se réalise vraiment. C'est bien souvent là que l'on tente de faire ce qui nous enthousiasme réellement et nous rend heureux. Et puis, si l'on ne souhaite pas adopter cette vision des choses, quelle est l'alternative ? Subir les contraintes extérieures ?

Un système de PKM bien construit aura pour objectif de vous aider à établir le bon équilibre entre la dimension professionnelle et la dimension privée. Le modèle TIICC vous aidera donc à gérer :

- votre Temps (chapitre 8) ;
- votre Identité numérique (chapitre 9) ;
- vos Informations (chapitres 2 à 7) ;
- votre Capital social (chapitre 10) ;
- vos Compétences (chapitre 11).

---

1. FYP Éditions, 2009.

Passer des données à la connaissance

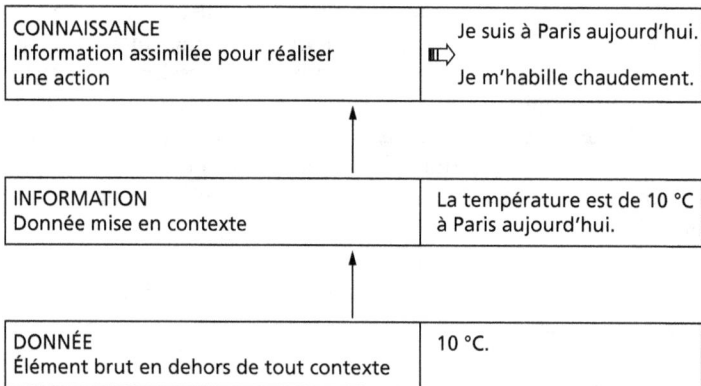

La notion d'infobésité nécessite d'expliciter aux préalables les concepts suivants :

Quelques définitions

Terme	Définition
Une donnée	Elle représente des faits non organisés, non travaillés.
Une information	C'est une donnée travaillée pour obtenir du sens.
Une connaissance	C'est une information assimilée pour réaliser une action.
Un savoir	Il s'agit de connaissances reliées par l'expérience.

Des données à la connaissance*

CONNAISSANCE Information assimilée pour réaliser une action	Je suis à Paris aujourd'hui. ➪ Je m'habille chaudement.
INFORMATION Donnée mise en contexte	La température est de 10 °C à Paris aujourd'hui.
DONNÉE Élément brut en dehors de tout contexte	10 °C.

* Gilles Balmisse, *Outils du KM, Panorama, choix et mise en œuvre*, Knowledge Consult, 2006. Disponible dans la rubrique « Livres blancs » sur www.knowledgeconsult.com

2

COLLECTER LES DONNÉES

« Cuanto mas informacion tenemos, mas preguntas podemos hacer[1]. »
Scott Tyler

Pour une lecture efficace

De plus en plus, le travailleur du savoir lit des textes sur des supports numériques. Comme le remarque Yann Leroux, sur le journal en ligne Owni, le numérique constitue désormais une matière cognitive, « la nouvelle matière à penser de l'humanité[2] ».

Or, la lecture sur support numérique dégage certaines spécificités. Tout d'abord, la lecture à l'écran serait 25 % plus lente que sur papier. Une étude Useit[3] vient préciser ce phénomène : les lecteurs d'une page web ne lisent pas forcément moins vite, ils lisent moins. En effet, l'étude indique qu'en moyenne, les lecteurs d'une page web n'ont le temps de lire que 25 % du texte. Donc, moins la page comporte de texte, plus elle a de chance d'être lue en totalité.

Cependant, bien que la lecture soit plus difficile sur une page web, le taux de lecture est souvent supérieur au papier : « Une étude menée par le professeur Lewenstein de l'université de Stanford, et dont les résultats ont été publiés en mai 2000, indique que les articles en ligne seraient lus à 75 %… contre 20 à 25 % pour les articles imprimés (vis-à-vis desquels le lecteur est moins proactif)[4]. » Sur écran, la lecture s'oriente vers le scannage et le repérage. Lire une page web s'apparente à une lecture en diagonale. En bref, une lecture zapping.

---

1. « Plus nous avons d'informations, plus nous pouvons formuler de questions. »
2. Voir http://owni.fr/2009/12/28/le-numerique-une-matiere-cognitive
3. Voir www.useit.com/alertbox/percent-text-read.html
4. Voir http://www.redaction.be/electure/textesouimages.htm

Autre spécificité de la lecture sur écran : une ligne de flottaison existe. Celle-ci est constituée par la partie de la page visible sur l'écran (c'est-à-dire sans recours à la barre de défilement). Seuls 22 % des internautes lisent la page au-delà de cette limite.

Les outils des navigateurs pour lire plus vite

En dehors des modes de présentation utilisés par les rédacteurs web, d'autres moyens existent pour se repérer rapidement dans un long texte. Tout d'abord, l'usage de la molette de la souris facilite le balayage de la page. Ensuite, lors d'une recherche sur le web, pensez à utiliser la fonction « En cache » du moteur de recherche. Ce dernier surlignera les termes de votre requête dans la page de résultat. Attention, la fraîcheur des informations sera toute relative : elle datera du dernier archivage de la page par le moteur de recherche. Toute-fois, une fois visualisés le ou les termes recherchés, rien ne vous empêche de relancer la recherche pour obtenir la page actuelle.

Par exemple, pour utiliser la fonction « En cache » de Google, cliquez tout simplement sur le lien hypertexte intitulé « En cache » situé en dessous du résultat.

Fonction « En cache » de Google

Google affichera la version de la page demandée détenue dans son cache. Les termes ou l'expression recherchés seront surlignés dans la page.

Termes surlignés dans la page grâce à la fonction « En cache » de Google

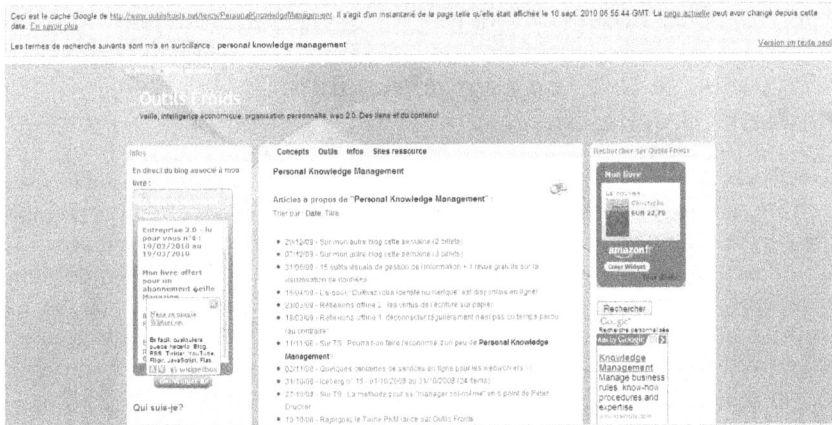

Par ailleurs, la plupart des navigateurs web proposent une fonctionnalité pour rechercher un mot dans une page web.

Évoquons pour terminer un petit outil particulièrement pratique. Il s'agit d'un *bookmarklet* (favori dynamique : voir lexique) intitulé Readability qui supprime tous les éléments d'une page web susceptibles d'en ralentir la lecture et en extrait le contenu textuel afin de le présenter en noir sur fond blanc. Il est récupérable à l'adresse suivante : http://lab.arc90.com/experiments/readability

Vers une lecture hypertextuelle

Sur le web, nous naviguons également de lien hypertexte en lien hypertexte. Notre lecture devient hyperspatiale. Nous construisons notre propre chemin vers la connaissance, guidés dans notre quête par les rédacteurs web, auteurs des pages web que nous lisons. Bien souvent, nous tombons par hasard sur des informations intéressantes. Sans le savoir, nous nous adonnons à la sérendipité. Attention toutefois de ne pas se laisser envoûter par trop de contenus attractifs. Avant de vous lancer dans une recherche sur le web, donnez-vous une limite de temps ou réservez-vous des périodes de recherche en fin de journée.

Pour certains auteurs, de nombreux liens hypertextes affectent notre concentration : « Même si vous ne cliquez pas sur un lien, vos yeux le remarquent. Quelques neurones s'allument pour décider si vous allez cliquer ou non [...]. Plus il y a de liens dans un article, plus votre compréhension est affectée[1] », affirme le journaliste Nicholas Carr. En réponse, certains rédacteurs web suppriment les liens hypertextes du corps du texte pour les regrouper en bas de page.

L'hypertexte total ou comment rendre l'information liquide

Avec l'avènement du web 2.0, l'interaction est désormais au cœur de la navigation sur le web. Pourtant, à ce jour, peu de navigateurs web offrent la possibilité de fluidifier notre quête d'informations. Grâce à son fonctionnement par modules, Firefox fait exception. Il dispose d'un plugin Hyperwords pour accroître votre productivité sur le net. En un clic de souris, il est possible de rechercher une définition sur Google, sur Wikipedia, partager vos trouvailles par e-mail, etc.

Le concept d'information liquide est simple : il s'agit de relier tous les mots d'une page web à tous les mots de tous les autres sites web. Bref, transformer chaque mot en hypermot donnant accès *via* le menu contextuel à des fonctionnalités personnalisables, comme traduire un mot, lancer une recherche à partir d'un terme précis, etc. L'idée est, à terme, de disposer d'une navigation Internet totalement personnalisée. Ce concept est relativement ancien. Il a été développé par Froge Egland en partenariat avec Doug Engelbart (Vous l'avez reconnu ? C'est l'inventeur de la souris !). La philosophie du projet est présentée sur un site dédié, Liquid Information[2]. Les inventeurs ont développé le plugin Hyperwords pour concrétiser ce concept révolutionnaire.

Hyperwords, un plugin qui ne paye pas de mine

Hyperwords est un plugin Firefox pour mettre en application le concept d'information liquide. Il est téléchargeable gratuitement à l'adresse suivante : www.hyperwords.net (disponible également pour Google Chrome et Safari).

---

1. www.20minutes.fr/article/574667/Sciences-Les-liens-hypertextes-affectent-ils-notre-concentration.php
2. www.liquidinformation.org

Automatisez votre collecte grâce aux fils RSS

Qu'est-ce que le RSS ?

Le RSS est un format qui permet de s'abonner à un site web. Le fil RSS se lit avec un lecteur de flux RSS.

Pour ne pas perdre le fil

Avec le fil RSS, plus besoin de consulter chaque jour un site pour obtenir ses actualités, ce dernier vous envoie directement ses informations. Les flux RSS ont révolutionné la collecte d'informations sur Internet. Apparu avec les sites web de génération web 2.0, le fil RSS est en fait un petit fichier XML. Il se matérialise un petit logo orange marqué par XML, RSS ou Atom, présent désormais sur la plupart des sites web.

Le logo RSS

Pour lire les flux RSS, vous devez disposer d'un lecteur de flux RSS, le plus souvent gratuit. Au choix, il peut être en ligne (ex. : Google Reader[1]) ou installé sur votre ordinateur (ex. : RSS Bandit[2]).

Avec les agrégateurs en ligne, vous pouvez consulter vos flux RSS n'importe où et n'importe quand à partir d'une simple connexion Internet et d'un navigateur web. Il n'est pas nécessaire de s'abonner pour personnaliser son agrégateur. Par définition, celui-ci est indépendant du système d'exploitation de la machine qui consulte le service web.

Les agrégateurs de flux RSS sur poste de travail, quant à eux, arrivent rapidement à saturation si vous disposez de trop nombreux abonnements. Par contre, sans connexion Internet permanente, une fois rapatriés, vous pouvez consulter vos flux hors ligne.

Plusieurs formats RSS coexistent : RSS 1.0, 2.0, etc. Des formats non RSS existent également. Le plus célèbre ? Le format Atom. Toutefois, la plupart des agrégateurs lisent l'ensemble des formats.

---

1. www.google.fr/reader
2. http://rssbandit.org

Nota : certains logiciels de *mind mapping* (comme MindManager[1]) offrent la possibilité de lire vos flux RSS. Le titre de l'article composant le flux donne naissance à une branche qui détaille le contenu de l'article (voir la figure ci-dessous). La visualisation des flux sous la forme d'une carte heuristique® permet d'appréhender tout de suite les sites qui génèrent beaucoup d'articles. À l'aide des nuages qui regroupent un ensemble d'articles et de flux, vous verrez l'importance en termes de volume informationnel des différents sites ou des différentes catégories composant votre carte. Si vous réalisez une carte de capitalisation, c'est-à-dire une carte qui concentre l'essentiel de l'information sur un sujet donné, vous pouvez facilement organiser et donner du sens aux données reçues par RSS.

Lire un flux RSS avec MindManager

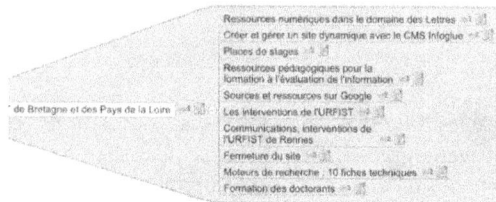

Le blog Collectivité Numérique[2] propose gratuitement un *screencast* pour apprendre à lire un flux RSS avec MindManager[3].

Qu'est-ce qu'un *screencast* ?

Un *screencast* est une capture vidéo d'un écran d'ordinateur. Cet enregistrement du déroulement d'une manipulation peut être accompagné par de l'audio. Les *screencasts* peuvent servir comme tutoriels pour expliquer le fonctionnement d'un logiciel. Le *screencast* comporte de nombreux avantages :

- il est rapide à produire ;
- la personne formée n'a pas forcément besoin de connaître certains termes techniques informatiques ;
- elle peut également suivre à son rythme l'explication donnée, voire effectuer un retour en arrière si elle n'a pas compris un point particulier.

Des logiciels dédiés existent pour créer des *screencasts*. La référence en la matière reste Camtasia[4]. Toutefois, certains logiciels gratuits existent, comme Camstudio[5] par exemple.

---

1. www.mmdfrance.fr
2. Le blog de Xavier Delengaigne : www.collectivitenumerique.fr
3. Voir http://www.collectivitenumerique.fr/?p=1412
4. http://www.techsmith.fr/camtasia.asp
5. http://camstudio.org/

Agrégateurs de flux RSS en ligne

Service	Adresse Internet	Remarques
Google Reader	www.google.fr/reader	Possibilité de tagger les articles et d'effectuer un suivi.
Netvibes	www.netvibes.com	Pas de sauvegarde possible.
Feedly	www.feedly.com	Feedly affiche les flux en provenance de Google Reader et de Twitter* sous la forme d'un magazine.

* Twitter (www.twitter.com) est un site de réseau social et de micro-blogging. Il permet d'échanger des messages brefs appelés *tweets*.

Agrégateurs de flux RSS sur poste de travail

Logiciel	Adresse de téléchargement	Remarque
RSS Bandit	http://rssbandit.org	
MindManager	www.mmdfrance.fr	MindManager n'est pas un agrégateur de flux RSS *stricto sensu*, mais une option fournie dans la version standard de ce logiciel de *mind mapping* permet d'agréger les flux RSS.
FeedReader	www.feedreader.com/	

Le RSS comporte toutefois certaines limites. La plupart des sites proposent un flux unique pour l'actualité du site. Ainsi, votre abonnement RSS contient seulement les informations autorisées par l'auteur du site.

Pour une surveillance plus pointue, vous devez utiliser des agents de surveillance. « Les agents de surveillance permettent de surveiller des pages, des sites, ou parties de site web et d'être alerté soit par courriel, soit par un terminal mobile, soit par un signal visuel sur le bureau ou dans le logiciel lorsqu'un changement est intervenu[1]. » Le plus souvent, ils se présentent sous la forme d'un logiciel (WebSite Watcher[2]) ou d'un plugin (Update Scanner[3]). La plupart d'entre eux sont payants.

---

1. Véronique Mesguich et Armelle Thomas, *Net recherche 2010, le guide pratique pour mieux trouver l'information utile et surveiller le web*, ADBS éditions, 2010, page 180.
2. www.website-watcher.fr/
3. https://addons.mozilla.org/fr/firefox/addon/3362

Les pages sans fil

Certains sites web ne proposent toujours pas de RSS. Dès lors, comment suivre leurs actualités ? De nombreux outils permettent de suivre un site web dépourvu de RSS. Ils sont résumés dans le tableau ci-dessous.

Suivre un site web dépourvu de RSS

Solution	Site	Adresse
Créer un fil RSS	Ponyfish	www.ponyfish.com
	Page2RSS	http://page2rss.com
	Rsspect	www.rsspect.com
Recourir à un service web	Watch That Page	www.watchthatpage.com
Créer des alertes par e-mail	ChangeDetection	www.changedetection.com
	Follow that page	www.followthatpage.com
	Infominder	www.infominder.com
Recourir à un plugin Firefox	UpdateScanner	https://addons.mozilla.org/fr/firefox/addon/3362
	Check4change	https://addons.mozilla.org/fr/firefox/addon/3028
Recourir à un plugin Chrome	Page Monitor	https://chrome.google.com/extensions/detail/pemhgklkefakciniebenbfclihhmmfcd
Télécharger un logiciel dédié	Website Watcher	www.website-watcher.fr

Comment bien mener une recherche sur le web ?

Quand recherche-t-on de l'information ?

La recherche d'informations a pris une place importante dans notre quotidien de travailleur du savoir. La connexion permanente au web nous amène en effet à utiliser ce dernier comme une immense base de données dans laquelle nous piochons dès que le besoin s'en fait sentir, c'est-à-dire souvent ! Selon une étude Médiamétrie parue en avril 2010, 82 % des 36 millions d'internautes français avaient effectué en moyenne quatre-vingt-deux requêtes chacun sur des moteurs généralistes le mois précédent[1].

---

1. Médiamétrie, *L'audience de l'Internet en France*, avril 2010 : www.mediametrie.fr/Internet/communiques/telecharger.php?f=36660e59856b4de58a219bcf4e27eba3

Le chercheur Andrei Broder[1] a montré qu'il existait trois types de recherches en fonction du besoin caché derrière le problème à résoudre :

- Recherches navigationnelles : elles visent à trouver une page que l'on a en tête, soit parce qu'on l'a déjà visitée et qu'on pense la reconnaître lorsqu'on la verra, soit parce qu'on pense qu'elle existe. Exemple : si l'on cherche l'horaire des cars Air France, on suppose que la société a mis en ligne un site pour cela et on va tenter de le trouver.
- Recherches informationnelles : elles visent à trouver de l'information sur un sujet en procédant de manière exploratoire. Elles nécessitent généralement l'utilisation de plusieurs outils de recherche (moteurs, annuaires, métamoteurs…) et la consultation de plusieurs pages.
- Recherches transactionnelles : elles manifestent le désir d'atteindre des sites permettant de réaliser certaines actions. Exemples : acheter quelque chose, télécharger un fichier, interroger une base de données, un site de médias…

On aimerait que la recherche d'informations suive un processus totalement logique mais c'est en fait rarement le cas. Bien souvent en effet, nous nous précipitons sur Google (ou un autre moteur généraliste) dès qu'un début d'interrogation se fait sentir. Avec la qualité actuelle des algorithmes, même sans stratégie de recherche précise nous pouvons obtenir des résultats de qualité. Cette « non-technique » ne fonctionne cependant pas toujours. Si l'objet de notre requête s'avère particulièrement précis ou complexe, il sera nécessaire, d'une part, de mettre en œuvre un travail préparatoire basé sur la sémantique, et d'autre part, de maîtriser les opérateurs de recherche simples et avancés des moteurs choisis.

Définir le périmètre de sa recherche

Cette étape a pour objectif de vous aider à exprimer vos besoins. Elle peut par exemple se structurer autour d'une méthode comme le QQOQCCP (Qui ? Quoi ? Où ? Quand ? Comment ? Combien ? Pourquoi ?). Au départ, il s'agissait de la méthode QQOQCP : la question « Combien ? » a été ajoutée plus tard. Cette méthode va permettre d'attaquer un problème informationnel sous plusieurs angles. Comme on le verra, le QQOQCCP est un véritable couteau suisse pour formuler un problème.

---

1. Andrei Broder, *A Taxonomy of Web Search*, ACM SIGIR Forum, 2002.

On aurait cependant tort de penser que son adaptabilité rend cette méthode moins efficace. Elle a en effet fait ses preuves depuis longtemps puisqu'elle est attribuée à Quintilien, professeur d'éloquence et avocat ayant vécu au premier siècle de notre ère. Quelques siècles plus tard, l'écrivain Rudyard Kipling lui a également consacré un hymne :

> *« I have six honest serving men*
> *They taught me all I knew*
> *I call them What and Where and When*
> *And How and Why and Who[1]. »*

Elle est notamment utilisée dans les démarches qualité, pour s'accorder sur un problème à traiter ou pour définir le périmètre et les objectifs d'un projet à lancer. En recherche d'informations, elle aide également à générer des idées. En effet, le télescopage d'une thématique avec chacune des six questions peut ne correspondre à rien de logique. Mais elle peut permettre de se poser une nouvelle question que nous n'avions pas encore envisagée initialement, ou encore de découvrir de nouveaux axes de recherche. Quoi qu'il en soit, évitez de vous forcer à mettre une réponse en face de chacune des six questions. Cette méthode ne doit pas être utilisée de manière scolaire. Elle est là pour provoquer le questionnement et aider à ne rien oublier. Si une des six questions ne semble pas pertinente dans votre cas, n'y répondez pas.

Vous pouvez mettre en œuvre cette méthode à l'aide d'un tableau. Toutefois, nous vous conseillons plutôt d'utiliser un *mind map* (carte mentale). Vous y ajouterez ainsi un travail du cerveau droit. En effet, selon différentes études menées grâce à l'imagerie médicale, le cerveau droit est plutôt le siège des couleurs, du traitement des images, tandis que l'hémisphère gauche est le lieu de l'analyse, des mots. La carte mentale stimule en même temps les deux hémisphères et apporte ainsi une véritable mobilité intellectuelle dans le traitement des données. Elle ne pourra qu'être bénéfique à une tâche nécessitant forcément souplesse d'esprit et créativité.

La préparation sémantique de la recherche

Une fois les tenants et aboutissants de notre recherche mieux définis, nous allons pouvoir entamer une seconde phase. Elle consiste à recenser, préciser et traduire les différents mots-clés.

---

1. « J'ai six honnêtes serviteurs/Ils m'ont appris tout ce que je savais/Je les appelle Quoi et Où et Quand/Et Comment et Pourquoi et Qui. »

Mieux définir sa recherche avec QQOQCCP. Exemple : l'habitat écologique

Question	Déclinaisons des questions	Exemple
Quoi ?	De quoi s'agit-il : – État de la situation ? – Caractéristiques ? – Conséquences ? – Risques ?	Quels matériaux choisir pour bâtir une maison verte ? Trouver des comparatifs, des avis, des « bons plans »…
Qui ?	Qui est concerné ? Qui connaît le résultat ?	– Fabricants de matières premières ; – Associations professionnelles du bâtiment ; – Grandes surfaces pour le bâtiment ; – Consommateurs.
Où ?	Où cela se produit-il ? Où cela s'applique-t-il ?	Y a-t-il des pays proches de la France où ces matériaux seraient meilleur marché ?
Quand ?	Depuis quand le problème existe-t-il ? Questions de fréquence, périodicité, délais.	Peu pertinent ici.
Comment ?	De quelle manière cela se produit-il ? Peut-il se produire ? Dans quelles conditions ou circonstances ? Comment procède-t-on ? Avec quelles méthodes, procédures, moyens… ?	Quels moteurs, métamoteurs, annuaires, portails pourrais-je utiliser pour ces recherches ? Existe-t-il des outils de recherche thématiques sur ces thèmes ? Mais aussi : comment utilise-t-on tel ou tel matériau ? Comment s'installe-t-il ?
Combien ?	Combien cela va-t-il coûter ? (estimation) De quel budget dispose-t-on ?	Quel est le coût global d'un projet de ce type ? Quelle différence y a-t-il avec un projet classique ?
Pourquoi ?	Question transversale qui peut se poser en même temps que chacune des cinq autres.	Pourquoi cette recherche est-elle utile ? Pourquoi rechercher les acteurs de ce marché présente-t-il un intérêt ?

Recenser et préciser

Lister les mots-clés qui vous semblent utiles pour vos recherches (par exemple, des synonymes ou des concepts liés). Pensez également aux variations singulier/pluriel et masculin/féminin d'un même mot. En effet, hormis Exalead, les moteurs de recherche actuels ne permettent pas encore de lancer une requête sur la racine d'un mot-clé (troncature). Nous allons pour cela utiliser plusieurs familles d'outils :

– les générateurs de mots-clés : ils permettent de trouver des mots-clés souvent liés aux vôtres dans les pages indexées par les moteurs de recherche ;

Générateurs de mots-clés

Nom	Description	Adresse
Google Suggest	Excellent service qui permet d'exporter les résultats sous forme d'un fichier CSV (voir lexique, format lisible dans Excel).	https://adwords.google.com/select/KeywordToolExternal
Soovle	Service qui permet de voir les propositions dans plusieurs moteurs sur une seule interface. Privilégie les requêtes en anglais.	www.soovle.com
KeywordEye	Service qui propose des suggestions sous forme d'un nuage de tags. Fonctionnalités avancées, dont le ciblage par langues.	www.keywordeye.co.uk

– les dictionnaires de synonymes : ils proposent des synonymes pour vos mots-clés ;

Dictionnaires de synonymes

Nom	Description	Adresse
CNRTL	Excellent dictionnaire en ligne (qui ne propose pas que des synonymes).	www.cnrtl.fr/synonymie
Microsoft Word	Un dictionnaire de synonymes et d'antonymes assez complet apparaît en appuyant sur les touches « Alt + F7 » lorsque vous utilisez le logiciel.	
Lexipedia	Dictionnaire visuel en ligne qui propose notamment des synonymes et des concepts liés. Six langues dont le français.	www.lexipedia.com

Traduire

Puisque nous nous intéressons à d'autres pays que la France, il nous faudra par exemple traduire nos mots-clés en allemand et en anglais. Nous utiliserons pour cela des outils de traduction en ligne.

Outils de traduction

Nom	Description	Adresse
Google Traduction	Le meilleur service de traduction automatique en ligne. Cent trente-cinq langues prises en compte.	http://translate.google.fr
Globefish language tool	Plugin Firefox qui ajoute la traduction automatique de Google dans votre navigateur et vous permet de traduire en un clic n'importe quelle sélection de texte dans une page.	https://addons.mozilla.org/fr/firefox/addon/7361

Outils de traduction

Nom	Description	Adresse
Le grand dictionnaire terminologique	Dictionnaire francophone avec traduction anglaise, y compris de termes techniques.	www.granddictionnaire.com
Sensagent	Excellent service permettant de traduire trente-sept langues à partir de dictionnaires.	http:// traduction.sensagent.com

Les grands types d'outils de recherche

Trois grands types d'outils existent pour rechercher sur Internet : les moteurs, les métamoteurs et les annuaires. Le tableau ci-dessous récapitule les principales caractéristiques de chacun d'entre eux.

On a pu croire un temps les annuaires définitivement dépassés par les moteurs mais on s'aperçoit que les outils sociaux de type *social bookmarking* (voir notamment les chapitres 2 et 3, page 27 et page 57) comme Diigo ou Delicious sont en train de les réinventer. Les sources qu'on y trouve sont qualifiées de manière moins professionnelle puisque ce travail est réalisé par tout un chacun sur les favoris qu'il enregistre dans son compte. En revanche, il y a évidemment beaucoup plus d'items que dans un annuaire maintenu par des professionnels.

Les opérateurs pour les moteurs de recherche généralistes

Nous ne comptons plus le nombre de fois où, au début d'une formation à la recherche d'information, nous avons entendu tel ou tel jugement définitif sur l'incapacité de Google à permettre de rechercher de manière précise. Connaître les outils est une chose mais savoir les interroger en est une autre. Aligner deux ou trois mots est une « méthode » qui ne permet pas d'accéder à des résultats suffisamment différenciés.

Il est donc nécessaire d'utiliser ce que l'on appelle des opérateurs. On distingue les opérateurs booléens qui doivent s'écrire en majuscule (AND, OR, NOT) des opérateurs avancés qui peuvent s'écrire en minuscule mais doivent nécessairement être suivis de deux points (« : »), sans espace avant ni après (exemple : filetype:pdf « veille stratégique » pour ne trouver que des fichiers au format .pdf traitant de veille stratégique). Seule une bonne connaissance de ces opérateurs permet d'exploiter à fond les moteurs de recherche.

Comparatif des trois grands types d'outils de recherche

	Moteurs	Métamoteurs	Annuaires
Objectifs	Rechercher de l'information sur les pages web.	Rechercher de l'information sur les pages web.	Proposer un classement par rubrique des sites web afin d'en faciliter la recherche.
Moyens	Le moteur XY envoie des robots (des mini logiciels) parcourir les pages web afin d'en indexer les mots-clés. L'utilisateur final qui interroge le moteur XY avec un de ces mots-clés obtient comme résultat les pages dans lesquelles ils apparaissent.	Le métamoteur AZ interroge plusieurs moteurs de recherche puis dédoublonne et agrège leurs résultats (uniquement les cinquante ou cent premiers).	Des documentalistes ou des bénévoles experts d'un domaine examinent les sites web puis les valident lorsqu'ils sont de qualité et les classent au bon endroit dans le thésaurus de l'annuaire.
Avantages	Fonctionnalités de recherche avancées qui permettent de créer des requêtes puissantes sur des sujets pointus.	Interrogent en parallèle plusieurs moteurs, calculent la moyenne des résultats pour une même page et l'affichent en fonction de cette moyenne. Permettent de trouver facilement les informations provenant des sites connus.	Proposent une information validée par des experts.
Inconvénients	Chaque moteur dispose de sa propre syntaxe avancée d'interrogation. Temps d'apprentissage nécessaire.	Syntaxe d'interrogation peu évoluée car il faut utiliser le plus petit dénominateur commun entre tous les moteurs interrogés.	Nombre de sites indexés bien plus faible que les moteurs de recherche.
Exemple	Google : www.google.com Bing : www.bing.com Yahoo! : http://search.yahoo.com	Ixquick : www.ixquick.com Iboogie : http://iboogie.com Polymeta : http://polymeta.com	Open Directory : www.dmoz.org Ipl2 : www.ipl.org

Comparatif des opérateurs booléens et avancés dans quatre moteurs de recherche généralistes

	Exalead* www.exalead.com	Google** www.google.com	Bing*** www.bing.com	Yahoo!**** www.search.yahoo.com
Opérateurs booléens	AND = mot1 mot2 NOT = -mot1 OR = mot1 OR mot2	AND = mot1 mot2 NOT = -mot1 OR = mot1 OR mot2	AND = mot1 mot2 NOT = -mot1 OR = mot1 OR mot2	AND = mot1 mot2 NOT = -mot1 OR = mot1 OR mot2
Recherche d'une expression	« mot1 mot2 mot 3 »	« mot1 mot2 mot3 »	« mot1 mot2 mot3 »	« mot1 mot2 mot3 »
Lemmatisation (recherche un mot, son pluriel, son féminin, etc.)	Automatique si sélectionnée dans les options.	Non.	Non.	Non.
Troncature (permet de remplacer une lettre dans un mot pour trouver ses variantes)	Oui. Ex : chauss* donnera chausse, chausses, chaussee, chaussees, etc.	Non.	Non.	Non.
Rechercher dans le titre d'une page web	intitle:mot1	intitle:mot1 allintitle:mot1 mot2	intitle:mot1 allintitle:mot1 mot2	intitle:mot1 allintitle:mot1 mot2
Ciblage dans un seul site web	site:www.abcd.net mot1	site:www.abcd.net mot1	site:www.abcd.net mot1	site:www.abcd.net mot1
Rechercher un type de fichier particulier (.pdf, .ppt, .doc, etc.)	filetype:ppt mot	filetype:ppt mot	filetype:ppt mot	Aller sur la page de recherche avancée.

* Page listant les opérateurs de Google : www.google.fr/help/operators.html

** Page listant les opérateurs de Bing : http://msdn.microsoft.com/en-us/library/ff795620.aspx

*** Page listant les opérateurs de Yahoo! : http://help.yahoo.com/l/fr/yahoo/search/websearch/basics-04.html

**** À noter que Yahoo! fait aussi cela très bien avec le même opérateur « site: ». Il renvoie vers le service Yahoo! Site Explorer qui vous permet alors de récupérer les résultats sous forme d'un fichier TSV.

Comment retenir les opérateurs ?

Mieux vaut connaître par cœur quelques opérateurs plutôt que de devoir à chaque fois revenir au tableau ci-dessus. Une astuce très simple pour cela consiste à en sélectionner quelques-uns (cinq à sept maximum) et à les inscrire sur un post-it que l'on gardera à portée de vue (collé au bord de l'écran ou sur votre lampe de bureau par exemple). Au bout de quelques jours, on les connaîtra par cœur. Il sera alors temps d'en apprendre de nouveaux de la même manière.

Les stratégies de recherche dans les moteurs

Connaître les outils et les opérateurs s'avère toutefois encore insuffisant. Des techniques simples existent en effet pour encore mieux cibler les pages qui vous intéressent.

Cibler les titres

Comme n'importe quel document, chaque page web dispose d'un titre donné par son rédacteur. Il reflète logiquement le sujet dont elle traite (on le trouve dans la bande colorée en haut du navigateur). Une recherche sur les titres va donc nous permettre de tomber, dans la plupart des cas, sur des pages *a priori* pertinentes puisque comportant nos mots-clés en intitulé. Pour rechercher ainsi dans Google, utilisez les opérateurs « intitle: » (un seul mot ou une expression entre guillemets) ou « allintitle: ». Exemple : intitle:« maison bioclimatique ».

Trouver des pages-ressources

Cette méthode permet de trouver des pages qui sont elles-mêmes des listes d'adresses web potentiellement intéressantes. Généralement, ces pages sont intitulées « favoris », « *bookmarks* » ou encore « liens utiles ». Pour les trouver, utilisez donc un opérateur de titres (voir ci-dessus) et des mots-clés de ciblage. Exemple : afin de trouver des pages listant des sites consacrés aux matériaux de construction écologiques, vous pourrez taper : intitle:favoris OR intitle:« liens utiles » AND « matériaux écologiques » OR « matériau écologique » OR « éco-matériaux ».

Trouver les liens qui pointent vers une page web déjà connue

Il s'agit de trouver des pages qui, *via* un hyperlien, citent une page web dont vous connaissez déjà l'adresse. Cette stratégie part d'un raisonnement analogique simple : si je dispose de l'adresse d'un site portail qui m'intéresse particulièrement et que je souhaite en trouver d'autres semblables, je vais m'en servir pour trouver les pages qui pointent vers celle-ci. Logiquement, ces dernières pourraient aussi indiquer d'autres portails sur le même thème. L'opérateur à utiliser dans Google est « link: »[1]. Exemple : link:www.bio-construction.com

Trouver des pages similaires à une page déjà connue

Google dispose d'un opérateur basé sur un algorithme qui compare le contenu des pages qu'il indexe dans sa base de données. Il va vous indiquer celles dont le contenu est similaire. Si, comme dans la stratégie précédente, vous disposez de l'adresse d'un site portail intéressant et que vous souhaitez en obtenir des similaires vous allez pouvoir utiliser l'opérateur « related: ». Exemple : related:www.bio-construction.com

Des moteurs tous azimuts !

On a tendance à se limiter aux grands moteurs généralistes alors qu'il existe depuis toujours des moteurs spécialisés qui permettent par exemple de cibler tel ou tel type de documents. Les lister tous serait impossible car il s'en crée de nouveaux chaque jour. Nous avons donc choisi quatre familles de moteurs thématiques qui nous semblent particulièrement utiles.

Actualité

Aujourd'hui, l'actualité est partout : nous n'en avons jamais consommé autant. Voici quatre moteurs très utiles pour mieux la trouver et l'exploiter.

Moteurs de recherche d'actualité

Nom	Description	Adresse
Google Actualités	Incontournable : il agrège en effet près de quatre cents sources francophones d'actualité. Par ailleurs, il dispose d'une déclinaison locale pour soixante-dix pays.	http://news.google.fr
Yahoo! Actualités	Le concurrent direct du précédent. Moins de sources prises en compte.	http://fr.news.yahoo.com
Silobreaker	Permet d'exploiter l'actualité grâce à des outils de traitement statistique et graphique. Sources d'actualités en anglais uniquement.	www.silobreaker.com
NorthernLight Search	Moteur spécialisé dans la presse économique. Sources en anglais uniquement. Permet de générer des alertes.	http://nlsearch.com

---

1. Page listant les opérateurs d'Exalead : www.exalead.fr/search/web/search-syntax/

Vidéo

Selon l'enquête Ipsos Profiling 2009[1], la consultation de vidéos en ligne figure dans le top 10 des activités des internautes français. Les sites de partage de vidéo comme YouTube ou Dailymotion sont les premiers consultés par ceux qui regardent ce type de contenu (83 % au cours des trente derniers jours contre 41 % pour les sites des chaînes télévisuelles). Par ailleurs, la consommation de vidéos est accrue par les fonctionnalités virales proposées par ces services. Ainsi, 28 % des internautes qui les utilisent déclarent les transmettre à des personnes de leur entourage. Rechercher des vidéos est donc un besoin de plus en plus fort chez les internautes. Certains moteurs se sont logiquement penchés sur la question[2]. En voici quelques-uns.

Moteurs de recherche de fichiers vidéos

Nom	Description	Adresse
Videosurf	Métamoteur et annuaire thématique de vidéos. Propose un plugin Firefox qui ajoute des vidéos aux résultats de Google.	www.videosurf.com
Truveo	Métamoteur de recherche de vidéos décliné pour dix-huit versions pays.	www.truveo.com
Blinkx	Ce moteur indexe le contenu audio des vidéos et permet de rechercher à l'intérieur en texte intégral.	www.blinkx.com/
Voxalead	*Idem* que Blinkx, mais il est spécialisé sur l'actualité et traite le français, l'anglais, le chinois, le russe, l'arabe et l'espagnol.	http://voxaleadnews.labs.exalead.com/

Document

Avec la production numérique liée aux blogs, wikis et réseaux sociaux, définir ce qu'est un document est de plus en plus délicat (Un *tweet* est-il un document ? Et un SMS ?). La production documentaire bureautique classique ne s'est toutefois jamais aussi bien portée. Nous sommes donc envahis de fichiers Word, PowerPoint mais aussi et surtout PDF. Or, cette production peut

---

1. Voir www.ipsos.fr/CanalIpsos/articles/2900.asp
2. Voir aussi Christophe Deschamps, « Comment mettre en place une veille d'actualité audio et vidéo ? » sur son blog Outils Froids, 11 janvier 2010 : www.outilsfroids.net/news/comment-mettre-en-place-une-veille-d-actualite-audio-et-video

recéler des pépites. Il serait dommage de les laisser passer. Heureusement, pour les rechercher, plusieurs moteurs spécialisés existent.

Moteurs de recherche de fichiers type bureautique

Nom	Description	Adresse
Scribd	Énorme répertoire dans lequel il est possible de déposer des documents afin de les mettre à disposition des internautes ou de les stocker en mode privé. Permet également d'importer les documents créés sous Google Docs.	www.scribd.com
Docstoc	*Idem* que Scribd. Possibilité de commercialiser sa production écrite.	www.docstoc.com
Google	En utilisant l'opérateur « filetype: », vous pouvez trouver les documents indexés en permanence par Google. Exemple : filetype:pdf « éco-habitat » OR « éco-construction ».	www.google.com
Docjax	Métamoteur spécialisé dans la recherche de documents bureautiques.	www.docjax.com

Temps réel

Les usages liés au 2.0 se sont diffusés dans la société[1], qu'il s'agisse d'usages privés, extimes (voir lexique) ou collectifs[2]. Les mécanismes liés aux réseaux sociaux génèrent de l'information en permanence et en temps réel, notamment des informations que l'on ne peut ignorer sans risquer de passer à côté d'une sévère critique de clients mécontents ou d'une attaque médiatique de la part d'un concurrent. De très nombreux moteurs sont apparus sur ce créneau depuis deux ans. Ils ne perdureront probablement pas tous. Nous en avons sélectionné trois qui nous semblent solides et qui disposent de fonctionnalités intéressantes[3].

---

1. Le réseau Facebook compte 500 millions d'utilisateurs en 2010, soit approximativement un quart de la population mondiale d'internautes (selon les chiffres donnés par l'*International Telecommunication Union*).
2. Réseaux sociaux semi-publics de type LinkedIn ou privés pour les entreprises (avec des plates-formes comme Jive, BlueKiwi, Knowledge Plaza ou encore Jamespot Pro).
3. Voir aussi : Christophe Deschamps, « Comparatif de quatorze moteurs de recherche en temps réel » sur son blog Outils Froids, 11 janvier 2010 : www.outilsfroids.net/news/comparatif-de-14-moteurs-de-recherche-temps-reel

Moteurs de recherche « temps réel »

Nom	Description	Adresse
Social Mention	Recherche par mots-clés dans les médias sociaux (blogs, micro-blogs, réseaux sociaux, commentaires…). Permet aussi de créer des alertes par mots-clés.	http://socialmention.com
Yauba	Mêle des informations issues des réseaux sociaux, sites de référence (Wikipedia), sites de questions-réponses… N'ajoute pas de cookies et ne retient pas de données personnelles.	www.yauba.com
UberVu	Crée des courbes de tendance par requête et compare plusieurs tendances. Permet également d'extraire des sentiments (négatif/positif) et de générer des rapports dans sa version payante.	www.ubervu.com

La recherche en mode social

Parmi les innombrables conséquences liées à l'arrivée du web 2.0 et des réseaux sociaux dans nos vies, il y a bien sûr le fait qu'ils génèrent une masse grandissante (et effrayante !) d'informations potentiellement utiles. On a coutume de dire que le poison sécrète son antidote et c'est heureusement le cas ici. En effet, parallèlement à ce mouvement, de nombreux mécanismes se sont mis en place pour nous permettre de mieux filtrer l'information grâce aux membres des réseaux sociaux auxquels nous sommes inscrits. On parle alors de filtrage social ou de recherche sociale.

Le *social search* (« recherche sociale » en français) est défini par les chercheurs Ed Chi et Brynn Evans comme un mode de recherche qui utilise les réseaux sociaux et réseaux d'experts. De plus, le *social search* :

• est mené dans des espaces de travail partagés ;

• ou met en jeu des techniques de *social data mining* ;

• ou met en jeu des processus d'intelligence collective pour améliorer la recherche.

Concrètement, ces mêmes chercheurs ont dégagé trois stratégies types de recherche sociale qui s'appuient sur des familles d'outils différentes :

1. *Collective social search* : il s'agit ici de tirer parti des innombrables réper-toires dans lesquels les internautes laissent des traces de leur passage, qu'elles soient implicites ou explicites. Les possibilités liées à cette stratégie sont nombreuses. Il peut s'agir par exemple d'interroger des moteurs de recherche « temps réel » (voir page 45), c'est-à-dire proposant des résultats issus de

réseaux sociaux. Le moteur de recherche de Twitter[1] est bien sûr ici en première ligne mais on peut également y ajouter ceux évoqués plus haut[2]. Les répertoires constitués par les services de *social bookmarking* (Delicious, Diigo, StumbleUpon... Voir chapitre 2, dans « Qu'est-ce que le *social bookmarking* ? » page 50, et chapitre 3, dans « Partez à la découverte des folksonomies » page 81) entrent bien évidemment dans cette stratégie, tout comme les services de *social news* (Digg[3], Reddit[4], Wikio[5]). Autre possibilité, les résultats des moteurs de recherche généralistes peuvent être améliorés par des éléments (tendances, mots-clés, *hashtags* – tags sur Twitter, voir lexique) tirés de services de type réseaux sociaux ou *social bookmarking*. Ainsi, lorsque l'on interroge Google, des résultats provenant de Twitter, Friendfeed, Facebook et d'autres services où les internautes sont susceptibles de partager de l'information avec les membres de leur réseau vont être intégrés aux résultats. Pour cela, il faut choisir à gauche des résultats, dans les options de Google, le menu qui commence par « Date indifférente » (ou « *Any time* » si votre version est en anglais), puis l'option « Les plus récentes » (ou « *Latest* »).

Recherche du terme Obama sur Google

---

1. http://search.twitter.com En juillet 2010, Twitter est devenu le deuxième moteur de recherche sur le web derrière Google, avec plus de 800 millions de requêtes par jour.
2. www.socialmention.com, www.yauba.com, www.ubervu.com
3. http://digg.com
4. http://fr.reddit.com
5. www.wikio.fr

Par ailleurs, des modules complémentaires pour le navigateur Firefox (comme les plugins Webmynd ou Surfcanyon[1]) existent. Ils permettent d'ajouter les résultats issus des réseaux sociaux à Google ou à d'autres moteurs généralistes.

2. *Friend-filtered social search* : il s'agit ici de permettre à l'utilisateur de rechercher dans des données et résultats déjà trouvés, accédés, partagés, notés et annotés par les membres de son réseau (« amis », « *followers* »…) ou les membres de leurs réseaux (« amis de mes amis »). Plusieurs solutions existent en ce sens tel Friendfeed[2]. La plus intéressante, par l'ampleur du projet, nous semble toutefois être Google Social Circle. Les pré-requis sont les suivants :

• être connecté sur son compte Google ;
• avoir activé son compte Google Buzz (*via* Gmail) ;
• avoir connecté ce compte à ses réseaux sociaux *via* l'option « *Connected sites* » (au moment où nous rédigeons ce livre, seul Twitter peut être connecté, pas Facebook).

Une fois ce service activé, lancez une recherche dans Google. Vous avez alors la possibilité d'afficher des résultats mis en partage par les membres de vos réseaux.

Résultats de Google en collaboration avec vos contacts

Results from people in your social circle for **"veille stratégique"** - BETA

Veille stratégique et Intelligence Economique :: البقطة و الذكاء ...
(Reader Subscription) - Portail de la **Veille stratégique** et de l'Intelligence Economique au Maroc. Observatoire de l'économie, observatoire de la veille e l'IE, boite à outils, ...
www.veille.ma/

CRVS
Christine Schmidt - connected via Christophe Deschamps on twitter.com
6ème Masterclass Intelligence et **Veille Stratégique** le 8 et 9 juin prochain. (formation en résidentiel dans l'hôtel Diana à Molsheim) ...
www.crvs.fr/
CRVS : Mission CRVS
Le Centre Régional de **Veille Stratégique** (CRVS) a été créé par la Chambre
www.crvs.fr/tikiwiki/tiki-index.php?page=mission+crvs
More results from Christine Schmidt »

---

1. www.webmynd.com, www.surfcanyon.com
2. www.friendfeed.com

3. *Collaborative social search* : ce mode de recherche apparaît lorsque deux personnes ou plus s'associent pour trouver la réponse à une question. Le « modèle physique » de cette collaboration est baptisé « *over the shoulder* ». Il désigne le type de recherche qui peut être mené par deux personnes travaillant dans un même bureau, l'une devant l'ordinateur, l'autre observant les résultats obtenus par la première et lui donnant, par exemple, des idées de mots-clés nouveaux à utiliser[1]. La version en ligne de ce mode de recherche sociale correspond aux services de type questions-réponses avec Yahoo! Answers comme modèle. Grâce aux réseaux sociaux, de nouveaux modèles de services de ce type apparaissent, avec des fonctionnalités permettant de multiplier les types d'interactions et, si nécessaire, de les cibler spécifiquement vers les membres de ses réseaux. C'est le cas par exemple d'Aardvark, Tribescape, Collabtweet, Facebook Q&A (en phase bêta au moment de la rédaction de cet ouvrage)[2] ou encore de Quora. Ce dernier permet par exemple de :

• poser des questions aux autres membres du service ;
• s'abonner aux questions et réponses posées par d'autres membres du service ;
• s'abonner aux thématiques (*topics*) dans lesquelles sont classées les questions ;
• diffuser sa question aux *followers* de son compte Twitter.

Moteur de recherche Quora

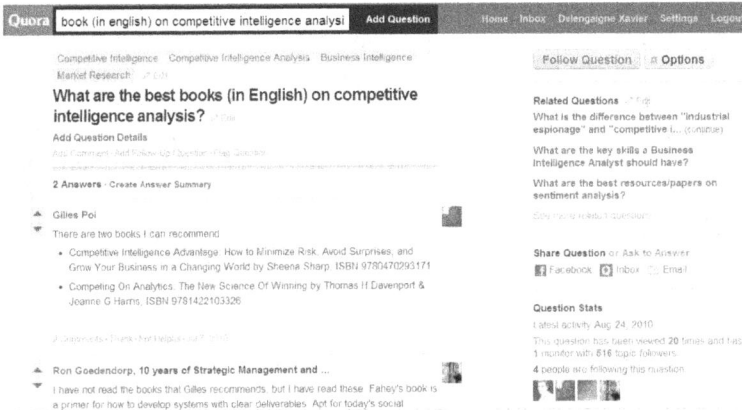

---

1. Une étude menée par la chercheuse Meredith Morris a montré que, sur deux cent quatre employés interrogés, 88 % pratiquaient ce type de coopération. Source : « *A Survey of Collaborative Web Search Practices* », http://citeseerx.ist.psu.edu/viewdoc/download?doi= 10.1.1.137.9920&rep=rep1&type=pdf

2. www.vark.com, www.tribescape.org, http://anantgarg.com (Collabtweet)

Dotés de ces nouvelles fonctionnalités, les services de questions-réponses classiques basculent progressivement vers les services de la deuxième catégorie (Friend-filtered social search) tout en permettant de conserver un accès direct aux membres de son réseau.

Qu'est-ce que le *social bookmarking* ?

Définition du *social bookmarking*

« Le *social bookmarking* (en français, « marque-page social », « navigation sociale » ou « partage de signets ») est une façon pour les internautes de stocker, de classer, de chercher et de partager leurs liens favoris[1]. »

Le terme « *social bookmarking* » (en français « service de marque-page social ») définit des services permettant aux internautes d'enregistrer des liens vers les pages qu'ils trouvent intéressantes. Par défaut, les favoris ainsi enregistrés sont publics. Toutefois, vous pouvez les rendre privés.

Lorsqu'ils sont en mode public, ces services permettent à tout un chacun de consulter les trouvailles de leurs membres facilement. En effet, elles peuvent être parcourues via les mots-clés (appelés tags) avec lesquels les utilisateurs les ont décrites au moment de l'enregistrement. Cet ensemble de mots-clés descripteurs crée, de fait, un classement que l'on nomme « folksonomie »[2]. Ce néologisme a été forgé en télescopant deux termes, « *folks* » qui en anglais signifie « les gens », et « taxonomie » qui désigne un plan de classement d'items structuré sous forme d'arborescence. Les services de *social bookmarking* créent ainsi au fil de l'eau un véritable annuaire du web, impossible à réaliser autrement car trop chronophage. C'est évidemment un « annuaire du pauvre » puisqu'il n'est généralement pourvu que d'un seul niveau hiérarchique, mais c'est un annuaire tout de même avec ses notices, titres, descriptions et mots-clés, et l'on n'a finalement pas trouvé mieux pour compléter les moteurs de recherche classiques.

Utiliser les services de *social bookmarking*

Si l'on dénombrait en 2007 près de deux cents services de *social bookmarking*[3] le secteur s'est nettement « éclairci » depuis. Ceux qui comptent vraiment peuvent dorénavant se compter sur les doigts des deux mains.

---

1. http://fr.wikipedia.org/wiki/Social_bookmarking
2. Nous verrons les folksonomies plus en détail page 81.
3. Source : http://3spots.blogspot.com/2006/01/all-social-that-can-bookmark.html

Une évolution à noter par ailleurs est la mise en ligne de services orientés vers les chercheurs et scientifiques. Ils sont dotés de fonctionnalités leur permettant d'adresser plus précisément les besoins de ces communautés. Un service comme 2Collab[1] permettra par exemple d'utiliser des formules chimiques complexes comme tags.

L'innovation peut aussi porter sur la manière de présenter les pages enregistrées. Ainsi Pearltrees (www.pearltrees.com), par exemple, enregistre chaque page web intéressante sous la forme d'une petite « perle ». Il permet de partager des cartes thématiques avec d'autres membres du service ou d'être averti de leurs découvertes en temps réel (*via* e-mail).

Pearltrees

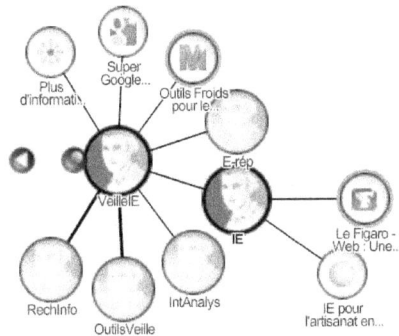

Ces services peuvent être utilisés de trois manières non exclusives pour :

- effectuer une veille sur les thèmes qui vous intéressent. On privilégiera alors les services ayant le plus d'utilisateurs pour multiplier les chances d'obtenir des résultats ;
- partager de l'information avec un groupe de personnes en mode public ;
- partager de l'information avec un groupe de personnes en mode privé. À notre connaissance, cette possibilité existe uniquement dans Diigo.

1. www.2collab.com Voir aussi www.connotea.org, www.citeulike.org

D'autres idées pour utiliser votre compte de *social bookmarking*

Outre la veille, d'autres usages individuels sont envisageables. Voici quelques idées d'utilisation :

- Regrouper des pages annonçant des événements à venir afin de pouvoir, par exemple, les annoncer sur votre blog au moment opportun ou tout simplement ne pas les oublier. Vous pourrez créer des tags par thème événementiel bien sûr, mais aussi par date (jour/mois/année : jj/mm/aaaa).
- Constituer une base de données de personnes (gestion de contacts, intelligence économique, recrutement) pour enregistrer leurs pages profils sur les réseaux sociaux et leur adjoindre des tags pour les reclasser aisément par pays, centres d'intérêt, compétences, entreprise dans laquelle ils travaillent, etc. Certains services indexent les pages enregistrées en texte intégral (Diigo dans sa version payante). Grâce au moteur qu'ils mettent à disposition, vous pourrez rechercher par mots-clés dans ce contenu pour identifier qui dispose de telle compétence, qui a travaillé dans telle organisation ou qui vient de telle école. Si une personne dispose de plusieurs pages profils sur différents services, vous pourrez lui attribuer un tag qui servira d'identifiant unique. Vous l'ajouterez à chacune des pages la concernant (nom_prénom ou NomPrénom par exemple).
- Stocker et structurer du contenu pour alimenter la rédaction de billets de blog, d'articles, de livres…
- Organiser des documents audio, vidéo, graphiques…
- Repérer les pages les plus populaires sur vos thématiques.

Prenez des notes qui dénotent

De nombreuses méthodes de prise de notes existent, qui vont du linéaire au graphique. Dans cette partie, nous nous concentrerons sur celles effectuées dans un environnement numérique.

Naturellement, les principes classiques sur support papier restent tout à fait valables lors du passage au numérique. La prise de notes à partir d'un support numérique peut en effet se réaliser informatiquement ou manuellement. Cependant, le procédé informatique présente un gain de temps certain. Le copier/coller permet de sélectionner rapidement de l'information sur une page web, par exemple.

Plusieurs solutions s'offrent à vous pour prendre des notes électroniques, notamment sur le web.

Le plugin pour navigateur

Scrapbook[1], un plugin pour Firefox, offre ainsi la possibilité de copier des pages web sur son disque dur pour les travailler comme sur du papier. Vous disposez de surligneurs de couleur et de notes repositionnables. Vous pouvez même supprimer du texte de la page.

Plugin Scrapbook pour Firefox

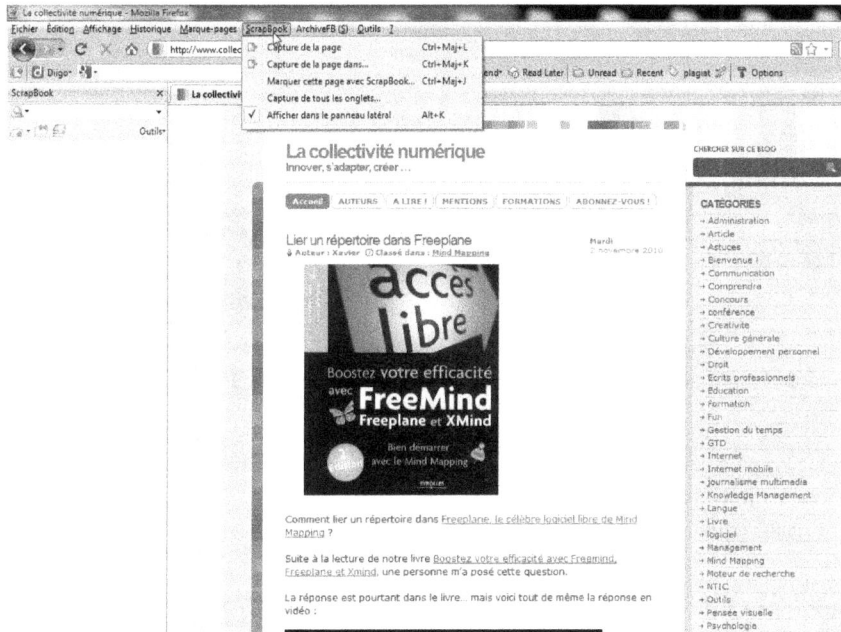

Le site de *social bookmarking*

Comme nous l'avons vu précédemment, le *social bookmarking* permet de sauvegarder l'adresse web d'un site pour le retrouver facilement par la suite. Vous pouvez ajouter des commentaires sur la page, les marquer par des tags et partager vos trouvailles avec vos contacts par e-mail ou *via* votre réseau social Twitter ou Facebook le plus souvent. À ce jour, le plus utilisé reste Delicious[2].

1. https://addons.mozilla.org/fr/firefox/addon/427/
2. www.delicious.com

Certains sites de *social bookmarking* offrent un plugin pour ajouter des fonctionnalités à la barre d'outils de votre navigateur web. Par exemple, Diigo[1] offre la possibilité de surligner de l'information sur une page web et de marquer une page comme à lire plus tard.

Diigo, site de social bookmarking

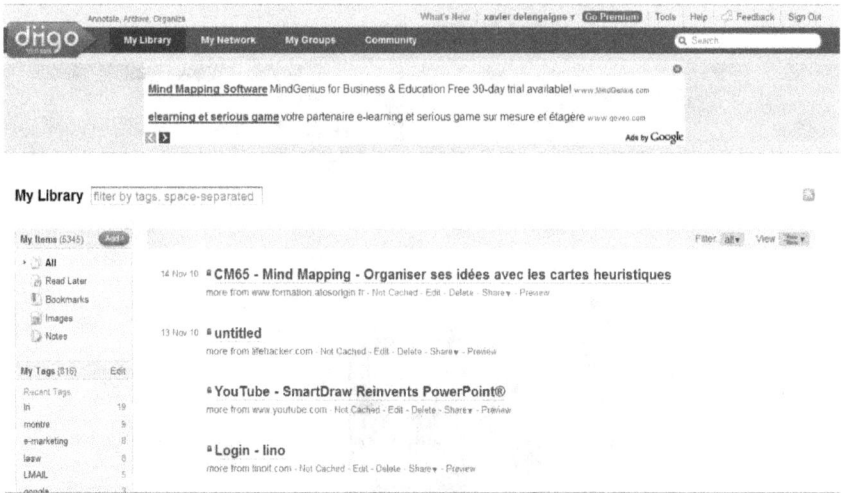

Dans le prochain chapitre (page 57), nous verrons plus en détail les services de *social bookmarking*.

Le service en ligne dédié à la prise de notes

À ce jour, Evernote[2] est sans doute le plus élaboré des services en ligne dédiés à la prise de notes. Il permet de copier une page ou une partie du texte dans un espace web réservé à votre prise de notes. Vous pouvez également envoyer des notes par e-mail grâce à une adresse dédiée.

Google Bloc-Notes[3] offre également un service de prise de notes simple et efficace.

---

1. www.diigo.com
2. www.evernote.com
3. www.google.com/notebook/?hl=fr

Evernote, un service en ligne pour prendre des notes

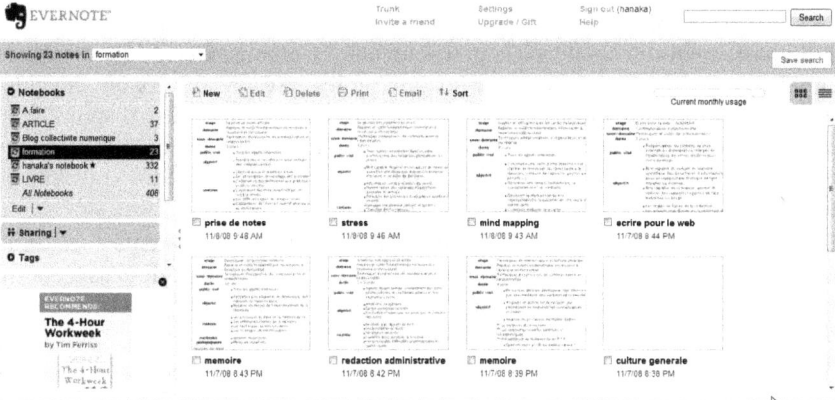

Une page Internet n'est pas éternelle

Attention à l'impression que tout ce que l'on trouve sur Internet continuera à vivre éternellement. Chaque jour, des pages, voire des sites entiers, meurent. Bien sûr, certains services web archivent le web, comme par exemple Archive.org[1]. Toutefois, à ce jour, aucun d'entre eux n'est exhaustif. Si vous trouvez un document particulièrement intéressant, téléchargez-le sur votre disque dur ou sauvegardez-le en ligne (*via* un bloc-notes en ligne comme Evernote par exemple) en plus de l'ajouter à vos favoris.

RECHERCHER DES INFORMATIONS SUR INTERNET
PAR ISABELLE MACQUART

Isabelle Macquart est actuellement responsable d'une médiathèque au sein d'une université. Investie depuis 2001 au sein de l'ADBS (Association des professionnels de l'information et de la documentation)[2] Nord-Pas-de-Calais, elle coanime le « club informatique documentaire ». Il s'agit de réunir les professionnels de l'information et de la documentation pour traiter d'un aspect de la profession ou présenter un outil, d'enrichir chacun et de permettre une mutualisation des connaissances ou des pratiques *via* un réseau professionnel.

Le web 2.0 a-t-il révolutionné la recherche d'information sur le net ?

Bien sûr, mais à mon sens, ce n'est pas du côté des modalités de recherche qu'il faut voir une révolution. Le web 2.0 permet à chacun de produire de l'informa-

---

1. www.archive.org
2. www.adbs.fr

tion mais les problèmes de la pertinence et de la fiabilité de la source restent entiers et ces problèmes sont au cœur de toute recherche.

Par ailleurs, les outils du web 2.0 ont décuplé la puissance des réseaux sociaux et du *push*, même si ces derniers préexistaient. Le *crowdsourcing* (utilisation de l'intelligence des internautes, voir lexique) et les réseaux sociaux ont considérablement changé la donne. Il y a beaucoup plus d'information disponible et elle circule plus vite et plus aisément. Des informations ou des services personnalisés sont aussi accessibles gratuitement ou à moindre coût car ils sont financés par la publicité faite sur ces sites.

Selon moi, l'aspect révolutionnaire tient dans les bouleversements sociaux et économiques. Le web 2.0 a fait émerger une nouvelle catégorie d'usagers du web : les « pro-ams » (professionnels amateurs), des amateurs éclairés capables de rivaliser avec les professionnels du secteur. Le changement réside donc dans la démocratisation des outils et dans l'apparition d'une classe de « pronétaires » (internautes convaincus et avertis, voir lexique) et d'une fonction de « *community manager* » (gestionnaire de communauté, voir lexique).

Dans quels cas utiliser un autre outil de recherche que Google ?

Google est un outil puissant, trop puissant. Il faut, pour être efficace, réduire le « bruit » (voir lexique).

Dans une recherche d'information comme dans toute recherche, il faut d'abord savoir précisément ce que l'on cherche et à quel endroit on va le trouver ou, si l'on ne peut trouver immédiatement, savoir qui peut fournir des éléments ou permettre de remonter à la source. Le premier réflexe à avoir n'est donc pas forcément celui du moteur de recherche.

De plus, il est intéressant de sélectionner les moteurs de recherche en fonction du résultat souhaité. Utiliser un moteur spécialisé est gage d'efficacité. Prenons deux exemples : si l'on cherche une image, il faut d'emblée se poser la question de son usage. Il est plus efficace d'utiliser un moteur qui ne propose que des images libres de droit plutôt que d'utiliser Google et de sélectionner des images pour se rendre compte finalement qu'elles sont inutilisables.

De même, certains moteurs ne cherchent que sur des sites référencés et validés dans un domaine, ils garantissent ainsi la pertinence de l'information (ces moteurs utilisent parfois, par ailleurs, la technologie de Google). Une fois encore, c'est la compétence qui fait la différence : chacun peut utiliser Google mais le professionnel de l'info-doc (information et documentation) sait quel outil utiliser pour quel type de recherche. Il sait aussi où trouver car il connaît les sources d'information et sait surtout en évaluer la fiabilité et la pertinence.

3

ORGANISER L'INFORMATION

« Classer, c'est penser. »
Georges Perec

Rangez votre bureau

Respectez les règles de proximité

Les déplacements, même petits, consomment du temps. Pour organiser votre espace de travail, respectez le principe de proximité : le plus utilisé correspond au plus proche.

Circulez, il n'y a rien à voir

Observez une nouvelle fois votre bureau. Les dossiers s'accumulent-ils inexorablement au fil du temps ? Comment faire bouger l'information pour éviter qu'elle ne stagne ?

Un moyen simple de faire circuler l'information est de disposer de simples bannettes sur votre bureau avec différentes fonctions :

- à transmettre : le but du jeu est de mettre le plus possible de documents dans cette bannette ;
- à faire : placez dans cette bannette les documents à traiter ;
- en attente ;
- à classer : attention de ne pas laisser stagner vos documents dans cette bannette.

Naturellement, votre poubelle (ou votre boîte de tri sélectif) ne doit pas rester loin afin de jeter les documents devenus inutiles.

Ajoutez un peu de méthode GTD

Pour plus d'efficacité, vous pouvez appliquer la méthode GTD, « *Getting Things Done* » (elle sera développée plus en détail au chapitre 8 de cet ouvrage, page 147). GTD est une méthode d'organisation personnelle inventée par M. David Allen et popularisée par son livre *S'organiser pour réussir :* Getting Things Done[1] (méthode GTD).

Ajoutez une autre bannette intitulée « boîte de réception » (*inbox*) : centralisez tous vos documents et tout autre élément (clés USB…) dans cette bannette. Prenez ensuite chaque élément un à un, et posez-vous la question : une action est-elle possible ? Si cela prend moins de deux minutes ; faites-le toute de suite. Sinon, classez le document dans une des quatre autres bannettes.

Mettez votre instinct de conservation en sourdine : réduire le volume de documents est un bon moyen de simplifier votre organisation. Jetez donc les éléments devenus inutiles à la poubelle.

Une fois, deux mais pas trois

Lorsque vous traitez une information (que ce soit un document ou un fichier), imposez-vous la règle des « une fois, peut-être deux, mais pas trois ». Qu'est-ce que cela signifie ? Tout au long de votre journée, vous ne devez pas toucher un document plus de trois fois ! Ajouter cette petite règle du jeu à votre activité vous permettra de gagner un temps considérable.

Rangez au fur et à mesure

Pour un bureau propre, appliquez la méthode « *wipe as you go* » (littéralement, « nettoyer en allant », c'est-à-dire ranger au fur et à mesure). C'est un peu comme pour votre vaisselle, si vous attendez trop longtemps, les assiettes sales s'accumulent dans votre évier ! Respectez ce principe simple : quand vous prenez un dossier, rangez-le une fois terminé.

Numérisez vos documents

Scannez ses documents est un bon moyen pour en finir avec la tonne de papiers qui encombre nos bureaux. Avec la dématérialisation, la numérisation a en effet le vent en poupe.

---

1. Leduc. S Éditions, 2008.

Toutefois, numériser ses documents pose certaines questions.

De quel matériel faut-il disposer ?

– Scanner un document prend du temps avec un matériel bas de gamme.
– Un espace de stockage est indispensable car un document numérisé prend
de la place. Ajustez la taille de stockage à votre projet de numérisation.
– Pour de gros volumes de documents, utilisez un scanner à défilement ou un
copieur scanner.

Comment retrouver le document une fois numérisé ?

La numérisation accroît le nombre de documents de façon exponentielle.
Comment retrouver le bon fichier rapidement ? Vous pouvez utiliser un
scanner à défilement couplé avec un moteur de recherche desktop (moteur de
recherche local, c'est-à-dire situé sur votre ordinateur, voir lexique).

La taille, c'est important ?

Que ce soit pour votre classement papier ou informatique, gardez toujours en
mémoire la loi de Douglas : les dossiers et les documents s'entassent jusqu'à
remplir l'espace disponible pour le rangement. Ainsi, plus la taille de votre
disque dur sera importante, plus vous stockerez de fichiers. Limiter la taille de
votre stockage, qu'il soit physique ou numérique, vous obligera à conserver
l'essentiel.

Maintenir votre bureau propre

Pour ranger votre bureau la première fois, collectez tout ce qui s'y trouve, ainsi que le contenu de vos
tiroirs et déposez le tout dans un grand carton. Puis prenez chaque élément de la pile du haut vers le
bas. Traitez-le en fonction des différentes actions possibles : le jeter, le déléguer, le classer, agir.

Recommencez l'opération périodiquement si vous n'arrivez pas à maintenir votre bureau propre.

Ajoutez une date de péremption

Dans son livre *Mind Performance Hacks*, l'auteur Ron Hale-Evans[1] présente
une astuce pour pré-supprimer les documents (papiers ou numériques).
Chaque fois que vous créez ou recevez un document, posez-vous la question :
combien de temps vais-je avoir besoin de ce document ? La réponse peut être

---

1. *Tips et Tools for Overclocking Your Brain*, O'Reilly Media, 2006.

une date précise, ou une durée (avec la date de création ou de réception du document) : une semaine, un mois, un an. Soyez constant dans la façon de marquer la péremption de vos documents. Si votre document est « éternel », conservez-le de manière classique, avec une date de création mais sans date de péremption.

Pour les documents papiers

Marquez vos documents avec la date (mois, année) à laquelle vous pouvez le détruire.

Si vous travaillez sur un document le 13 juillet et que vous savez que vous en aurez besoin deux ou trois semaines, placez-le dans une pochette marquée « juillet ». Une fois le mois écoulé, vous savez que vous pourrez détruire le contenu de cette pochette.

Pour les documents électroniques

Créez un répertoire temporaire (nommé par exemple « Tmp »). Lorsque vous travaillez sur un document temporaire pendant la journée, placez-le dans ce dossier. Une fois la journée écoulée, supprimez le contenu de ce dossier.

Si vous devez travailler plus longtemps sur un document, créez un dossier pour le mois ou l'année. Exemple : « Tmp_juillet » pour le mois en cours. « Tmp_2010 » pour l'année en cours.

Pour les fichiers permanents, sauvegardez-les à l'endroit habituel dans l'arborescence de votre ordinateur.

Gérez vos contacts

Tout comme une entreprise, vous devez gérer vos différents contacts. Inspirez-vous des évolutions des entreprises et transformez votre gestionnaire de contacts en un véritable CRM.

Qu'est-ce qu'un CRM ?

L'acronyme CRM signifie en anglais *Customer Relationship Management*. En français, il se traduit par Gestion de la relation clients, soit GRC. C'est une typologie de logiciels pour gérer la relation clients, une sorte de super carnet d'adresses avec de multiples fonctionnalités. L'objectif est de parvenir à fidéliser ses clients en répondant le mieux possible à leurs attentes. Certains CRM sont payants, d'autres gratuits (Sugar CRM par exemple est gratuit et libre).

Là encore, respectez la règle du « faire au fur et à mesure ». Ajoutez dès que possible les nouveaux contacts dans votre gestionnaire. Ajoutez les précisions nécessaires en fonction de vos besoins : notez si le numéro de ligne est direct, ajoutez des commentaires sur la personne rencontrée, etc.

Comment choisir votre gestionnaire de contacts ?

Prêtez attention aux éléments suivants :
- formats d'import et d'export ;
- synchronisation avec les terminaux mobiles ;
- coût ;
- options disponibles, notamment le nombre de champs disponibles pour qualifier votre contact.

Au choix, vous pouvez opter pour un gestionnaire de contacts en ligne (Plaxo[1], Google Contacts) ou sur votre poste de travail. Avec le gestionnaire en ligne, vous pouvez accéder à vos contacts n'importe où et n'importe quand à l'aide d'une simple connexion Internet. C'est l'outil idéal pour les travailleurs nomades. Avec un client de messagerie, vous restez maître de vos données : elles sont stockées sur votre ordinateur.

Optimisez le rangement de votre ordinateur

Perdez-vous un temps fou à rechercher vos fichiers ? Ils sont pourtant bien rangés. Mais avec le temps, face à la masse d'informations à trier et à organiser, vous vous laissez vite déborder. La recherche classique de votre système d'exploitation ne suffit plus. Les progrès des moteurs de recherche desktop vont-ils bientôt vous affranchir de tout rangement ?

Comment ranger vos fichiers ?

Tout d'abord, afin de faciliter la sauvegarde de vos données, stockez vos fichiers dans un seul dossier racine.

---

1. www.plaxo.com

Pour Windows, le dossier « Mes documents » est-il adéquat ?

Pas forcément, car de nombreux logiciels l'utilisent par défaut pour stocker leurs informations (exemple : les fichiers reçus par Windows Live Messenger). Or, bien souvent, les données en provenance de ces logiciels n'ont pas besoin d'être sauvegardées.

Par contre, vous pouvez très bien utiliser le dossier bureau d'un utilisateur ; ainsi, vous sauvegarderez également les raccourcis vers vos principaux programmes.

Le rangement des fichiers peut suivre principalement quatre structures, au choix.

- Chronologique (quand ?) : les fichiers sont rangés dans des dossiers par année. Cette organisation est facile à mettre en place. Elle fonctionne particulièrement bien pour les activités récentes. Toutefois, sur le long terme, cette approche est moins efficace. Vous devez en effet vous rappeler la date de création du fichier plutôt que de penser en termes de contenu.
- Fonctionnelle (quoi ?) : la structure se base sur le contenu, en fonction de la catégorie, de la personne ou du projet. Cette approche fonctionne particulièrement bien avec un petit nombre de catégories. Par contre, si le nombre de données à gérer devient trop important, vous devrez créer des sous-catégories, au risque de vous perdre par la suite dans les fins fonds de l'arborescence. Par ailleurs, certains contenus peuvent être transdisplinaires et appartenir à plusieurs catégories en même temps, ce qui peut poser problème.
- Par rôle ou comment l'information va être utilisée (comment ?) : vous créez des fonctions qui correspondent aux différents rôles que vous occupez dans votre vie. Par exemple, vous êtes membre d'une association. Au sein de ce système d'organisation, vous retrouvez plus facilement l'information archivée car elle est organisée en contexte d'utilisation. Le plus difficile reste bien souvent de déterminer les différents rôles que nous tenons. Par ailleurs, ces rôles évoluent au fil du temps. Les catégories des dossiers devront donc être mises à jour régulièrement. Cette organisation par rôle s'apparente aux principes de gestion de temps développés par Steven Covey (voir chapitre 11 page 195).
- Par outil (avec quoi ?) : certaines personnes sauvegardent leurs fichiers en fonction de l'outil utilisé. Les fichiers Word ensemble, les fichiers Excel ensemble, etc. Cette forme de classement est particulièrement inefficace.

Aucune de ces quatre formes d'organisation n'est efficace utilisée seule. Idéalement, vous devez mixer les structures selon la logique suivante :

Organisation de l'arborescence des fichiers

Niveau	Structuration	Exemple
1	Par rôle	Professeur, personnel
2	Fonctionnelle	/projet/personne
3	Chronologique	2010, 2009

Vous pouvez compléter l'organisation de vos fichiers en fonction de votre activité courante. Vous créez par exemple un dossier « Documents » dans lequel vous stockez temporairement les fichiers sur lesquels vous travaillez. Une fois le projet terminé, vous le basculez dans un dossier « Archives » en reprenant l'organisation citée ci-dessus : Par rôle > Fonctionnelle > Chronologique.

Cartographier votre disque dur

Certains logiciels de *mind mapping* (comme Freemind[1] ou Freeplane, son *fork*) offrent la possibilité d'importer une arborescence de fichiers. Vous obtenez une carte avec vos différents dossiers et fichiers que vous pouvez recomposer à loisir sous la forme d'une carte. La structure et l'importance des dossiers deviennent plus visibles.

Attention, la plupart des logiciels de *mind mapping* créent uniquement des liens hypertextes vers vos fichiers. Si vous déplacez les fichiers sources, le logiciel ne les retrouvera pas.

Sur les sites MindManagement[2] et le blog de Xavier Delengaigne Collectivité Numérique, vous trouverez des tutoriels vidéos gratuits pour appendre à vous servir de Freemind.

Limitez la profondeur d'arborescence de vos fichiers. Au-delà d'une hiérarchie de quatre niveaux, se repérer devient difficile.

Les nouveaux systèmes d'exploitation offrent désormais la possibilité de compléter votre rangement hiérarchique par dossier par un marquage de vos différents fichiers, à l'instar des tags sur le web. L'intérêt est évident : grâce à un mot-clé, un fichier peut être virtuellement à plusieurs endroits différents. Certains logiciels (comme Tag2Find[3]) offre également ce système de tags particulièrement utile pour les systèmes d'exploitation dépourvus de cette fonctionnalité (Windows XP par exemple).

Quelle que soit votre méthode, décelez une arborescence modèle par rôle, par projet et par année. Ensuite, installez un logiciel comme Treecopy[4]. Il recopie l'arborescence de vos dossiers en laissant de côté leur contenu.

Vous pouvez également identifier vos dossiers par une couleur avec des logiciels comme Icolorfolder[5].

---

1. http://freemind.sourceforge.net/wiki/index.php/Main_Page
2. www.mindmanagement.org
3. www.tag2find.com
4. www.rjlsoftware.com/software/utility/treecopy
5. http://icolorfolder.sourceforge.net

Le livre *Bit Literacy: Productivity in the Age of Information and E-mail Overload*
de Mark Hurst[1]

Cet ouvrage en anglais se veut un livre intemporel sur la gestion de l'information à l'aide de
l'informatique. Pour une synthèse du livre en français, consultez le site suivant : www.des-livres-
pour-changer-de-vie.fr/bit-literacy-4

Bien ranger ses photos devient vite également un véritable casse-tête. Si vous
ne disposez pas d'un logiciel professionnel pour gérer vos photos, utilisez un
logiciel de photothèque gratuit comme Picasa[2] par exemple.

Ajouter de l'information à l'information

Comme le remarque justement David Weinberger dans son livre *Everything is Miscellaneous, The
power of the new digital disorder*, paradoxalement, « la solution à l'abondance d'information,
c'est plus d'informations[3] ».

L'auteur prend l'exemple des photos que nous prenons avec notre appareil numérique. Une photo
prise d'une personne en vacances nommée DSC0125.jpg ne permet pas de la retrouver facilement
dans la masse de données que nous engrangeons. Dans l'attente de techniques de plus en plus
avancées de reconnaissance de forme, nous devons en effet ajouter des tags pour compléter : nom
de la personne, nom du lieu, etc.

Comment ranger votre bureau d'ordinateur ?

Pensez également à ranger votre bureau d'ordinateur. En effet, c'est votre
premier contact avec l'ordinateur. Respectez les règles suivantes :

• limitez au maximum le nombre d'icônes présentes ;
• organisez votre espace de travail en zones : par exemple, dans une zone,
regroupez les raccourcis vers vos logiciels de PAO (Publication assistée par
ordinateur) et de retouches d'images ; dans une autre zone, regroupez les
raccourcis vers vos dossiers en cours ; etc. Un logiciel pour Windows peut
réaliser cela automatiquement pour vous. Il s'agit de Fences, dont la version
basique est gratuite (www.stardock.com/products/fences).

---

1. Good Experience, 2007.
2. http://picasaweb.google.com/home?hl=fr
3. David Weinberger, *Everything is Miscellaneous, The power of the new digital disorder*,
Henry Holt & Company Inc, 2008, page 13.

Comment bien nommer vos fichiers ?

À ce jour, aucune norme (AFNOR, ISO, CNE) n'existe sur le nommage des fichiers. Pourtant, avec un partage des fichiers toujours plus important *via* Internet, le nommage des documents est important. En effet, qu'observons-nous ? Les documents sont désormais élaborés non seulement à partir d'une pluralité de logiciels (Word, OpenOffice) mais également à partir de systèmes d'exploitation différents (Linux, Windows, Mac). Bien nommer un document demande donc des précisions résumées dans le tableau ci-dessous.

Bien nommer vos documents*

Pour...	Faire
Attribuer un nom de fichier simple à comprendre	– utiliser 25 à 64 caractères maximum ; – supprimer les mots superflus : « le », « à » ; – pour le type de documents, utiliser des acronymes en majuscule ex. : CR pour compte rendu – éviter les caractères non-alphanumériques : l'astérisque, le dièse, les accents, les guillemets (français ou anglais), les points d'exclamation, d'interrogation, de suspension, les signes d'opération (+, –, *, /), la barre verticale, les signes de comparaison (<, >, =) et les crochets. Windows empêche normalement l'utilisation de ces signes. Toutefois, tous les systèmes d'exploitation ne le font pas. D'autres contraintes de nommage s'ajoutent pour les URL : – éviter les répétitions ; – éviter le pluriel sauf exception (nom de personnalité, etc.).
Délimiter les mots	Utiliser des : – lettres capitales : « Livre_Projet » ; – des tirets bas (*underscores*) et des tirets simples ; – les tirets bas pour séparer les différents éléments du titre : « Livre_Projet » ; – les tirets simples pour séparer les mots d'un même élément : « Livre_Projet-Sommaire » ;
Un nom de document avec un numéro	Coder à deux chiffres : « projet-02 ».
Un nom de document avec une date	Utiliser les formes : « aaaa-mm-jj », « aaaa-mm », « aaaa », « aaaa-aaaa » (« a » correspondant à l'année, « m » au mois, « j » au jour).
Un nom de document avec un patronyme	Indiquer d'abord le nom puis le ou les initiales du prénom.
Un numéro de version	Indiquer la version avec un V majuscule suivi du numéro de version avec un codage à deux chiffres : « projet-01_V01 ».

* Adapté d'un mail du 23/06/2010 reçu de la liste de diffusion de l'ADBS, rédigé par Caroline Tete, documentaliste.

Trouver un intitulé explicite est important. Grâce à lui, vous retrouverez plus facilement un fichier. De plus, vous n'aurez pas forcément besoin de l'ouvrir pour obtenir une idée de son contenu.

Plusieurs solutions sont possibles pour nommer vos fichiers (une fois votre choix effectué, conservez-le pour éviter la confusion) :

- date_sujet.extension
- initiales_date_sujet.extension

Ainsi, un fichier de Xavier Delengaigne du 15 janvier 2009 avec pour objet un bon de commande pour des imprimantes pourra se nommer : « XD_09-01-15_Bdc_Imprimante ».

La plupart des logiciels permettent de connaître l'auteur du document grâce à ses propriétés. Toutefois, marquer les initiales de l'auteur du document représentera un gain de temps important. En un coup d'œil, vous verrez par exemple que vous êtes l'auteur du document.

Indiquez la date en commençant par l'année puis le mois et le jour permettra de trier vos fichiers par ordre croissant ou décroissant au sein de l'affichage de votre explorateur de documents.

Vous pouvez codifier les différentes fonctions : L pour lettre, etc. Attention toutefois de vous souvenir du sens de vos abréviations. Bannissez les espaces. Avec un tiret ou un tiret bas, le nom de votre fichier sera conservé quel que soit le système d'exploitation : Windows, MacOS, Linux, etc. Pour les fichiers à destination du net, suivez le même principe. En effet, sur le web, les espaces sont remplacés par « %20 ».

Naturellement, vous pouvez déroger à votre règle de nommage, notamment pour les fichiers modèles.

Si vous êtes un adepte de la méthode GTD, vous pouvez ajouter un « @ » au début du nom de votre fichier pour :

- identifier l'importance d'un fichier ;
  - un @ peut signifier « peu important » ;
  - @@ « important » ;
  - @@@ « très important ».

Cette méthode peut s'avérer particulièrement intéressante si vous collectez de nombreux fichiers sur une thématique particulière par exemple. Elle vous permettra de constituer une hiérarchie entre vos différents fichiers.

- indiquer le dernier fichier sur lequel vous avez travaillé ;

En effet, les fichiers avec un @ en début de nom s'afficheront en premier lors d'un affichage en mode croissant.

Si vous travaillez en équipe, pensez à définir une charte de nommage. Ainsi, en votre absence, vos collègues pourront s'y retrouver dans vos fichiers. Le nombre de fichiers à renommer est trop important ? Utilisez donc un logiciel spécialisé pour les renommer. Pour les photos, vous pouvez utiliser la version gratuite de PhotoFiltre[1]. Grâce à ce logiciel, vous pourrez également convertir à la volée vos photos dans un autre format.

Attention également à la longueur de vos noms de fichiers. En effet, au-delà de la lisibilité, la plupart des logiciels de sauvegarde bloqueront la copie si le nom de fichier est trop long.

Jetez à la corbeille

La loi de Douglas est implacable : « Dossiers et documents s'entassent jusqu'à remplir l'espace disponible pour le rangement. » Ne suivez pas systématiquement votre instinct de conservation : supprimez les fichiers devenus inutiles. Votre disque dur en sera d'autant plus léger. En toute logique, moins vous avez de fichiers, plus il sera facile de vous y retrouver. Diminuer la masse d'informations vous permettra de simplifier votre recherche.

Par où commencer ? Par les dossiers et fichiers les plus volumineux naturellement ! Comment les reconnaître ? Vous pouvez par exemple regarder leurs propriétés en affichant les détails.

Toutefois, si votre disque dur contient de nombreux dossiers et fichiers, cette méthode sera longue. Comment faire dès lors ? Utilisez la visualisation de l'information. Téléchargez le logiciel SpaceMonger[2]. Il analysera votre disque dur. Puis, il affichera son contenu sous la forme de clusters en fonction de la taille de vos dossiers. En un coup d'œil, vous identifiez les fichiers volumineux présents sur votre disque. Vous pourrez directement les supprimer à partir de SpaceMonger.

Plus besoin de ranger !

SpaceMonger

Le temps du désordre est-il revenu ? Avec l'arrivée des moteurs de recherche desktop puissants, la corvée de ranger méticuleusement ses fichiers va peut-être bientôt disparaître. Ces logiciels indexent le contenu de votre ordinateur. Comme sur Internet, vous pouvez lancer une

---

1. http://www.photofiltre-studio.com
2. www.sixty-five.cc/sm

STDI FrameMaker noir

recherche à partir de mots-clés. Le résultat est bien souvent plus pertinent qu'avec la recherche Windows par exemple (cependant, la recherche avec Windows 7 est devenue très efficace aussi).

De nombreux moteurs de recherche desktop gratuits existent :

Principaux moteurs de recherche desktop

Nom	Adresse Internet
Google Desktop	http://desktop.google.com/fr/
Copernic Desktop Search	www.copernic.com/fr/products/desktop-search/index.html
Windows Desktop Search	www.microsoft.com/windows/desktopsearch/fr/default.mspx

Attention

Ces logiciels nécessitent une configuration suffisante pour ne pas gêner le fonctionnement quotidien de votre ordinateur. De plus, malgré les clauses de confidentialité indiquées par ces moteurs, il convient toutefois de rester prudent si vous disposez de données sensibles sur votre ordinateur.

Gérez votre messagerie : de quoi je me mail ?

Arrivez-vous à suivre constamment le flot continu de vos mails ? Avec le temps, vous avez adopté certaines stratégies pour gérer votre boîte mail. Mais bien souvent, vous restez débordé. Découvrez de nouveaux conseils pour gérer au mieux vos mails au quotidien.

Réservée d'abord à certains privilégiés, la messagerie s'est peu à peu diffusée dans l'ensemble des organisations. Sa diffusion a bien souvent été anarchique à ses débuts. Certaines organisations ont d'ailleurs mis en place des chartes de bon usage de la messagerie. Ainsi, l'ORSE (Observatoire sur la responsabilité sociétale des entreprises)[1] a produit un projet de charte pour un bon usage des messageries électroniques dans un cadre professionnel.

Elle est le fruit de l'analyse d'un constat élaboré par des études scientifiques : « 56 % des personnes interrogées consacreraient plus de deux heures par jour à la gestion de leur boîte de réception. 38 % recevraient plus de cent e-mails par jour. Bien que 65 % des personnes interrogées disent vérifier leur messagerie toutes les heures, elles le font en réalité bien plus souvent : toutes les cinq minutes, soit plus de quarante fois par jour. "Consulter ses e-mails n'est

---

1. www.orse.org

plus un acte conscient et délibéré mais une sorte de compulsion dont [les personnes] sont à peine conscientes", explique un chercheur. Soixante-quatre secondes : c'est le temps que l'on met en moyenne pour reprendre le fil de sa pensée lorsqu'on est interrompu par l'arrivée d'un e-mail. Essayer de se rappeler ce que l'on faisait dans les minutes précédant l'arrivée de l'e-mail représente une perte de temps de huit heures et trente minutes par semaine ! 70 % des managers déclarent souffrir de surcharge informationnelle et 94 % pensent que la situation ne peut que se détériorer[1]. »

Cette charte propose seize recommandations pour mieux utiliser la messagerie :

1. S'interroger sur la pertinence de l'envoi d'un message électronique.
2. Éviter d'utiliser sa messagerie électronique à des fins extra-professionnelles ou pour des motifs prohibés par la loi.
3. Indiquer de manière explicite l'objet du message.
4. S'obliger à une rigueur de forme dans la rédaction de l'e-mail.
5. Ne pas abuser de l'envoi de pièces jointes.
6. S'interroger pour savoir qui devront être les destinataires de l'e-mail.
7. Utiliser avec modération la fonction « Copie » pour les destinataires de l'e-mail.
8. S'interroger sur le moment le plus opportun d'envoi d'un e-mail.
9. S'assurer que le destinataire a bien pris connaissance de l'e-mail.
10. Gérer au mieux la réception des messages en cas d'absence prolongée.
11. Travailler en mode hors connexion.
12. Ne pas chercher à répondre immédiatement aux e-mails.
13. Appréhender le niveau de complexité de la réponse qui devra être formulée.
14. S'interroger avant de répondre à toute la liste de diffusion créée par l'expéditeur.
15. S'interroger pour savoir si une réponse par e-mail est l'outil le plus approprié pour répondre à son interlocuteur.
16. Définir une stratégie de conservation de ses e-mails[2].

---

1. http://cgc-assurance.com/V2/images/stories/documentation/ntic/bonusagedestic.pdf
2. *Ibid.*

Traiter le problème en amont

Le téléphone pleure...

Dans un premier temps, demandez-vous si l'e-mail représente l'outil adéquat au regard des autres solutions disponibles :

- fax ;
- téléphone ;
- rencontre.

Certes, la plupart du temps, nous envoyons un e-mail pour obtenir une trace. De cette façon, nous nous sécurisons. Pourtant, bien souvent, un simple coup de téléphone suffit, non ? Lorsque la communication nécessite de nombreux échanges, une rencontre en face-à-face ou une conversation téléphonique est mieux adaptée. Parfois, la meilleure façon de bien organiser sa boîte mail, c'est tout simplement de ne pas envoyer systématiquement un e-mail !

Diminuez le nombre d'e-mails reçus

Le nombre d'e-mails reçus est proportionnel aux e-mails envoyés. Envoyez donc moins d'e-mails pour en recevoir moins !

Plus vous envoyez d'e-mails, plus vous en recevrez !

« Chaque e-mail génère en moyenne deux réponses. » N'abusez donc pas de ce média.[1]

Désabonnez-vous des newsletters et des listes de diffusion devenues inutiles. Si une liste de diffusion vous envoie trop de messages, votre boîte de réception risque de se retrouver rapidement encombrée. Certains e-mails importants se fondront dans la masse et passeront inaperçus... Si vous ne voulez pas vous désabonner, vous pouvez regrouper tous les e-mails d'une liste de diffusion dans un dossier spécifique *via* une règle de messages afin de les consulter quand vous aurez le temps.

Supprimez également toutes les notifications de vos réseaux sociaux Facebook, Twitter, etc.

1. http://bizz.rnews.be/fr/economie/business/business-tips/cinq-pistes-pour-bien-rediger-vos- mails/article-1194635823481.htm

Attention aux pièces jointes

Attention à ne pas abuser des pièces jointes. Des pièces jointes volumineuses peuvent :

- ralentir la connexion Internet : bien que le débit du réseau des organisations augmente constamment, il a bien du mal à suivre le rythme ;
- saturer la boîte mail de votre correspondant : en effet, la plupart de messageries professionnelles limitent l'espace disponible pour chaque utilisateur. Votre contact risque de rapidement voir apparaître le fameux message « *User over quota*[1] ».

La taille des pièces jointes acceptées dépend des messageries. À ce jour, la plupart des messageries n'acceptent pas les pièces jointes de plus de 5 Mo. En dessous de ce seuil, il convient tout de même de compresser les fichiers joints s'ils sont volumineux ou si vous souhaitez envoyer un dossier. Différents formats de compression existent : .zip, .gzip, .tar, .rar. Certains compressent plus que d'autres. Toutefois, à ce jour, le format .zip reste un standard.

Pour compresser, vous disposez de plusieurs possibilités. Vous pouvez utiliser :

- un logiciel de compression
  - payant : Winzip[2], Winrar[3] ;
  - gratuit : 7zip[4], Izarc[5] ;
- l'utilitaire de compression fourni en standard avec votre système d'exploitation ;
- un service en ligne.

À ce jour, envoyer un dossier par e-mail n'est pas possible, vous devez au préalable le compresser.

Pour les pièces jointes trop volumineuses pour votre messagerie, plusieurs solutions s'offrent à vous :

- les services en ligne dédiés (exemple : YouSendIt[6]) ;
- les logiciels *peer-to-peer* (système d'échanges de fichiers entre utilisateurs, voir lexique) privatifs ;
- certaines messageries instantanées (exemple : Windows Messenger) ;
- les serveurs FTP (*File Transfer Protocol*, en français « protocole de transfert de fichiers », voir lexique).

---

1. « Quota utilisateurs dépassé. »
2. www.winzip.com/fr
3. www.rarlab.com
4. www.7-zip.org
5. www.izarc.org
6. www.yousendit.com

Attention également au format des pièces jointes. Certains formats permettent de modifier le document (exemple : Word). Pour créer des documents non modifiables, utilisez de préférence le format .pdf, même si ce dernier n'est pas infaillible. Pensez également à nommer correctement vos pièces jointes (voir page 71).

Identifiez le ou les destinataires de votre e-mail

Avant d'envoyer un e-mail, interrogez-vous sur la pertinence de vos destinataires directs. Lire un e-mail prend du temps. Si vous ne les submergez plus d'e-mails, vos contacts vous remercieront sans doute de la même façon !

Interrogez-vous également sur la pertinence des destinataires indirects. Mettez-les :

- en copie simple, pour les informer *via* l'option Cc (« Copie carbone ») des messageries ;
- en copie cachée *via* l'option Cci (Copie carbone invisible) pour certains contacts qui ne souhaitent pas que leur adresse mail soit communiquée par exemple. Naturellement, vous pouvez ajouter tous vos destinataires dans le champ Cci pour réaliser un mailing *a minima*.

Attention, si vous envoyez un e-mail à un trop grand nombre de contacts, le serveur de messagerie de votre correspondant risque de prendre votre message pour un spam.

Mieux réceptionner ses messages

Vérifiez la bonne réception de votre message

Les messageries électroniques permettent d'activer une option « Accusé de réception ». Ils sont de deux types :

– accusé de réception : le destinataire a bien reçu le message ;
– accusé de lecture : le destinataire a ouvert le message.

Attention, certaines messageries permettent à votre destinataire de confirmer ou non l'envoi d'un accusé de réception. Certaines personnes utilisent également l'accusé de réception pour savoir si leur contact est bien devant son ordinateur. Une fois l'accusé de réception reçu, elles téléphonent aussitôt. Idéalement, il ne faut pas activer pas la demande d'accusé de réception pour l'ensemble de vos messages. Le destinataire se sentirait agacé. Si votre message nécessite une réponse, indiquez plutôt RSVP (« répondre s'il vous plaît ») dans l'objet.

Activez le gestionnaire d'absence

En cas d'absence prolongée, activez votre gestionnaire d'absence. Indiquez dans ce message les coordonnées de la personne à contacter en votre absence, ainsi que votre date de retour.

Consultez votre boîte mail avec parcimonie

La messagerie représente un formidable mangeur de temps. La plupart des employés conservent leur messagerie allumée constamment, de peur de manquer une information importante. De plus, selon Tom Stafford de l'université de Sheffield, l'addiction à la messagerie est identique à celle des machines à sous. Le caractère aléatoire du résultat (perte ou gain) engendre la dépendance aux jeux de hasard comme pour l'e-mail[1].

Si votre métier le permet, ne consultez votre messagerie qu'une ou deux fois par jour (une fois le matin et une fois l'après-midi, par exemple). Si cela n'est vraiment pas possible pour vous, essayez tout de même de limiter les interruptions de votre messagerie pour cesser de travailler dans le « tout tout de suite » qui se révèle finalement contre-productif.

Consultez vos e-mails directement sur Internet

Pour consulter vos e-mails, vous disposez principalement de deux façons :
1. le webmail ;

Définition de webmail

« Un webmail, anglicisme parfois traduit en courriel web ou messagerie web, est une interface web rendant possibles l'émission, la consultation et la manipulation de courriers électroniques directement sur le web depuis un navigateur, contrairement au client de messagerie qui permet ces opérations à partir d'un logiciel en local sur un ordinateur personnel. Les courrielleurs web reposent, en général, sur des protocoles d'accès à des serveurs de messagerie[2]. »

2. le client de messagerie (exemple : Microsoft Outlook).

L'intérêt du webmail est évident : vous accédez à votre messagerie, n'importe où, n'importe quand, avec une simple connexion Internet.

Client de messagerie et webmail peuvent se révéler complémentaires : durant les horaires de travail, vous pouvez retirer vos e-mails avec votre client de messagerie. En dehors, vous pouvez utiliser le webmail. Naturellement, par défaut, les e-mails retirés avec votre client de messagerie n'apparaîtront plus

---

1. Source : www.planetefacility.com/index.php?id=879
2. http://fr.wikipedia.org/wiki/Webmail

dans votre webmail. Vous pouvez toutefois paramétrer votre client de messagerie pour conserver une copie du courrier sur le serveur et ainsi y accéder *via* le webmail. Cependant, il convient de prêter attention à la confidentialité : réservez l'usage du webmail pour des échanges de données peu sensibles.

Recourir à un webmail, c'est également un bon moyen de garder une adresse mail à vie. En effet, en cas de changement de FAI (Fournisseur d'accès Internet), vous perdez votre adresse. Avec un service de webmail, pour conserver votre adresse, il suffit de consulter régulièrement votre boîte de réception (un passage par mois suffit amplement).

Désactivez les alertes

Les alertes, sonores ou visuelles, de votre messagerie nuisent à votre productivité. Désactivez-les.

Mieux répondre aux e-mails

Ne cédez pas au « tout tout de suite »

Ne répondez pas systématiquement à chaque e-mail du tac au tac. Certains e-mails nécessitent une certaine réflexion, de se documenter, ou d'interroger ses collègues ou son supérieur hiérarchique. Dans le cadre d'un conflit, vous pourriez regretter une réponse hâtive.

Interrogez-vous également sur le bon moment pour envoyer votre message : la séparation entre vie professionnelle et vie personnelle devient de plus en plus ténue. La plupart des outils permettent de travailler en mode sécurisé *via* Internet. Un employé peut par exemple consulter et répondre à ses e-mails un dimanche matin grâce au webmail. Envoyer un e-mail hors des horaires de bureau peut mettre la pression sur certains employés et entraîner une réponse dans l'urgence.

À vous aussi de résister à la pression de la hiérarchie : ne répondez pas systématiquement en dehors des horaires de travail. Faites valoir votre droit à la déconnexion ! De nombreux employés possèdent un véritable fil à la patte sous la forme d'un Blackberry[1] par exemple. Attention enfin aux petits malins qui savent utiliser certaines fonctionnalités de leurs messageries : la plupart d'entre elles permettent d'envoyer des messages en différé, voire dans le futur !

---

1. « Terminal de messagerie électronique de poche qui utilise le réseau téléphonique à haut-débit GPRS. » Source : www.dico-micro.com/page/794RS

Le délai de réponse à un e-mail

Le délai de réponse dépend de nombreux facteurs : charge de traitement du contenu de l'e-mail, disponibilité, etc. Toutefois, n'oubliez pas que votre interlocuteur s'attend à une réponse rapide. Il est bon de se donner tout de même un cadre temporel pour répondre à un e-mail. Vous pouvez vous inspirer de la charte Marianne[1] qui s'applique dans de nombreuses administrations françaises. Elle propose de répondre à un e-mail dans les quarante-huit heures maximum.

Pour un e-mail professionnel, répondre dans les six à huit heures semble raisonnable. Naturellement, pour des e-mails au contenu complexe, vous ne pourrez pas forcément répondre sur le fond dans ce délai. Toutefois, vous pourrez accuser réception de l'e-mail auprès de l'expéditeur avant de répondre plus en détail.

Limitez la liste de diffusion pour votre réponse

Votre réponse ne nécessite pas forcément la même liste de diffusion que l'envoi. Prêtez-y attention avant d'envoyer votre réponse.

Organiser sa messagerie

Triez vos e-mails

Face à l'avalanche d'e-mails reçus quotidiennement, organiser sa boîte mail devient de plus en plus difficile. Deux solutions sont envisageables.

La première, conseillée par les informaticiens, consiste à déplacer systématiquement vos e-mails au sein de répertoires de votre ordinateur (dans l'arborescence Windows de votre PC par exemple). Les avantages ? Vous centralisez toute l'information (e-mails + fichiers), dans un seul et même dossier. De plus, dans le cadre d'une organisation, si vous placez vos dossiers sur un lecteur réseau, vous disposez de la sauvegarde normalement mise en place sur le serveur. Nota : déplacer vos e-mails vers un dossier se fait par un simple glisser/déposer avec votre souris.

La seconde est plus simple. Constituez une arborescence de fichiers au sein même de votre messagerie. Comme sur votre disque dur, vous pouvez, au choix, ranger vos e-mails dans des dossiers par année ou par projet. Les messages sont également sauvegardés si une sauvegarde automatique a été mise en place sur serveur. Par contre, les messages ne sont pas centralisés avec les dossiers.

---

1. La charte Marianne est un socle d'engagements pour mieux accueillir le citoyen. Elle est mise en œuvre dans de nombreux services dépendants de l'État français.

Pour encore plus d'efficacité, vous pouvez vous inspirer de nouveau de la méthode GTD (*Getting Things Done*), basée sur l'efficacité personnelle. Créez deux dossiers supplémentaires :

- « Actions » : déplacez vos e-mails dans ce dossier lorsqu'ils exigent une action ou une réponse qui prend plus de deux minutes ;
- « En attente » : déplacez vos e-mails dans ce dossier lorsqu'ils exigent un suivi par exemple.

Certains experts en gestion de contenu conseillent quant à eux de ne pas créer d'arborescence de dossiers au sein de votre messagerie et de vous reposer plutôt sur la puissance du moteur de recherche interne. Dans ce cas, vous pouvez créer en plus des deux dossiers « Actions » et « En attente » un troisième dossier nommé « Archives » dans lequel vous stockerez pêle-mêle tous vos messages traités. Avec cette méthode, votre boîte de réception sera continuellement vide. Vous en ressentirez un bien-être certain. Attention toutefois de ne pas oublier de traiter les e-mails présents dans les deux dossiers « En attente » et « Actions ».

Transformer chaque e-mail en actions suivies dans un gestionnaire de tâches reste l'idéal (un gestionnaire de tâches peut être un carnet, un logiciel, etc. Voir chapitre 12). Chaque e-mail est relié à un projet. Le suivi est assuré et l'ensemble des tâches est centralisé. Toutefois, le nombre de tâches à gérer rendrait vite la gestion fastidieuse. Mieux vaut organiser le flux au travers des différents dossiers « Actions » et « En attente ». Pour se conformer *stricto sensu* à la méthode GTD, le système doit être revu chaque semaine. Toutefois, si vous envoyez et recevez de nombreux e-mails, nous vous conseillons de vérifier le dossier « Actions » quotidiennement.

Imposez-vous des règles

Chaque jour, votre boîte de réception devient de plus en plus volumineuse. Pour alléger votre boîte de réception, pensez à créer des règles de gestion pour vos messages.

Dans la plupart des logiciels de messagerie, vous pouvez, en effet, créer des règles pour répartir automatiquement les messages vers des dossiers spécifiques. Par exemple, redirigez automatiquement vos newsletters vers un dossier intitulé « Newsletter ». Vous pouvez également procéder ainsi avec l'adresse d'un interlocuteur en particulier : tous ses e-mails se rangeront automatiquement dans un seul dossier qui lui sera consacré.

Jour après jour, votre boîte sera plus légère car elle fera elle-même en partie le tri entre vos différents interlocuteurs, entre ce qui est urgent et ce qui ne l'est pas.

Suivez votre bon sens

Attention au dilettantisme : consultez avec parcimonie les e-mails avec les fameuses présentations PowerPoint qui ont pour objet de vous distraire. Vous gagnerez un temps précieux. La messagerie est en effet un formidable mangeur de temps.

Rédigez correctement l'objet de vos e-mails pour mieux les retrouver par la suite.

Jetez à la poubelle : ne suivez pas systématiquement votre instinct de conservation. Supprimez au fur et à mesure les messages inutiles. Sur la plupart des logiciels de messagerie, quand vous supprimez des messages, ils se placent dans les éléments supprimés. Pensez ensuite à vider cette corbeille. Dans le cas contraire, vous risquez de voir votre compte de messagerie bloqué parce que vous dépassez les éventuelles règles de quota mises en place.

Sécurisez votre messagerie

À LA RECHERCHE DE L'E-MAIL PERDU

De plus en plus, les e-mails véhiculent l'information la plus importante au sein d'une organisation. Bien souvent, nous perdons un temps précieux à rechercher un e-mail caché quelque part dans notre messagerie. Naturellement, la plupart des logiciels de messagerie disposent d'une fonction « Recherche ». Toutefois, le résultat s'avère bien souvent décevant. Heureusement, les moteurs de recherche desktop (voir plus haut page 67) constituent une aide précieuse. Ils se présentent sous la forme d'un logiciel. Une fois installés, ils indexent les fichiers présents sur votre ordinateur (notamment les e-mails). La recherche se déroule facilement comme avec un moteur de recherche classique sur Internet.

Pour cela, il faut en général avoir sauvegardé ses e-mails sur son ordinateur ou utiliser uniquement son client de messagerie. Cependant, Google Desktop et Copernic permettent maintenant de lancer également des recherches sur Gmail.

SAUVE QUI PEUT !

Désormais, au sein de toutes les organisations, un nombre croissant d'informations transite par e-mail. Pourtant, très peu d'organisations ont mis en place une sauvegarde automatisée des e-mails. Vos e-mails sont-ils bien sauvegardés ? Renseignez-vous auprès de votre informaticien pour savoir si les e-mails sont bien pris en compte dans la politique de sauvegarde.

Utilisateurs d'Outlook, attention !

Si vous utilisez Outlook, vos e-mails sont conservés par défaut sur votre disque dur dans un fichier .pst. Arrivé à un seuil critique, celui-ci devient instable. Vous risquez, un jour ou l'autre, de ne plus avoir accès à vos e-mails.

Pensez à utiliser la fonction « Archivage » d'Outlook. Vos e-mails seront déplacés dans un second fichier .pst. Le plus simple, dans ce cas, reste de créer des répertoires par année puis d'archiver les e-mails qui ont plus de deux ans par exemple. Vous pouvez également placer votre fichier .pst sur un serveur disposant d'une sauvegarde régulière.

Vous pouvez également utiliser un logiciel de sauvegarde, Pfbackup[1], l'utilitaire pour Outlook, ou un logiciel gratuit comme Syncback[2]. Cela permet de créer des copies de sauvegarde de vos fichiers .pst à intervalles réguliers.

HALTE AUX SPAMS !

Recevez-vous régulièrement des e-mails vous vantant les mérites du Viagra ? De plus en plus d'e-mails indésirables encombrent nos boîtes de réception, ce sont les spams. 85 % des e-mails échangés dans le monde seraient en fait des spams. À la lecture de nos messages, nous perdons un temps précieux pour séparer le bon grain de l'ivraie. Heureusement, des moyens de lutte existent.

1. Le logiciel antispam. Payant ou gratuit, il filtrera votre messagerie à partir de certains critères :

– mots-clés suspects présents dans l'e-mail : Viagra, Rolex. Toutefois, de plus en plus de spammeurs tentent de déjouer les logiciels antispams en déformant le mot : Viaagra au lieu de Viagra par exemple. Il sera possible de paramétrer votre antispam pour intégrer ces changements. Si vous ne recevez pas régulièrement d'e-mails en anglais, vous pouvez filtrer votre messagerie par des mots-clés présents presque uniquement en anglais : « and », etc. ;

– listes noires des pourvoyeurs de spams ;

– gestions des amis et des indésirables.

Naturellement, votre antispam ne supprimera pas automatiquement les messages indésirables. Vous disposerez d'un droit de regard ! Ils sont en effet placés à l'écart, dans une sorte de couloir de la mort, dans l'attente de votre jugement dernier… Spamihilator[3] est, par exemple, un logiciel antispam gratuit et performant.

2. L'e-mail jetable. Le principe est simple : de plus en plus de sites Internet nécessitent une adresse mail pour s'inscrire. Au final, souvent en contrepartie

---

1. http://tinyurl.com/3yotz
2. www.2brightsparks.com/syncback/syncback-hub.html
3. www.spamihilator.com

d'un service gratuit, vous êtes quasiment sûr de recevoir par la suite des e-mails indésirables. La parade ? Sans inscription, certains sites permettent de se créer une adresse mail valable vingt-quatre heures ou plus. Passé ce délai, votre e-mail s'autodétruira ! De nombreux services d'e-mails jetables et gratuits existent sur Internet :

Service de boîtes mails anonymes

Nom	Adresse
Yopmail	www.yopmail.com
Kasmail	www.kasmail.com
10minute-mail	www.10minute-mail.com

Créer une adresse jetable sur Yopmail

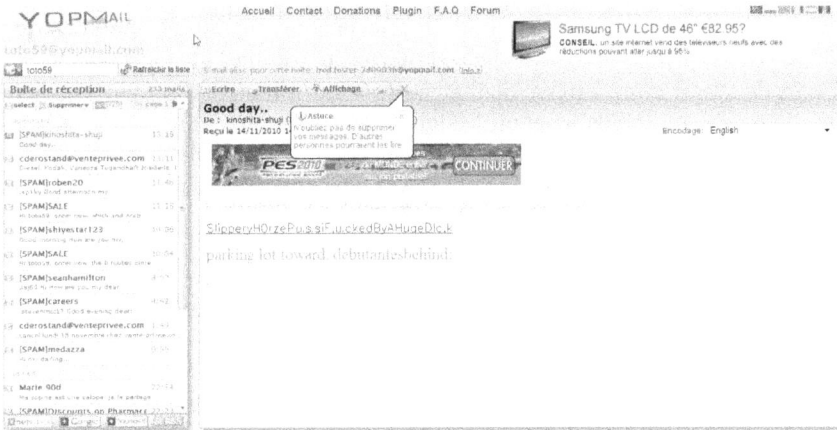

Toutefois, leur efficacité décroît avec le temps. En effet, certains sites refusent désormais certaines adresses jetables. De temps en temps, vous serez obligé de changer de service d'e-mails jetables.

3. L'adresse mail de rechange. Pour éviter le spam, créez différentes adresses mails. Oui, mais combien ? Et comment ? Au minimum, il est utile de bénéficier d'une adresse mail :

• personnelle :
    – officielle ;
    – de délestage.

- professionnelle :
  - nominative ;
  - service : cette adresse mail sera au nom du service dans lequel vous travaillez. Elle permettra de ne pas encombrer la boîte mail nominative, à une autre personne du service de répondre, etc.

Créez une adresse sur un service en ligne de mails gratuits (exemples : laposte, hotmail, etc.). Au lieu de donner systématiquement votre adresse professionnelle, vous pourrez réceptionner le courrier *via* votre seconde adresse.

Centralisez les différents comptes mails officiels sur un seul compte pour ne pas perdre de temps à consulter chaque boîte mail une par une.

3. Le bon sens. Un peu comme pour votre numéro de téléphone portable personnel, ne diffusez pas votre adresse mail à tout-va, notamment aux sociétés qui vous contactent par téléprospection. Vos coordonnées seront presque automatiquement intégrées dans une base de données, avec en retour, de futurs mails publicitaires. Adoptez le même comportement que pour votre boîte aux lettres. Évitez de répondre trop facilement aux sirènes publicitaires. La boîte de réception de votre messagerie en sera d'autant plus légère.

Évitez de laisser votre adresse mail « en dur » sur Internet : des robots parcourent le web et dès qu'ils repèrent le sigle « @ » (caractéristique de l'e-mail), ils aspirent l'adresse pour l'intégrer dans une base de données et envoyer, par la suite, du courrier indésirable. Si vous devez absolument indiquer votre adresse mail, préférez la forme « prenom.nom[AT]nomdedomaine[point]com » afin de tromper les robots. Pour le reste, utilisez une adresse mail jetable. De nombreuses organisations ont pris conscience du phénomène. Désormais, pour contacter les différents services, l'internaute doit passer par un formulaire.

ATTENTION AUX VIRUS

Les mails contiennent parfois des virus. Méfiez-vous des messages :

- provenant de personnes inconnues (d'autant plus s'ils sont en langue étrangère alors que vous n'avez aucun contact avec des non-francophones) ;
- contenant des exécutables (les fameux fichiers au format .exe).

Dotez-vous d'un antivirus à jour qui vérifie vos courriers entrants et sortants. Attention : depuis peu, les images elles-mêmes peuvent contenir des virus !

SÉCURISER L'ACCÈS À VOTRE MESSAGERIE

Vos e-mails engagent votre responsabilité. Attention de bien sécuriser l'accès à votre messagerie. Les principaux logiciels de messagerie permettent d'ajouter un mot de passe pour accéder à votre boîte mail. Activez également le mot de passe de votre écran de veille en cas d'absence momentanée de votre bureau.

Attention également au mot de passe de votre compte de messagerie. Grâce à votre identifiant et votre mot de passe, un esprit mal intentionné pourrait paramétrer une autre messagerie et envoyer un e-mail en votre nom. Difficile par la suite de prouver votre bonne foi. Certains logiciels disponibles facilement sur Internet permettent d'envoyer un message à partir d'une adresse mail qui peut être la vôtre.

Partez à la découverte des folksonomies

Définition d'une folksonomie

« Une folksonomie est un néologisme désignant un système de classification collaborative décentralisée spontanée, basé sur une indexation effectuée par des non-spécialistes[1]. »

Actuellement, comment rangez-vous vos documents numériques ? Bien souvent, marqués par notre pratique de la bureautique et de l'organisation des systèmes d'exploitation présents sur nos ordinateurs, nous classons nos fichiers dans une arborescence hiérarchique de dossiers. Avec Internet, cette manière de procéder est bien souvent inadéquate. Dès lors, comment faire ? La réponse ? Le tag !

Qu'est-ce qu'un tag ?

Dans une folksonomie, le tag désigne le mot-clé. En français, il se traduirait plutôt par marqueur ou étiquette. Il est librement choisi par son auteur, le plus souvent un non-spécialiste. Il est apparu avec les nouveaux usages du web 2.0 (voir page 55).

Le tag représente une nouvelle façon de catégoriser l'information. Le sens du tag dépend de son auteur mais aussi du contexte. Bien souvent, le choix du tag dépend de l'utilisation ultérieure du document. Naturellement, le tag est moins précis qu'une indexation par des professionnels. Toutefois, il est particulièrement souple et simple d'utilisation ; tout le monde peut donc l'utiliser.

Sur le web, l'usage du tag se répand rapidement. Tout d'abord au sein des services de *social bookmarking* (par exemple Delicious), puis des blogs pour marquer les billets, et enfin sur Twitter, le célèbre service de micro-blogging.

---

1. http://fr.wikipedia.org/wiki/Folksonomie

Désormais, les tags sont présents sur la majorité des plateformes de partage de contenu que ce soit pour les images (sur Flickr[1] par exemple) ou pour les vidéos (sur YouTube[2] par exemple).

Comment choisir vos tags ?

Le choix du tag est libre. Sans plus d'indications, il est souvent difficile de choisir le ou plutôt les bons mots-clés qui vont vous permettre non seulement de retrouver facilement l'information souhaitée mais aussi de la partager.

Ulises Mejias, consultant en système d'apprentissage évoque à ce sujet la *tag literacy* (la maîtrise des tags), c'est-à-dire « la capacité à catégoriser efficacement des ressources sur Internet[3] ». Cette *tag literacy* fait partie d'un système plus large : l'*information literacy* (la maîtrise de l'information). Faute de règles à appliquer, ce sont plutôt des conseils à suivre qui seront présentés.

Attention aux mots mal orthographiés

Une erreur commune concerne les tags mal orthographiés. Ces derniers pollueront à coup sûr votre organisation. D'ailleurs, de nombreux services de *social bookmarking* rendent difficile la modification ultérieure des tags.

Attention aux mots composés

Attention également aux mots composés. Certains sites de *social bookmarking* les considèrent comme plusieurs mots-clés différents à moins de les mettre entre guillemets. Mieux vaut les séparer par un tiret bas (*underscore*).

Attention aux confusions et à la casse de la police d'écriture

Pour éviter d'éventuelles confusions, utilisez des synonymes pour un mot-clé qui serait trop ambigu ou qui aurait trop de sens différents.

Les majuscules sont également à proscrire, sauf pour accroître la compréhension du tag. En effet, la plupart des sites de *social bookmarking* respectent la casse. Le tag « veille » sera différent de « VEILLE ».

Ajoutez plusieurs tags pour pouvoir les croiser lors d'une recherche ultérieure.

---

1. www.flickr.com
2. www.youtube.com
3. ww.guidedesegares.info/2009/07/10/intervention-isko-juin-2009-sur-les-folksonomies

Collaborez avec le tag

Dans le cadre d'une utilisation des tags au sein d'un groupe, mettre en place une codification est préférable. Même si les tags sont utilisés dans une optique personnelle, pensez qu'ils sont, la plupart du temps, visibles par les autres internautes. Autant que possible, adoptez une attitude collective. Si votre tag est susceptible de révéler des informations confidentielles, pensez à le coder (nous allons voir comment dans la partie ci-dessous). Ainsi, même si vous oubliez de marquer votre favori comme privé, votre projet ne sera pas divulgué.

En manque d'inspiration pour vos tags ? Observez ceux indiqués par d'autres utilisateurs. De nombreux services de *social bookmarking* proposent également des suggestions lorsque vous enregistrez un favori.

Le marquage par un tag n'est pas figé. Effacez-en certains, réorganisez les autres.

Prédigérez l'information

Les tags peuvent être un formidable outil pour prédigérer l'information. Codez vos tags en fonction de vos différents projets. À chaque fois que vous rencontrez sur le net une information en corrélation avec votre projet, marquez-le avec ce code. Une fois le projet en action, cliquez sur le tag correspondant pour obtenir l'ensemble des ressources en rapport avec votre projet.

Grâce aux tags, un même favori pourra appartenir à plusieurs projets simultanément.

En bref

Vos tags peuvent s'intituler par fonction :
- projets (exemple : « formation web 2.0 ») ;
- thématiques (exemple : « twitter ») ;
- tâches : « à lire », « à voir », « à bloguer » (voir annexe 1 à la fin de l'ouvrage)…

La tête dans les nuages de tags

Le nuage de tags constitue une nouvelle façon de représenter visuellement l'information. Il permet de dégager, en un coup d'œil, les tags les plus utilisés sur un site web : plus ils sont écrits gros, plus ils sont utilisés. Cette fonctionnalité est désormais présente, en standard, sur la plupart des CMS ou des blogs (comme WordPress par exemple).

Définition d'un CMS

« Un système de gestion de contenu ou SGC (en anglais, *Content Management Systems* ou CMS) est une famille de logiciels destinés à la conception et à la mise à jour dynamique de site web ou d'application multimédia[1]. »

Voici un exemple de nuage de tags tiré du site Outils Froids (www.outilsfroids.net) :

Nuage de tags

Nuage de mots-clés des articles

Alain Juillet Articles Divers Articles Veille Mag Article Veille Mag Barre
D'Outils Internet Capture Du Web Cartographie Géo Christian Harbulot
Développement personnel Douglas Engelbart Entreprise 2.0 Eric Sveiby Etudes
Eugene Eric Kim Evenements Gestion Du Temps Howard Rheingold Iceberg
IcebergIntelligenceEconomique Iceberg Intelligence Economique Identité
numérique Infos Outils Froids Intelligence Economique IST Jakob Nielsen
Micro Blogging Mobilite Outils Agregateur En Ligne Outils Annuaire Ou
Moteur Blogs Outils Annuaires Web Outils Blogs Outils
Bookmarklets Outils Camera Phones Outils Capture Du Web
Outils Cartographie D'Information Outils
Collaboratifs Outils Concept Mapping Outils Creativite Outils E
Books Outils Email Outils Emails Outils Encyclo Dico Outils
Ereputation Outils Evaluer L'Information Outils Fluidifier Windows Outils
Gestion Bookmark Outils Gestion Du Temps Outils
gestion information personnelle Outils Google
OutilsGraphisme Outils Info Doc Outils Intelligence Economique
Outils Intranet Outils Knowledge Management Outils
Knowledge Worker Outils Manipuler Des Fichiers Texte
Outils Metamoteur Desktop Outils Metamoteur Internet Outils Mind
Mapping Outils Mobilite Outils Monitorer Le Web Outils Moteur

Certains sites comme Wordle[2] vous proposent également de créer un nuage de tags à partir de textes que vous lui fournissez.

Pour aller plus loin

Sur son site, le Guide des égarés, Olivier Le Deuff a publié une présentation sur les folksonomies : www.guidedesegares.info/2009/07/10/intervention-isko-juin-2009-sur-les-folksonomies

---

1. http://fr.wikipedia.org/wiki/Syst%C3%A8me_de_gestion_de_contenu
2. www.wordle.net/

Gérez vos flux **RSS**

La facilité des flux RSS a cependant eu un impact négatif : le nombre d'abonnements croît de façon exponentielle. Au final, suivre tous les sites auxquels vous êtes abonné devient quasiment impossible. Pour ne pas se laisser déborder rapidement, certains conseils de bon sens peuvent être suivis.

Désabonnez-vous des sites inintéressants ou qui ne correspondent pas à vos objectifs

Bien souvent, afin de ne pas perdre une source d'information, nous nous abonnons au RSS du site dès le premier article que nous trouvons intéressant. Au final, notre lecteur de RSS se retrouve engorgé par une tonne d'articles qui ne sont pas tous dignes d'intérêts.

Par exemple, sur Google Reader, pour vous aider à trier les flux intéressants, vous pouvez utiliser les statistiques de publication fournies pour chacun de vos flux RSS.

Filtrez les flux **RSS**

Certains outils comme Feedrinse[1] ou Yahoo! Pipes[2] permettent de filtrer les flux RSS. En effet, de nombreux sites proposent un flux unique pour l'ensemble de leurs articles. Bien souvent, notre intérêt se porte uniquement sur une rubrique du site, voire sur un mot-clé en particulier.

Agrégez les flux **RSS**

Mixer plusieurs flux RSS en un seul est tout à fait possible grâce un logiciel ou un service en ligne dédié (ex. : Feedmingle[3]). Ainsi, vous pourrez partager plus facilement vos flux RSS et pourquoi pas les exporter sur un site web.

---

1. www.feedrinse.com
2. http://pipes.yahoo.com
3. http://feedmingle.com

Classez les articles par pertinence

Le service Postrank[1] (et son extension Firefox) permet de classer les articles par pertinence élaborée à partir de différents paramètres : popularité de l'article sur les services de *social bookmarking*, etc.

Facilitez-vous la lecture des flux RSS

Les lecteurs RSS proposent tous plusieurs modes d'affichage : titre article, article complet. Pour une lecture rapide, préférez l'affichage des titres seulement. Avec l'expérience, vous vous habituerez à repérer une information intéressante. À ce moment, vous pourrez afficher l'article complet afin de creuser l'information.

Regroupez les RSS par catégorie

La plupart des agrégateurs RSS permettent de grouper les flux par catégorie. Leur lecture en sera facilitée. Attention, toutefois, de ne pas noyer les flux très intéressants parmi la masse de vos RSS. Affinez le découpage de vos catégories.

Bien souvent, emballé par le contenu d'un site, nous ajoutons immédiatement son fil RSS à notre agrégateur. Par la suite, nous sommes parfois déçus ou bien nous ne le suivons plus réellement. Il est perdu dans la masse des fils suivis. Pour éviter ce désagrément, créez un sas d'entrée au sein de votre agrégateur. Comment ? Créez tout simplement une catégorie « En attente » qui contiendra les fils RSS en cours de validation. Si le contenu du fil répond bien à vos attentes, gardez-le et basculez-le dans la catégorie de suivi adéquat. S'il ne tient pas ses promesses, désabonnez-vous purement et simplement.

Consultez votre lecteur avec parcimonie

Par ailleurs, la tentation est grande de consulter trop souvent votre lecteur de flux RSS par peur de manquer une information importante. Résistez à la tentation, consultez votre lecteur de flux RSS une fois par jour, de préférence en fin de journée afin de ne pas passer trop de temps à la lecture des articles. À sauter de lien en lien, votre travail de la journée risquerait d'en pâtir.

---

1. www.postrank.com

Utilisez des fichiers **OPML**

Un fichier OPML (*Outlined Processor Markup Langage*) est un fichier XML. Il permet d'échanger des données sous forme de listes structurées. À partir de la plupart des agrégateurs, vous pouvez générer un fichier OPML pour partager vos fils RSS ou tout simplement les sauvegarder. Sur Internet, vous pouvez trouver également des fichiers OPML par thèmes, par exemple. Ils constitueront un gisement d'informations sur une thématique donnée.

Sauvegardez vos flux

Certains lecteurs comme Netvibes ne permettent pas d'archiver vos fils RSS. Ils proposent simplement de visualiser les flux. D'autres lecteurs (Google Reader par exemple) proposent de conserver les articles de votre flux avec la possibilité de les marquer par un suivi ou des tags. Toutefois, pour centraliser les données intéressantes, mieux vaut les transférer dans vos favoris (dans un service de *social bookmarking* en ligne comme Diigo par exemple, voir page 53).

Yves Caseau

LE *LEAN E-MAIL* PAR YVES CASEAU

Yves Caseau est actuellement directeur des services d'information de Bouygues Telecom. Il anime également le blog Architecture Organisationnelle[1].

La méthode *Lean*

D'abord employée chez Toyota pour améliorer les processus de fabrication, la méthode *Lean* s'est généralisée pour gérer la production. Son but : rechercher la performance par l'amélioration continue et la chasse au gaspillage.

Sur votre blog Architecture organisationnelle, vous expliquez comment appliquer la méthode Lean *à la gestion des e-mails. Vous avez ainsi dégagé quatre principes : quels sont-ils ?*

• Le JIT e-mail (*Just In Time* e-mail) : il s'agit d'appliquer le principe systémique du « juste-à-temps » à l'envoi des e-mails. Ce principe stipule qu'il faut éviter de stocker, et plutôt produire « au bon moment », c'est-à-dire au moment de la consommation de ce qui est produit. Cela rend le système plus réactif et plus pilotable. Dans le cas de l'e-mail, nous avons tendance à

---

1. http://organisationarchitecture.blogspot.com

utiliser les boîtes comme outils de stockage. Nous envoyons nos demandes et nos réponses en mode *push*, dès que c'est possible de notre point de vue. Le JIT e-mail consiste à se soucier du point de vue du destinataire : avant d'envoyer un document de dix pages à relire, vérifiez par exemple quand le destinataire aura le temps de relire. Avant de poser une question complexe, vérifiez la disponibilité par un petit coup de fil, voire un e-mail très court demandant quand le destinataire aura un peu de temps pour creuser le sujet.

- Le *spelled-out e-mail* : l'idée simple est de casser l'asymétrie qui existe aujourd'hui qui fait qu'il est plus facile d'émettre que de recevoir des informations. Les technologies modernes ont amplifié de façon spectaculaire notre capacité à émettre, tandis que pour prendre connaissance et comprendre, il faut toujours la même ressource rare qui est le temps. Il faut donc, toujours d'un point de vue systémique, contrebalancer cette dérive en « préparant » le travail du lecteur. Le *spelled-out e-mail* facilite la tâche du lecteur en appliquant toutes les bonnes règles des chartes e-mail :
  - *executive summary* dans le corps de l'e-mail ;
  - un seul sujet par e-mail ;
  - une rédaction synthétique et concise ;
  - l'utilisation de la police en gras ou du surlignage pour les points clés et les questions, etc.

- L'*e-mail protocol* : le travail collaboratif par e-mail mérite le support d'un processus explicite, ce que j'appelle un protocole. Par exemple, lorsque l'e-mail est utilisé pour mettre au point un document avec un cycle de relectures successives. La meilleure façon d'éviter que ce cycle soit fortement perturbé par les aléas des taux de charges des boîtes aux lettres est de définir un processus de collaboration, qui permet d'implémenter les principes précédents (JIT e-mail et *spelled-out e-mail*) et de distinguer les différents types de flux qui traversent nos boîtes aux lettres. On peut ensuite bien évidemment faire appel à des outils 2.0 pour alléger le flux d'e-mails, ce qui est encore mieux.

- L'*e-mail span* : nous souffrons tous d'un trop grand nombre d'e-mails dans nos boîtes aux lettres, ce qui nous pénalise doublement : d'une part par le temps passé à traiter nos e-mails, et d'autre part par la baisse de réactivité (les e-mails sans intérêt ralentissent le traitement de ceux qui comptent). D'un point de vue systémique, on peut soit réduire le nombre de sujets de message (ce qui est une bonne idée mais difficile à réaliser), soit réduire le nombre de destinataires, ce qu'on appelle le *span* en théorie des graphes (cette solution est plus facile). C'est de toute façon une bonne idée car les sociologues nous enseignent qu'un e-mail envoyé à un grand nombre de personnes est déresponsabilisant.

4

ÉVALUER L'INFORMATION

« La copie est pour les ordinateurs ce que la respiration
est pour les organismes vivants. »
John Naughton

Comment vérifier l'information ?

Sur Internet, l'information paraît invérifiable. Pourtant, des outils existent désormais pour vous aider à démêler le bon grain de l'ivraie.

Pourquoi vérifier l'information ?

L'avènement du web a renversé le modèle de validation de l'information. Désormais, ce sont bien souvent les utilisateurs eux-mêmes qui doivent valider l'information. En effet, les avancées technologiques permettent désormais de produire du contenu et de le publier, non seulement à moindre coût mais aussi simplement. Ainsi, par exemple, créer un site Internet est à la portée de tous (ou presque).

Cette profusion d'informations n'est pas le seul fait de particuliers. Toutes les organisations, y compris les entreprises, s'adonnent à cette pratique. Face aux faibles coûts de production du contenu numérique, les entreprises investissent massivement dans le créneau. Le résultat est une course pour occuper le terrain. Il en suit une explosion exponentielle des contenus non vérifiés.

Cette info-pollution se manifeste par cinq éléments :

- la surabondance ;
- la contamination ;
- la désinformation ;
- la médiocrité de l'information ;
- l'invasion publicitaire[1].

---

1. Source : www.uhb.fr/urfist/node/234

Interrogez l'information par un **QQOQCCP**

Une fois sur Internet, de nombreux internautes se sentent perdus face à l'immensité de la toile et à l'anonymat supposé qu'elle offre. Pourtant, Internet ne déroge pas au référent de base prôné par le journalisme : vérifier sa source. Internet offre des outils et des astuces pour ce faire. C'est un support de communication qui peut se questionner par un QQOQCCP (Qui ? Quoi ? Où ? Quand ? Comment ? Combien ? Pourquoi ?).

QUI ? Qui est l'auteur de l'information ?

Tout d'abord, commencez par la première question qui devrait vous venir à l'esprit : qui est l'auteur de l'information ?

Sur Internet, l'identité des auteurs reste parfois floue. Bien souvent, on se demande quelle est l'identité de la personne qui rédige l'information. S'agit-il :

• d'une personne physique ?
• d'un groupe de personnes ?
• d'une entreprise ?
• d'une administration ? Etc.

Comment recueillir des informations sur l'organisme qui publie un document sur Internet ? Le plus simple consiste à trouver la page d'accueil. Elle contient bien souvent une rubrique pour présenter l'organisme. Si la page ne dispose pas d'un bouton vers la page d'accueil, supprimez le texte de l'adresse à rebours : il suffit de simplifier une URL complexe.

Exemple : supposons que le site http://recherche-referencement.abondance.com ne dispose pas de lien pour retourner vers l'accueil. Lors de votre recherche sur Internet, vous retombez sur la page suivante http://recherche-reference-ment.abondance.com/2010/05/le-pagerank-modeling-en-action-2eme.html

Pour retourner à l'accueil, il suffit de supprimer toute la partie située après le « .com ».

Certains sites comme Uwhois[1] ou Alexa[2] permettent d'obtenir des informations complémentaires. Une recherche à partir du site Uwhois donne accès aux premières informations sur :

• le propriétaire (avec ses coordonnées) ;
• le contact administratif ;
• l'hébergeur, etc.

---

1. www.uwhois.com
2. www.alexa.com

Pour disposer d'une recherche à portée de clic, vous pouvez installer le plugin ShowIP[1] de Firefox. Une fois installé, ce plugin affiche l'IP du site visité. Cliquez dessus, vous pourrez lancer directement une recherche sur des sites spécialisés comme www.whois.sc, etc.

Menu du plugin ShowIP pour Firefox

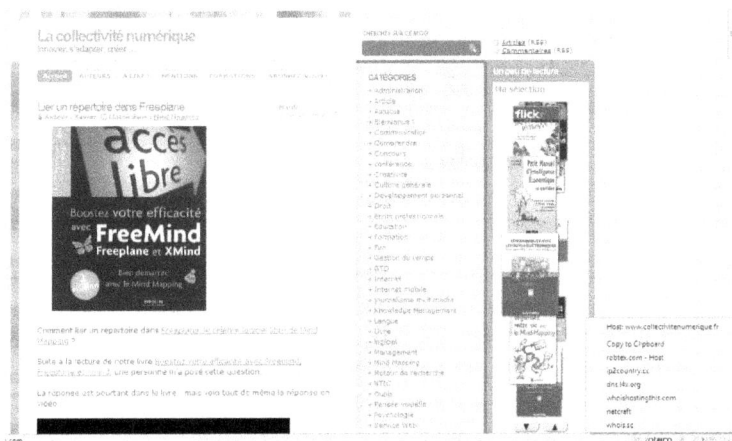

Le site Cubestat[2] permet également d'obtenir des informations complémentaires.

Analyse du site Outils Froids par Cubestat

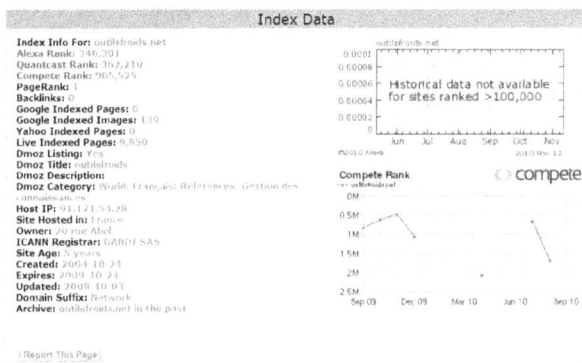

1. https://addons.mozilla.org/en-US/firefox/addon/590
2. www.cubestat.com

PEUT-ON CLAIREMENT IDENTIFIER L'AUTEUR ?

Quel est son nom ? Quelle est sa fonction ? De nombreux moteurs de recherche se spécialisent désormais dans la recherche d'informations sur les personnes.

Moteurs de recherche sur les personnes

Nom	Adresse
Pipl	www.pipl.com
Spock	www.spock.com
123people	www.123people.com
Spokeo	www.spokeo.com
Miiget	http://miiget.labs.exalead.com/

Toutefois, ces moteurs listent des résultats pertinents seulement si la personne dispose d'une identité numérique forte : il possède par exemple un blog, il est inscrit dans différents réseaux sociaux comme Facebook, LinkedIn, etc. Ces moteurs permettent d'obtenir une première approche de la personne recherchée.

Attention, toutefois, sur Internet, l'usurpation d'identité reste tout à fait possible (de même que l'homonymie). Rien n'est moins sûr qu'il s'agisse de la même personne.

PEUT-ON LE CONTACTER ?

Une rubrique « Contact » est-elle disponible ? Dans l'affirmative, les informations présentées sont-elles nominatives ou génériques ? Par exemple, l'adresse mail de contact est-elle de la forme prenom.nom@nomdedomaine.extension ? Existe-t-il un numéro de téléphone ou une adresse postale ? Si oui, pourquoi ne pas tenter de le contacter directement ?

Sur de nombreux sites, la rubrique « Contact » est accessible par un lien hypertexte en bas de chaque page du site. En l'absence de rubrique « Contact », s'il s'agit d'un blog, vous pouvez toujours déposer un commentaire pour demander ses coordonnées (encore faut-il que les commentaires soient ouverts).

PEUT-ON SE FIER À CET AUTEUR ?

Tout d'abord, demandez-vous si l'auteur respecte bien les codes de bonne conduite en matière d'information :

• Cite-t-il ses sources ?
• Dispose-t-il de bonnes références ?

- Est-il compétent dans le domaine traité ?
- A-t-il déjà publié des articles sur d'autres sites Internet ou dans des magazines ?

Vérifiez la fiabilité de l'auteur par votre réseau : l'auteur est-il connu de votre réseau social ?

À QUI S'ADRESSE L'INFORMATION ?

Quel est le public du site ? De la page ? Les adolescents, les chasseurs… ? La réponse à cette question permettra d'évaluer la qualité et l'orientation de la position sur une thématique donnée. Par exemple, si je recherche des informations sur la réintroduction des ours dans les Pyrénées, la lecture d'un site de chasseurs offrira naturellement leur point de vue sur la question. J'aurai intérêt à consulter des sites écologistes pour obtenir le point de vue (probablement) opposé. Je pourrai ainsi constituer ma propre opinion sur le sujet.

QUI PARLE DU SITE ?

Comment connaître les pages qui pointent le site en question ? C'est en fait très simple. Utilisez Google avec l'opérateur Link au sein d'une requête de la forme suivante : « link:www.adresse_du_site.extension ».

À l'inverse, vers qui pointe le site ? Si l'auteur du site présente les références de ses propos, il s'expose à la vérification de ses dires. De plus, les liens sortants offrent la possibilité d'évaluer le cercle d'influence des propos. Le site Cubestat offre la possibilité de voir les liens sortants. Toutefois, les résultats sont à prendre avec précaution.

QUOI ? Quel est l'objet du site et de la page consultée ?

Dans un premier temps, vous pouvez observer les balises meta HTML du site. Naturellement, elles ne sont pas la panacée car elles sont renseignées par l'auteur de la page.

Dans Firefox, faites un clic droit sur la page. Choisissez l'option « Code source de la page ». Firefox affiche le code source de la page :

Pour le blog Collectivité Numérique, vous pourrez ainsi délimiter un peu mieux le périmètre d'action en repérant les mots-clés <meta name="keywords" content="collectivité, fonction publique, numérique, ntic, veille, multimédia, presse territoriale, logiciels libre, utilitaire web2.0" />

Vous pouvez également utiliser le plugin ShowIP en choisissant l'option Whoishostingthis.

Code source de la page

L'information est-elle complète ? Sur Internet, les informations sont imbriquées les unes dans les autres. Il peut s'agir par exemple d'un extrait d'une page. L'information présentée est-elle singulière ou est-elle reprise par d'autres sites ?

OÙ ? Où se situe l'information ?

Quel est le nom du site qui publie l'information ? Le site est-il hébergé par un serveur institutionnel ?

Sur un site gouvernemental, par exemple le site du ministère de l'Écologie, de l'Énergie, du Développement durable et de la Mer (www.developpement-durable.gouv.fr), l'information sera normalement vérifiée et donc *a priori* plus digne de confiance. Elle pourra également laisser transparaître la politique institutionnelle.

Les noms de domaine des collectivités locales

Le titulaire d'un nom de domaine en « mairie-xxx.fr », « ville-xxx.fr », « cr-xxx.fr » et « cg-xxx.fr » est obligatoirement une collectivité territoriale, dont le suffixe (xxx) représente tout ou partie de son nom (vérification de l'Afnic, Association française pour le nommage Internet en coopération).

Les noms des collectivités territoriales en « xxx.fr » sont protégés directement en « .fr » *via* la liste officielle fournie par les pouvoirs publics (Décret n° 2007-162 du 6 février 2007 relatif à l'attribution et à la gestion des noms de domaine de l'Internet et modifiant le Code des postes et des communications électroniques). La charte de nommage des .fr est disponible sur le site de l'Afnic : www.afnic.fr/obtenir/chartes#acces

Le site est-il hébergé par un serveur répertoriant des adresses personnelles ? L'information sera peut-être moins fiable dans ce cas (exemple : http://page-perso.free.fr/).

COMPRENDRE LES EXTENSIONS DE SITE

Internet offre un accès sur le monde entier. Il arrive fréquemment de ne pas prêter attention à la source géographique de l'information, ce qui peut induire en erreur. Un coup d'œil attentif à l'adresse du site peut apporter de précieuses informations, notamment grâce aux extensions de nom de domaine (nom de l'URL de votre adresse Internet : www.nomdedomaine.com par exemple). Elles sont de deux sortes :

• les indicatifs pays :

Les principaux indicatifs de nom de domaine par pays

Indicatif	Pays
.at	Autriche
.au	Australie
.be	Belgique
.ca	Canada
.dk	Danemark
.es	Espagne
.fr	France
.it	Italie
.jp	Japon
.nl	Pays-Bas
.ru	Russie
.se	Suède
.ch	Suisse
.uk	Ukraine
.us	États-Unis

Pour trouver les correspondances entre les pays et les indicatifs, vous pouvez par exemple vous connecter sur le site de la Commission « Français et Informatique »[1], dépendant de l'enseignement catholique belge.

---

1. http://users.skynet.be/ameurant/francinfo/validite/evaluer.html. Consulté le 07/04/09.

Attention, l'indicatif du pays indique la nationalité de l'hébergeur et non pas celle du site !

• les codes thématiques :

Exemples de codes thématiques pour les extensions du nom de domaine

Code	Signification
.com	Organisation commerciale
.org	Organisation à but non lucratif
.edu	Éducation

Où la page se situe-t-elle dans l'arborescence du site ?

Lire une URL

URL : sigle pour *Uniform Resource Locator*, méthode d'adressage uniforme indiquant le protocole des différents services disponibles dans le réseau Internet.

Une URL se lit de droite à gauche. Prenons l'exemple de l'URL « http://www.google.fr » :

• « .fr » permet d'identifier la nationalité de l'hébergeur du site ;
• « google » est le nom de l'organisation propriétaire du site ;
• « www. » est le nom du serveur qui héberge le site. Il peut porter un autre nom mais il se nomme ainsi le plus souvent ;
• « http:// » est le nom du protocole utilisé, « *Hypertext Transfert Protocol* ».

QUAND ? De quand date le site ?

Là encore, le site Uwhois peut nous aider. En effet, il indique la date de création du nom de domaine, qui permet d'évaluer la longévité du site. Toutefois, cette information est à prendre avec précaution. En effet, acquérir un nom de domaine sans forcément héberger un site reste tout à fait possible. Réserver un nom de domaine par avance est par ailleurs fréquent.

Dans le cas d'un blog, vous pouvez évaluer la longévité du site en observant les archives. L'affichage sur un blog se fait généralement de façon chronologique. Les anciens billets sont archivés par mois dans une rubrique à part.

Tous ces indices permettent de vous interroger sur la mise à jour du site.

DE QUAND DATE LA PAGE ?

Comme évoqué précédemment, sur les blogs, les billets sont chronologiques, la date est donc indiquée. Mais attention : les logiciels pour créer des blogs offrent la possibilité de poster des billets à des dates ultérieures.

Malheureusement, il est impossible à ce jour de dater de la même manière une page de site web.

LE SITE OU LA PAGE ONT-ILS ÉTÉ MODIFIÉS ?

Une recherche sur le site Archive.org[1] dont l'ambition est d'archiver Internet en entier, apportera un début de réponse.

> **Vérifier l'information en provenance de Wikipedia**
>
> Désormais, la plupart des internautes se fient à Wikipedia comme source d'informations. Cependant, l'information qui y est dispensée n'est pas toujours fiable. Il est toujours bon de recouper ses informations sur Internet et de vérifier les références utilisées dans Wikipedia.
>
> Wikidashboard est un site pour observer les modifications des différents articles de la version anglaise de Wikipedia : http://wikidashboard.parc.com/wiki/Main_Page

COMMENT ? Comment l'information est-elle présentée ?

Quelle est la qualité du langage utilisé ? Le texte comprend-il de nombreuses fautes d'orthographe ? Dans ce cas, vous pourrez douter du manque de rigueur de l'auteur. S'il ne sait pas (ou ne prend pas le temps) de rédiger correctement son article, sa capacité de vérifier l'information qu'il présente sera sans doute limitée.

COMBIEN ? Quelle est l'influence du site ?

Plusieurs sites vous proposent de tester l'influence d'un site Internet.

Tester l'influence d'un site

Nom du site	Adresse
Urlmetrix	www.urlmetrix.com
Urlfan	www.urlfan.com

Une analyse *via* le site Urlfan permet d'obtenir des indices sur le nombre de billets et de fils RSS qui font référence au site en question. Naturellement, la quantité n'est pas forcément synonyme de qualité ni de fiabilité. Toutefois, de nombreuses citations permettent de jauger un site.

---

1. www.archive.org

Influence du blog Outils Froids via Urlfan

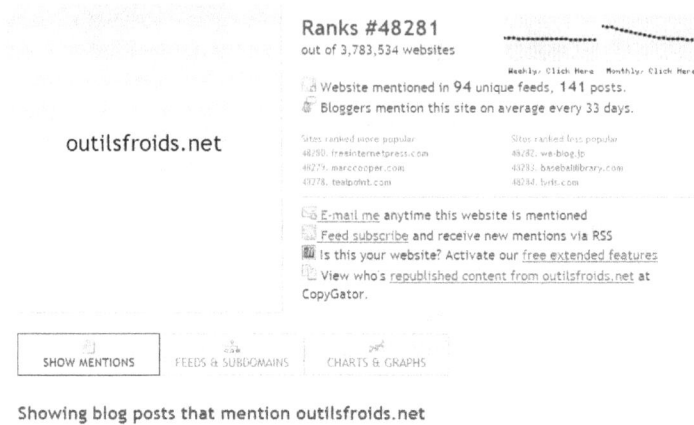

outilsfroids.net

Ranks #48281
out of 3,783,534 websites

Website mentioned in **94** unique feeds, **141** posts.
Bloggers mention this site on average every 33 days.

E-mail me anytime this website is mentioned
Feed subscribe and receive new mentions via RSS
Is this your website? Activate our free extended features
View who's republished content from outilsfroids.net at CopyGator.

SHOW MENTIONS | FEEDS & SUBDOMAINS | CHARTS & GRAPHS

Showing blog posts that mention outilsfroids.net

QUEL EST LE NOMBRE DE LIENS MORTS ?

De nombreux liens morts peuvent laisser supposer que le site n'est pas régulièrement mis à jour.

POURQUOI ?

Pourquoi l'information est-elle en ligne ? Quel est le but de l'auteur ? Informer ? Gagner de l'argent ?

Traquez les canulars

Suite aux attentats du 11 septembre aux États-Unis, une information circulait allègrement sur la toile : le numéro du vol Q33NY, une fois transformé en caractères Wingdings[1], laissait transparaître une information prémonitoire sur ce qui allait se passer. Cette information était en fait un hoax, c'est-à-dire un canular.

Ce phénomène n'est pas rare : de nombreuses fausses informations circulent sur le web. Bien souvent, il s'agit de simples canulars. La plupart sont inoffensifs.

---

1. « Wingdings est une police d'écriture au format TrueType, composée de pictogrammes, fournie avec Microsoft Windows à partir de la version 3.1. »
   Source : www.fr.wikipedia.org/wiki/Wingdings

Un peu potaches au premier abord, ces hoax peuvent contribuer à une véritable désinformation du public, voire, dans certains cas, nuire à l'image d'une personne. En effet, pour renforcer la valeur des informations transmises, les auteurs de ces canulars citent souvent nommément des personnes ou des entreprises. Ne relayez donc pas aveuglément ce type d'informations.

Mais comment débusquer ces hoax ? Comment démêler le faux du vrai ? Heureusement, le web est là pour vous aider. Le site Hoaxbuster[1] est devenu le site francophone de référence en la matière.

Principaux sites Internet pour débusquer les hoax

Nom du site	Adresse	Remarques
Hoaxbuster	www.hoaxbuster.com	Français
Hoaxkiller	www.hoaxkiller.fr	Français
Snopes	www.snopes.com	En anglais. Il s'agit d'un répertoire des légendes urbaines classées.
Urbanlegends	www.urbanlegends.about.com	Guide anglophone des légendes urbaines, animé par le journaliste américain David Emery.

Une fois découvert qu'il s'agit d'un hoax, encore faut-il dans certains cas découvrir qui a lancé la rumeur. Sur Internet, c'est encore plus compliqué que dans notre vie de tous les jours.

Rumeur et information : quelles différences ?

L'information possède un auteur et une source authentifiée. L'auteur ainsi que l'éditeur engagent leur réputation et leur responsabilité (le procès en diffamation est toujours possible). La rumeur, elle, n'a pas d'auteur authentifié. Le recoupement est pratiquement impossible.

Débusquez le plagiat

Le plagiat n'est pas nouveau. Il est même, à vrai dire, très ancien, mais Internet lui a redonné toute sa vigueur : plagier n'a jamais été aussi facile. Le copier/coller est simple et très rapide, l'honnêteté intellectuelle un peu moins... « L'origine du copier/coller remonte *a priori* aux travaux de Douglas C. Engelbart

---

1. www.hoaxbuster.com

(et de son groupe de chercheurs) rendus publics lors d'une démonstration le 9 décembre 1968[1]. »

L'avènement du web 2.0 a lui aussi menacé la traçabilité de l'auteur. Les wikis permettent une écriture à plusieurs mains, le RSS permet de reprendre tout ou partie d'un billet sur un autre site. Chacun peut y ajouter sa glose dans la marge comme les moines copistes au Moyen Âge. Il en résulte une dilution du contenu final. À ce sujet, Hélène Maurel-Indart met en lumière « un étonnant retour en arrière, aux temps d'avant l'imprimerie, de la culture orale, au Moyen Âge avec du texte toujours susceptible d'être repris et modifié par un continuateur[2] ».

De nombreux sites existent désormais pour vous aider à démasquer le plagiat. Parmi eux, on peut citer CopyrightSpot[3].

Vérifier le plagiat grâce à CopyrightSpot

copyrightSpot   About   Blog   Dashboard

Discover copies of your original writing on the web.

Simply Enter the URL to a web page or blog feed that contains your writing and press Search.

http://   SEARCH

Search Tips

Sub pages that are more specific can return better results.

Use your blog feed URL for a more focused search.

Defend Your Site

PROTECTED BY
copyright spot
DO NOT COPY

---

1. http://documentaliste.ac-rouen.fr/spip/index.php/IMG/xls/dist/paf/spip.php?article197 (page aujourd'hui disparue).
2. Hélène Maurel-Indart, *Plagiats, les coulisses de l'écriture*, Éditions de La Différence, 2007, page 181. Source : http://documentaliste.ac-rouen.fr/spip/index.php/IMG/xls/dist/paf/spip.php?article197 (page aujourd'hui disparue).
3. http://copyrightspot.com consulté le 06/04/09.

Afin de vous faciliter la citation, vous pouvez également utiliser Zotero[1], un plugin gratuit pour Firefox. Il permet par exemple de récupérer les informations bibliographiques sur la plupart des grands sites de ventes de livre (notamment Amazon). La référence bibliographique se récupère tout simplement par glisser/déposer de l'icône qui apparaît sous forme de livre dans la barre d'adresse de votre navigateur vers la fenêtre Zotero.

ÉVALUER L'INFORMATION PAR ALEXANDRE SERRES

Maître de conférences en Sciences de l'Information et de la Communication à l'université Rennes 2, Alexandre Serres est coresponsable de l'URFIST, Unité régionale de formation à l'information scientifique et technique, de Rennes depuis 2002. Il est également membre du laboratoire PREFics (Plurilinguismes, Représentations, Expressions francophones – information, communication, sociolinguistique), membre de l'ERTé (Équipe de recherche en technologie éducative) « Culture informationnelle et curriculum documentaire », animateur du GRCDI (Groupe de recherche sur la culture et la didactique de l'information).

Domaines de compétences : histoire d'Internet, recherche d'information, information scientifique, évaluation de l'information, culture informationnelle. Travaux de recherche en cours sur la culture informationnelle et l'évaluation de l'information.

Sur Internet, l'information semble invérifiable. Est-ce tout à fait vrai ?

L'information souffre, sur Internet plus que sur les autres supports traditionnels, de nombreuses info-pollutions qui rendent son usage souvent problématique : rumeurs, manipulations, désinformation, médiocrité de l'information, surabondance, pollution publicitaire, etc., prolifèrent sur le web et les réseaux sociaux, comme on le sait. L'une des raisons principales est évidemment l'absence de filtre éditorial pour la grande majorité des informations, puisque n'importe qui peut publier et diffuser n'importe quoi. Mais si Internet, comme toute technique d'écriture et de mémoire, peut être considéré comme un « poison » du point de vue informationnel, il est aussi un « remède » et les caractéristiques mêmes du web facilitent, plus que sur les anciens supports, la vérification des informations : la possibilité de confronter rapidement de multiples sources, le rôle du collectif des internautes, l'existence de nombreux outils performants de recherche et de traitement de l'information, etc., permettent de vérifier la validité, voire la véracité des informations. Encore faut-il que les internautes, et notamment les jeunes,

_____
1. www.zotero.org

soient suffisamment formés aux nombreuses et complexes compétences que nécessite l'évaluation de l'information.

Sur Internet, les jeunes ne semblent pas remettre en question l'information : est-ce une idée reçue ?

Malheureusement non, ce n'est pas une idée reçue mais une réalité ! Plusieurs études récentes sur les pratiques informationnelles des jeunes en France, en Belgique, en Grande-Bretagne, au Québec ou aux États-Unis convergent sur ce point précis : la faible importance accordée par les jeunes à l'identification, l'évaluation, la vérification de l'information trouvée sur Internet. Le phéno-mène est bien résumé par une étude de chercheurs britanniques sur la « génération Google » qui indique que « la rapidité des jeunes à faire des recherches sur le web signifie qu'ils consacrent peu de temps à l'évaluation de l'information, que ce soit pour sa pertinence, sa fiabilité ou la notion d'autorité ». Certes, il faut nuancer selon les tranches d'âge : si le phénomène est particulièrement développé chez les adolescents (élèves du secondaire), l'attention portée à la crédibilité des sources augmente avec l'âge. Mais la ques-tion de la formation des jeunes à l'évaluation critique de l'information est sans aucun doute l'une des plus cruciales aujourd'hui parmi les nombreux problèmes posés par l'usage massif d'Internet.

L'information literacy est-elle enseignée en France ?

La question est difficile et la réponse forcément mitigée. La nécessité de former les élèves à la maîtrise de l'information est certes affirmée depuis de longues années, aussi bien par les instances officielles (UNESCO, Commission euro-péenne, ministère de l'Éducation nationale, etc.) que par les associations professionnelles (FADBEN, ADBU...) et de nombreux acteurs. Les ensei-gnants-documentalistes assurent d'ailleurs dans les collèges et lycées de très nombreuses activités de formation documentaire, parfois d'enseignement des notions info-documentaires. Mais la situation réelle est loin d'être à la hauteur des enjeux. La formation des élèves à la maîtrise de l'information n'est toujours pas faite de manière systématique (elle ne touche pas tous les élèves, loin s'en faut), ni suffisamment progressive, en l'absence d'un véritable curri-culum info-documentaire. Plus largement, la mise en place d'un véritable enseignement des cultures de l'information, des médias et du numérique reste, pour notre système éducatif, un immense défi et une tâche de longue haleine.

5

PRÉSENTER L'INFORMATION

« Ceux qui comprennent ne comprennent pas qu'on ne comprenne pas. »
Paul Valéry

Mieux rédiger vos e-mails

Écrire un e-mail fait désormais partie du quotidien professionnel de nombreuses personnes. Comment faire pour optimiser la rédaction de ses courriels ?

Restez courtois

De nombreux pourvoyeurs d'e-mails oublient purement et simplement les règles élémentaires de savoir-vivre. Certes, l'e-mail est un média rapide et moins formel que le papier, mais n'oubliez pas les formules de politesse pour autant. Elles sont plus courtes que dans un courrier classique. Commencez votre e-mail par un simple « Bonjour monsieur/madame, » et terminez par une formule courte comme « Bien cordialement, ».

Nous mentons plus dans nos e-mails !

Selon une étude scientifique, nous mentons plus dans nos courriels que sur papier. L'explication tient sans doute dans notre rapport avec les éléments matériels. Sur papier, nous entretenons un contact plus physique avec notre crayon et le geste est d'autant plus solennel qu'il est moins fréquent aujourd'hui que l'e-mail. Bref, nous nous engageons davantage[1].

---

1. C. Naquin, T. Kurtzberg and L. Belkin, « The Finer Points of Lying Online: E-mail *versus* Pen and Paper » in *Journal of Applied Psychology*, 2010, 95 (2), 387-394 DOI: http://dx.doi.org/10.1037/a0018627 Trouvé sur http://psychologik.blogspot.com/2010/05/le-mail-est-il-un-media-menteur.html

Comment répondre à un e-mail

Pour faciliter la lecture, utilisez une barre horizontale pour séparer les différents messages. Supprimez également les informations inutiles des messages précédents. Quand vous abordez plusieurs sujets, rédigez un message par objet.

Un e-mail au bon format

Utilisez le format HTML. Il permet d'envoyer du contenu riche (image). Attention, de nombreux messages publicitaires sont sous ce format. Votre e-mail risque donc d'être pris pour un spam.

Courriel ou e-mail ?

Courriel est utilisé pour « courrier électronique » et mél pour « adresse de messagerie électronique » (Journal officiel du 20 juin 2003). Théoriquement, e-mail et mail sont des mots anglais mais ils sont très souvent utilisés dans le langage courant, c'est pourquoi nous avons choisi de les utiliser dans cet ouvrage.

Rédigez des phrases courtes

Rédigez des phrases courtes (vingt à vingt-cinq mots). En effet, vos contacts ne disposent probablement pas du temps nécessaire pour lire un roman... Développez une idée par paragraphe pour plus de clarté. Évitez le jargon administratif et/ou professionnel.

Si vous connaissez bien votre contact et que votre message est très court, notez-le directement dans le champ objet. Évitez le langage SMS ou l'excès d'abréviations. Avec les personnes que vous connaissez bien, vous pouvez vous permettre certains signes de connivence comme « @micalement », « @bientôt », etc.

Soignez l'objet de votre message

Envoyer un mail sans prendre la peine de remplir l'objet reste une pratique encore trop courante. Idéalement, l'objet doit résumer votre e-mail en deux ou trois mots-clés. Exemple : réunion du 12/06/2010. Rédigez les objets de façon attirante autant que possible. Vous pouvez également rédiger une phrase courte (moins d'une dizaine de mots) : « Je ne peux pas assister à la réunion du 12/06/10. »

Insérer au début la référence du projet entre crochets reste une bonne idée pour retrouver ses e-mails par la suite. Par exemple, dans le cadre de notre projet de livre sur le PKM, nous échangions des e-mails avec la mention [LPKM] dans l'objet.

Le cas échéant, indiquez dans l'objet « Pas de réponse nécessaire ». Utilisez également avec parcimonie les marquages suivants : « Attention », « Urgent ». Si tout est urgent, plus rien ne l'est !

Dans l'objet du message, supprimez systématiquement les articles. En effet, si votre destinataire trie ses messages par ordre alphabétique, son tri ne sera pas pertinent.

Restez transparent

Pour un premier contact, expliquez au début de l'e-mail comment vous avez trouvé l'adresse mail de votre contact (quelqu'un vous l'a donnée, vous l'avez trouvée sur Internet).

Si vous écrivez depuis un terminal mobile, précisez-le également. Le destinataire pourra ainsi comprendre pourquoi votre réponse est éventuellement lapidaire (par manque de temps par exemple) ou si certaines erreurs de frappe se sont glissées dans votre message.

Rendez vos e-mails plus lisibles

Augmentez la lisibilité du message en prenant garde aux éléments suivants.

ATTENTION À LA POLICE !

Préférez les polices de caractères Arial ou Times New Roman en taille 12 minimum.

DE L'ESPACE !

Aérez votre message : espacez ! Organisez l'information en paragraphes.

Évitez d'écrire en lettres majuscules. D'une part, elles sont plus difficiles à lire. D'autre part, elles donnent l'impression de hausser le ton.

SOIGNEZ VOTRE ORTHOGRAPHE

La rapidité de l'e-mail ne doit pas faire oublier l'orthographe. Utilisez le correcteur d'orthographe avec l'option « Vérifier avant ».

Attention aux pièces jointes

N'OUBLIEZ PAS VOS PIÈCES JOINTES

Avant d'envoyer votre e-mail, vérifiez que vous avez bien inclus vos pièces jointes. Désormais, la plupart des messageries vous avertissent si vous envoyez un e-mail avec la mention « ci-joint » alors qu'aucune pièce jointe n'est adjointe au message.

Par ailleurs, bien souvent, les pièces jointes ne sont pas remarquées par vos destinataires. Elles passent purement et simplement à la trappe. Indiquez la présence des pièces jointes dans le corps de votre message (« Vous trouverez ci-joint des documents complémentaires. ») ou mieux, nommez l'intégralité de vos documents. Vous pouvez également souligner la présence de pièces jointes dans un post-scriptum.

DES PIÈCES JOINTES AU BON FORMAT

Vos contacts n'ont pas forcément les mêmes logiciels que vous sur leur ordinateur. Utilisez donc les standards en matière de fichier :

• traitement de texte : Word reste la référence malgré son équivalent libre OpenOffice Writer[1]. Mais attention, de plus en plus d'administrations et d'entreprises basculent vers le libre : elles utilisent ainsi OpenOffice comme suite bureautique. Pour un document qui doit être seulement visionné, vous pourrez utiliser en compromis le format .pdf ;

Le format .docx

C'est le format spécifique à Word 2007. Si vous ne pouvez le lire, vous pouvez télécharger sur le site de Microsoft l'*add-in* permettant de lire les .docx avec votre Word 2003 par exemple.

Certains services en ligne (exemple : docx-converter[2]) proposent également de convertir votre document au format .docx. OpenOffice Writer et la boîte de messagerie Gmail savent également lire ce format.

• image : le format .jpg, .gif ou .png ;
• son : mp3 ;
• vidéo : .flv ou .avi.

N'oubliez pas la signature !

De nombreux expéditeurs ne prennent pas la peine d'insérer une signature (ou au mieux leur patronyme) en bas de leur e-mail. Pour mieux communiquer auprès de vos contacts, utilisez une signature élaborée. La plupart des logiciels et des webmails proposent une signature automatique pour vos e-mails. Certains d'entre eux proposent également le format vCard (comme Microsoft Outlook). Grâce à lui, vos contacts n'auront pas besoin de recopier vos coordonnées. Un double-clic sur le fichier vCard transférera vos coordonnées directement dans leur annuaire. Encore faut-il que vos contacts disposent d'un logiciel compatible vCard...

---

1. http://fr.openoffice.org/
2. www.docx-converter.com

Que doit comporter une signature d'e-mail au minimum ?
• votre nom et prénom ;
• votre adresse postale ;
• votre adresse mail (même si elle se situe dans l'en-tête du message) ;
• votre numéro de téléphone fixe ;
• votre numéro de téléphone portable.

Vous pouvez également compléter votre signature avec les éléments suivants :
• profils de vos réseaux sociaux Facebook, Viadeo ;
• l'adresse de votre site web et/ou de votre blog ;
• votre identifiant Skype.

La signature mail peut être l'occasion d'ajouter un message publicitaire
succinct pour votre activité : livre…

Améliorez vos présentations informatiques

Réaliser une présentation informatique avec les logiciels adéquats, c'est bien,
mais encore faut-il savoir communiquer ! Y a-t-il une vie après PowerPoint ? Si
vous assistez souvent à des présentations informatiques, vous avez 99,9 % de
chances de subir une litanie de diapositives PowerPoint. D'autres solutions
existent ! Lesquelles ?

De PowerPoint à pauvre point

Si vous voulez être édifié sur la mauvaise utilisation qu'il peut être fait de PowerPoint, vous pouvez
télécharger gratuitement sur le site des éditions Eyrolles : *Devenez beau, riche et intelligent avec
PowerPoint, Excel et Word* de Rafi Haladjian[1].

Adaptez-vous à votre public

Avant de vous lancer corps et âme dans votre présentation, posez-vous les
bonnes questions :
• Qu'est-ce que je présente ?
• À qui je le présente ?
• Pour quelles raisons je réalise cette présentation ?

---

1. www.eyrolles.com/Informatique/Livre/?ouv_ean13=9782212282962

C'est une question de taille ?

De loin, votre présentation reste-t-elle visible ? Pour en être sûr, rien ne vaut une petite vérification. Dans tous les cas, évitez les polices de caractère exotiques. Utilisez de préférence une ou deux polices classiques (Verdana, Arial, Times) avec une taille suffisante (de 14 à 20 points).

Utilisez les majuscules à bon escient. Au-delà de quatre mots, lire un texte en majuscules est en effet plus fatigant. Exemple : AU-DELÀ DE QUATRE MOTS, UN TEXTE ÉCRIT EN MAJUSCULES EST PLUS DIFFICILE À LIRE. Afin d'éviter les confusions, accentuez vos majuscules.

C'est une question de timing ?

Attention de ne pas lancer votre présentation à un rythme effréné. Le visuel doit être un support à votre intervention et non pas une fin en soi. Respectez le timing suivant : une diapositive par minute.

Afin d'éviter que votre public se pose continuellement l'éternelle question « Quand la présentation va-t-elle se terminer ? », numérotez vos pages et indiquez le rapport avec le nombre final de vos diapositives. Exemple : 1/11. Dans le même ordre d'idées, distribuez une version papier de votre présentation. Ainsi, votre auditoire vous suivra plus facilement.

Quels logiciels utiliser ?

Pour créer vos présentations informatiques, vous avez l'embarras du choix. Voici quelques propositions.

Les logiciels dédiés aux présentations informatiques

Certains logiciels sont dédiés spécifiquement à la réalisation de présentations informatiques. Ils peuvent se présenter sous la forme de logiciels à installer sur votre ordinateur ou bien de services en ligne.

Logiciels pour réaliser des présentations informatiques (poste de travail)

Nom du logiciel	Adresse web	Remarques
PowerPoint	www.microsoftstore.com/PowerPoint	Payant. Une visionneuse est disponible.
OpenOffiche Impress	http://fr.openoffice.org/	Libre et gratuit. Impress fait partie de la suite bureautique OpenOffice.
PptPlex	www.officelabs.com/pptplex	Plugin gratuit pour PowerPoint qui permet de rendre les présentations plus dynamiques.

Avec l'avènement du web 2.0, plusieurs services web vous offrent la possibilité de créer gratuitement vos présentations en ligne

Applications en ligne pour réaliser des présentations informatiques

Nom	Adresse web
Zoho Show	www.zoho.com
Google Document	http://docs.google.com/
Prezi	http://prezi.com/

Présenter autrement avec des logiciels de mind mapping *ou de* concept mapping

LE MIND MAPPING

Qu'est-ce que le *mind mapping* ?

Le *mind mapping* est une technique pour organiser graphiquement ses idées. Tony Buzan, un psychologue anglais, a développé cette méthode dans les années 1970. Le *mind mapping* donne naissance à des *mind maps* (en français, « cartes heuristiques® » ou « cartes mentales »). Dans les prochains chapitres (notamment page 204), nous verrons comment utiliser ces cartes mentales, pour réaliser un CV par exemple.

Le logiciel de *mind mapping* constitue un outil original pour animer vos présentations informatiques. Dans une carte heuristique®, l'information est présentée sous une forme arborescente. Ainsi, l'auditoire dispose constamment d'une vue globale de l'information.

De plus, certains logiciels de *mind mapping* disposent d'une fonction de filtres. Vous pouvez varier la profondeur d'informations dans une seule et même carte. Ainsi, par exemple, vous pouvez prévoir des parties soufflets qui pourront apparaître ou disparaître en fonction du timing et/ou de la composition de votre auditoire.

Attention cependant : animer une présentation sous la forme d'une carte heuristique® peut surprendre ou faire peur à votre auditoire. Même si votre auditoire est constitué de personnes curieuses, l'aspect de la carte pourra bloquer le processus d'attention. Votre public s'interrogera plus sur la forme de votre présentation qu'il ne s'intéressera au fond.

Les logiciels de *mind mapping* sont désormais nombreux sur le marché. Certains sont gratuits : Freemind, Freeplane[1], Xmind[2]. Pour vos présentations heuristiques, préférez Xmind à Freemind. Xmind dispose en effet d'une meilleure mise en scène de l'information.

Présenter une formation avec Xmind

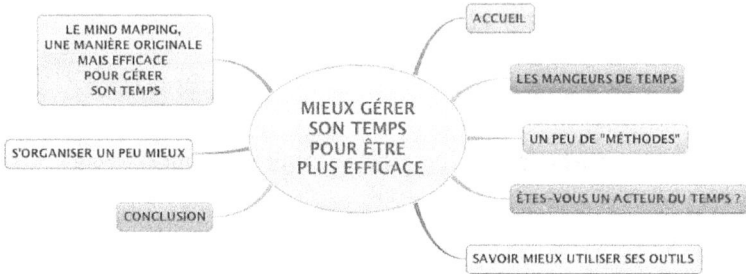

D'autres logiciels sont payants : MindManager, MindView. Le grand intérêt de ces derniers : ils sont pour la plupart couplés avec les outils Microsoft. Ainsi, avec MindManager et MindView, vous pouvez disposer non seulement d'un mode de présentation mais également exporter votre carte directement dans PowerPoint.

Logiciels de mind mapping *pour réaliser une présentation informatique*

Nom	Adresse web	Remarques
MindManager	www.mmdfrance.fr	Payant. Grâce au système de filtres, il permet de faire varier l'information présentée en fonction de contenus ou de publics différents. Export possible en PowerPoint
MindView	www.matchware.com/fr	Payant. Export possible en PowerPoint.
ImindMap	www.thinkbuzan.com/us/landing/french	Payant. Le logiciel de Tony Buzan, l'inventeur du *mind mapping*, offre un aspect proche des cartes manuelles.
Xmind	www.xmind.net/	Gratuit en version de base.

---

1. Freemind est un *fork* (c'est-à-dire un embranchement du projet) Freemind : http://sourceforge.net/projects/freeplane/
2. www.xmind.net

Avec Freemind et Freeplane, vous pouvez exporter votre carte au format Impress, l'équivalent gratuit de PowerPoint. Naturellement, une fois dans Impress, vous pouvez enregistrer votre présentation au format PowerPoint.

LE *CONCEPT MAPPING* : LA CARTE CONCEPTUELLE

Le *concept mapping* (ou « carte conceptuelle » en français) est un graphique où les concepts sont reliés par des nœuds signifiés. Les logiciels de *concept mapping* sont donc l'outil idéal pour présenter des informations complexes. Certains offrent des fonctionnalités très intéressantes : le logiciel Vue[1] permet ainsi d'adapter votre présentation à votre public grâce à la création de scénarios pédagogiques.

Carte conceptuelle réalisée avec le logiciel Vue

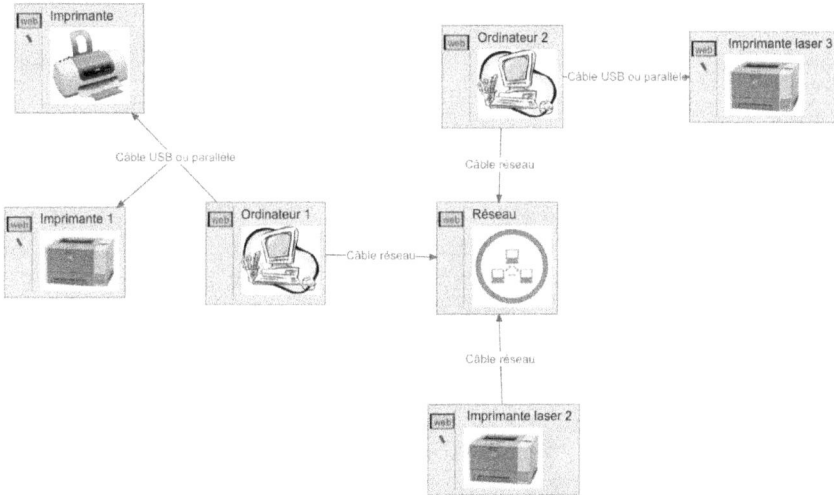

Les logiciels de concept mapping *pour réaliser une présentation informatique*

Nom du logiciel	Adresse web	Remarques
Vue	http://vue.tufts.edu/	Gratuit.
CmapsTools	http://cmap.ihmc.us/	Gratuit.

1. http://vue.tufts.edu/

Où trouver l'inspiration et où diffuser votre présentation ?

Vous manquez d'inspiration pour élaborer votre présentation informatique, tant sur la forme que sur le fond ? Là encore, le web 2.0 peut de nouveau vous venir en aide.

Certains sites proposent en effet gratuitement la mise en commun de présentations informatiques. Par la suite, vous aussi, vous pourrez contribuer en publiant votre présentation sur le site. Votre auditoire pourra ainsi retrouver votre présentation sur le net. Les absents pourront également savoir ce qu'ils ont manqué...

Principaux services en lignes pour publier des présentations informatiques

Nom	Adresse
Slideshare	www.slideshare.net
Issuu	http://issuu.com
Calameo	http://fr.calameo.com

Prévoyez l'imprévisible

Souvenez-vous de vos présentations passées. N'avez-vous jamais subi les aléas de ce genre de « sport » : ordinateur portable en panne... Bien souvent, quand la présentation commence mal, le pire arrive sans tarder. Une nouvelle fois, vous tombez sous le coup de la loi de Murphy (ou loi de « l'enquiquinement » maximal). Prémunissez-vous au maximum contre les différents problèmes pouvant survenir.

Problème	Solution possible
Panne de courant	Imprimez votre présentation.
Panne de portable	Copiez votre fichier sur une clé USB.
Manque de prises de courant	Emportez une multiprise.

Naturellement, cette liste n'est pas exhaustive. À vous de la compléter au fil de votre expérience.

Communiquez avec efficacité grâce à la rédaction structurée

Moins de temps, plus de travail : l'espace de liberté du travailleur se compresse inexorablement. Des solutions pour économiser le temps doivent être trouvées. Une meilleure organisation peut naturellement vous y aider. La communication n'échappe pas à cette évolution. Découvrez comment améliorer votre communication grâce à la rédaction structurée.

Qu'est-ce que la rédaction structurée ?

La rédaction structurée est un ensemble de méthodes pour organiser l'information sur un support. Son but est d'analyser, organiser et présenter l'information pour produire des écrits, plus lisibles et plus compréhensibles. Ses principes sont les suivants :
- identifier les idées clés ;
- utiliser un langage simple ;
- gérer les blancs.

Les buts de la rédaction structurée

La finalité de la rédaction structurée est d'être clair, c'est-à-dire de faire court et simple.

Petit glossaire de la rédaction structurée

Faire simple	Faire court
Bannir : – le jargon ; – les abréviations et les acronymes. Utiliser : – des mots simples ; – des mots concrets et spécifiques ; – peu d'adverbes et d'adjectifs.	Utiliser : – la voix active ; – les verbes d'action (bannir la voix passive) ; – moins de vingt mots par phrase. Supprimer les mots superflus.

Les bénéfices à en tirer

La rédaction structurée permet :

- de fournir une méthode de rédaction structurée uniforme à tout l'organisme où l'on travaille ;
- d'améliorer la compréhension et la lisibilité ;
- d'accroître sa productivité (moins de temps nécessaire pour retrouver l'information importante) ;
- de scanner plus facilement un document pour retenir l'essentiel rapidement.

Rédaction habituelle versus rédaction structurée

Rédaction habituelle	Rédaction structurée
Les termes utilisés varient pour éviter les répétitions.	Les termes utilisés sont toujours les mêmes pour éviter les confusions.
Les informations importantes et superflues sont mélangées.	L'information importante est mise en avant.
Les styles et la mise en page sont propres au rédacteur.	Le style et la mise en page sont uniformisés.

Quand utiliser la rédaction structurée ?

La rédaction structurée est utilisée essentiellement dans les échanges d'informations au sein d'un organisme (rapports, notes, mais aussi e-mails).

Les différentes méthodes de rédaction structurée présentent les points communs suivants :

Analysez et recomposez l'information

La rédaction se fait selon :

- le type d'information à présenter ;
- les besoins des lecteurs (éléments à faire, à savoir) ;
- les objectifs du rédacteur.

Organisez l'information

Découpez votre document en petites unités d'information, en blocs séparés par une ligne et des espaces blancs. Le découpage est réalisé sur la base des informations à présenter. Au sein des procédures, placez les étapes dans un ordre logique. N'effectuez pas de renvois, répétez-vous s'il le faut.

Hiérarchisez l'information

La présentation hiérarchique du document est décroissante. Dans un premier temps, présentez le sujet et le contexte, puis identifiez les différentes sections. Enfin, détaillez plus l'information au sein de chaque section.

Titrez

Chaque section (*chunk*) doit posséder son titre. Les titres doivent permettre au lecteur de trouver l'information dont il a besoin. Multipliez les titres et les sous-titres afin de fournir au lecteur autant de balisages visuels. Idéalement, le titre du sujet principal doit se retrouver en haut de chaque page du document avec la mention « (suite) ».

Uniformisez vos documents

Standardisez vos documents :
• la présentation (mise en page, typographie) ;
• la terminologie.

But : créer des habitudes chez le lecteur, lui soulager sa lecture.

Utilisez des graphiques

Utilisez des graphiques pour expliquer et illustrer vos idées. Les graphiques doivent être adjacents au texte et non pas se trouver en annexe.

Fournissez des détails accessibles

Le lecteur doit pouvoir accéder au niveau de détails désiré.

Une organisation en fonction de sept types d'information

Type d'information	Caractéristique
Procédures	Instructions pour faire quelque chose.
Descriptions des processus	Explications : comment faire une chose.
Structures	En quoi consiste une chose.
Concepts	Définitions et/ou exemples.
Principes	Règles.
Faits	Informations objectives selon des caractéristiques physiques.
Classifications	Représentations de catégories.

Une fois le type d'information identifié, présentez l'information sous la forme suivante :

Une présentation simple

Type d'information	Méthode de présentation
Classification	Listes à puce, tableaux
Structures	Graphiques et dessins
Procédures	Tableaux (débutez par un verbe d'action, numérotez les étapes)

Voici un exemple pour y voir plus clair :

Procédure rédigée selon la méthode de rédaction structurée Information Mapping

Accéder à l'information en un clin d'œil

A : Équipe pédagogique
DE : Xavier Delengaigne
SUJET : Archivage Électronique de la documentation papier
DATE : 20/09/04

Contexte — Le CIFP d'Arras a fait l'acquisition de copieurs scanners et souhaite mettre en place l'archivage électronique de ses documents papier.

Archiver, oui mais quoi ? — À définir, lors de la réunion pédagogique du 20/09/04. La documentation pédagogique papier des intervenants

Structurer l'information pour habituer le lecteur

Problème	Solutions
Diminuer la documentation pédagogique version papier	Achat documentation sous format électronique
	Clause de demande de remise de documentation sous format électronique

Le titrage favorise la lecture scannage/écrémage

Archiver, oui mais pourquoi? — L'archivage sert à capitaliser l'information en vue d'une réutilisation ultérieure... Afin de maximiser la réutilisation, divers scenarii sont envisageables :

Logiciel		Raisons	Actions
ISA2	non	Abandon Access par le Ministère Mutualisation difficile	
Canon	non	coût captivité	
spip	oui	Utilisation par le futur site intranet du CIFP Utilisation externe ou interne	Indexation par mots-clés des documents
			Création de rubriques réparties par domaine ?
			Installation d'un SPIP local

L'Information Mapping reste la méthode de rédaction structurée la plus connue actuellement. Robert E. Horn aux États-Unis l'a développée au sein de l'Institute for Educational Technology de l'université Columbia. L'Information Mapping, aussi appelée « imap », est le fruit de ses travaux de recherche sur la lecture.

Cette méthode reprend également les recherches du psychologue George Miller sur les limites des capacités de mémorisation de l'homme. Miller a en effet découvert que la mémoire à court terme ne pouvait retenir plus de sept informations (plus ou moins deux) en une fois.

Pour appliquer parfaitement cette technique, rapprochez-vous des organismes détenant les droits d'utilisation de la méthode. En France, il s'agit de la société Takoma *via* le site www.information-mapping.fr Attention, l'Information Mapping n'est pas une simple méthode pour présenter des documents.

Écrivez pour le web

Que ce soit dans le cadre personnel ou professionnel, vous devrez sûrement rédiger du contenu pour le web. Or, l'écriture web recèle certaines spécificités à connaître.

Inversez la pyramide ou la règle 5W + 2H + G

Qu'est-ce que la pyramide inversée ? La pyramide inversée consiste à présenter l'essentiel dès le début.

Dans son ouvrage *L'écrit web : traitement de l'information sur Internet*, Joël Ronez[1] parle de « la règle des 5W » pour l'écriture web. Les 5W représentent les questions :

- *Who* ? (Qui ?) ;
- *What* ? (Quoi ?) ;
- *When* ? (Quand ?) ;
- *Where* ? (Où ?) ;
- *Why* ? (Pourquoi ?).

Ces 5W sont d'ores et déjà bien connus des journalistes. Ils pourront être éventuellement complétés par les 2H :

- *How* ? (Comment ?) ;
- *How much* (Combien ?).

---

1. CFPJ Éditions, 2007.

Une page égale à un thème : le qui (*who*) et le quoi (*what*) constitueront l'idée principale. Ils figureront dans le titre. Ainsi, l'internaute saura dès le début le thème de votre page ou de votre article. De même, le référencement sera amélioré.

N'oubliez pas : le contenu de vos pages ne sera pas forcément lu au sein de votre site web. En effet, le moteur de recherche (et Google en particulier) reste une porte d'entrée principale. Le moteur reprendra les éléments principaux de votre page lorsqu'il affichera les résultats de la requête de l'internaute. De même, avec l'avènement du web 2.0, votre contenu pourra être lu au travers de lecteur RSS (Google Reader par exemple).

5W + 2H dans le premier paragraphe : qui et quoi devront être placés en tête de phrase de votre premier paragraphe, suivront ensuite les trois autres W, *when*, *where* et *why* (quand, où et pourquoi) et éventuellement les 2H, *how* et *how much* (comment et combien).

La pyramide inversée*

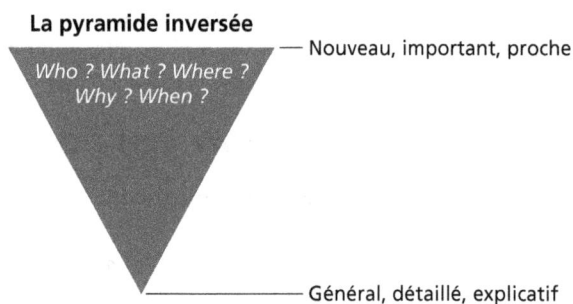

* Source : www.action-redaction.com/pyramide-inversee.htm

Appliquez les lois de proximité

Le lecteur est attiré par ce qui lui est proche, le touche, le concerne directement et personnellement. Principalement, quatre lois de proximité existent : géographique, chronologique, sociale, psychoaffective.

Les principales lois de proximité

Loi de proximité	Remarques
Géographique	Le thème sera géographiquement proche de son lecteur : – sa rue ; – son quartier ; – sa ville ; – son département. Attention, sur Internet, cette loi est relative. En effet, votre page peut être potentiellement lue par le monde entier.
Chronologique	Votre lecteur préférera ce qui est lui est proche dans le temps : – passé proche (hier) ; – présent (aujourd'hui) ; – futur proche (demain). Commencez par les conséquences avant de développer les causes.
Sociale	Le lecteur est davantage touché par ce qui lui est proche socialement.
Psychoaffective	Suscitez des émotions auprès de votre lecteur.

Quelle est la porte d'entrée sur votre site ?

Par quelle porte d'entrée, l'internaute arrive-t-il sur votre site ? La plupart du temps *via* un moteur de recherche (en France, Google à plus de 80 %). Désormais, la nouvelle règle est donc 5W + 2H + G (pour Google) : bien souvent, Google devient votre premier lecteur !

Comment les internautes arrivent-ils sur votre site *via* Google ? Ils tapent des mots-clés dans Google. Pour que votre site soit facilement trouvable, vous devez identifier les mots-clés importants.

Utilisez notamment des mots-clés dans les titres, le premier paragraphe et le corps du texte.

Composez des paragraphes

Aérez votre texte à l'aide de paragraphes. La structure de chaque paragraphe ? Une mini pyramide inversée.

Limitez-vous à une idée par paragraphe, sans délayer. Pour chaque phrase de votre paragraphe, demandez-vous : « Puis-je supprimer cette phrase et garder le même sens ? » Dans l'affirmative, supprimez la phrase en question.

Évitez aussi la monotonie. Lorsque vous assistez à une conférence, vous vous ennuyez si le conférencier réalise sa prestation sur un ton monocorde. Pour l'écrit, c'est identique : les paragraphes constituent les variations de votre contenu. Variez la taille de vos paragraphes pour éviter l'ennui chez votre lecteur.

Mettez en forme votre texte

N'oubliez pas : l'internaute scanne votre page web. Facilitez-lui la tâche grâce à des repères visuels :
• liste à puces ;
• gras ;
• images ;
• italiques.

Bref, l'essentiel doit être mis en valeur.

Préférez du texte sombre sur fond clair. En ce qui concerne la typographie, la simplicité est de mise : Times New Roman ou Arial.

Évitez à tout prix les polices de caractère exotiques car, sur son ordinateur, l'internaute ne disposera pas forcément de ces polices.

Alignez le texte à gauche et ne le justifiez pas comme avec Microsoft Word. En effet, un texte légèrement en escalier facilite la lecture scannage spécifique du web.

Rédigez des messages courts et simples

Comme nous l'avons vu précédemment, l'internaute lit 25 % de moins sur Internet.

Quelle est la longueur idéale d'une page web ?
Un ordre de grandeur : entre 500 et 4 000 caractères.

Rester court est donc impératif. Privilégiez les titres courts, les paragraphes courts (une idée par paragraphe) et les phrases courtes (quinze à vingt mots maximum : cela correspond à l'empan mnésique mis en avant notamment par les spécialistes de la lecture comme Richaudeau).

Suivre le regard

« Une étude de suivi du regard (*eye tracking study*) a été menée à bien, en 2004, par The Poynter Institute, en collaboration avec The Estlow Center for Journalism & New Media, ainsi que la société Eyetools. Cette étude démontre, entre autres, l'intérêt de rédiger des paragraphes et des accroches concises. Les résultats détaillés de l'étude sont publiés ici : www.poynterextra.org/eyetrack2004[1] »

Utilisez des tournures simples (par exemple, la voix active est plus courte que la voix passive) et des mots simples (en moyenne, les mots concrets sont plus courts que ceux abstraits). Bannissez les pléonasmes.

Restez toujours clair

Parlez le langage de votre visiteur et utilisez un langage clair, avec un vocabulaire univoque constitué de mots riches. Si tel n'est pas le cas, l'internaute aura du mal non seulement à vous trouver, mais également à vous comprendre.

Attention également à l'orthographe, la syntaxe, la ponctuation et la conjugaison. Une fois encore, Internet peut vous être d'un grand secours. De nombreux services en ligne gratuits vous permettent d'améliorer vos connaissances en français.

Un doute sur la conjugaison d'un verbe ?

Le site Le conjugueur (www.leconjugueur.com) est fait pour vous. Plus besoin de partir à la recherche de votre Bescherelle, un clic de souris suffit pour connaître la conjugaison des verbes.

Dans la presse écrite, les titres ont souvent recours à des jeux de mots. Dans l'univers web, la politique éditoriale est un peu différente : le titre doit rester incitatif et concret. N'oubliez pas que les moteurs de recherche sont avant tout des robots. Google ne comprend pas (encore) les jeux de mots ! L'internaute doit vite repérer l'article et avoir envie de le lire.

Enfin, gardez en tête que les internautes ne lisent pas forcément vos articles sur votre site web mais *via* un agrégateur de flux RSS par exemple. En fonction des réglages choisis, seuls les titres seront affichés.

Utilisez également des titres de deuxième niveau pour faciliter la lecture scannage de l'internaute.

1. Source : www.redaction.be/instructions/concision.htm

DÉCOUVRIR LA VUE ISOMÉTRIQUE PAR ARNAUD VELTEN

Arnaud Velten

Passionné de stratégie, Arnaud Velten anime le site Business Commando : www.business-commando.com. Féru de cartographie informationnelle, il nous fait découvrir ses trouvailles sur AS MAP : www.as-map.com/blog Il a notamment réalisé une vue isométrique (*isomap*) de son parcours.

Isomap

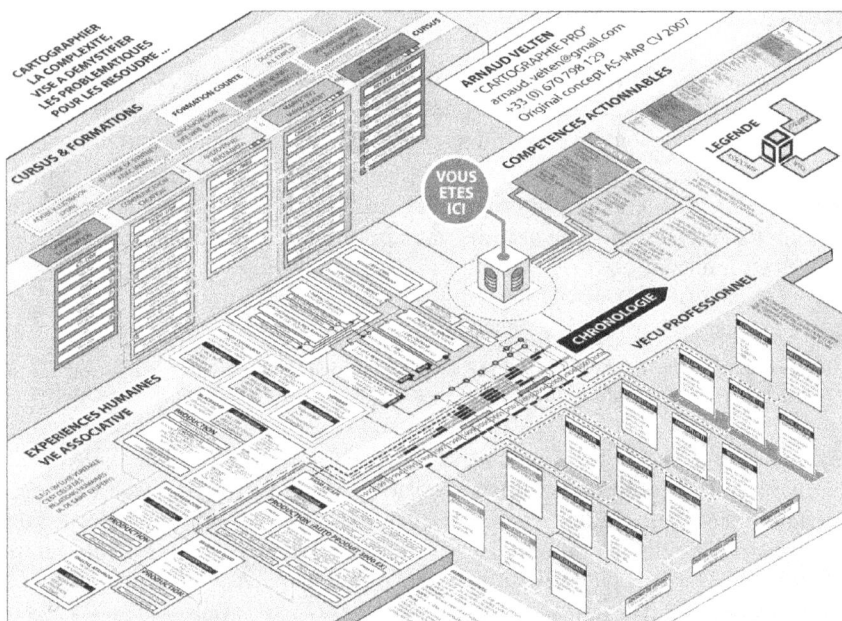

Pour une meilleure visibilité de son isomap, *vous pouvez agrandir l'image à partir de la page Internet suivante : http://arnaudvelten.wordpress.com/2010/01/09/16-cv-graphique-une-nouvelle-tendance-1-francais-lisomap (adresse raccourcie : http://bit.ly/bEiwPc).*

Pourquoi avez-vous choisi la vue isométrique comme forme de représentation ?

La 3D ISO jouit d'un capital affectif fort grâce aux expériences cognitives positives auxquelles je l'ai associée : les notices Lego®. D'un vrac de pièces naît une construction cohérente. Les notices Lego® offrent un guide étape par étape pour atteindre un but proposé. Ces notices ont stimulé mon goût pour la pensée en image, appelée aussi l'intelligence visuelle spatiale.

Plus tard, l'isométrique a croisé de nouveau mon chemin sous l'appellation 2.5D. Lors de la construction de ma relation à la sémiotique, sa présence systématique dans les interfaces de jeux innovants (Populous 1989, Syndicate 1993, Warcraft 1994, Diablo 1997) fait d'elle la vue la plus pertinente pour une vision stratégique. À ce sujet, la vue cavalière utilisée pour les fortifications m'a particulièrement marqué. Ce sera les prémices des éléments constitutifs d'une partie de ma grammaire visuelle.

Dans les années 2000, la lecture de *Mapping Websites* de Paul Kahn et Krzysztof Lenk me convaincra définitivement de la pertinence de l'isométrique pour la rhétorique graphique et de son efficacité pour la cognition.

Quels sont les avantages de la vue isométrique ?

Dans la vue isométrique, les trois dimensions sont représentées avec la même importance. Donner l'illusion du volume grâce au parti prix de l'égalité : je trouve cela révolutionnaire. Par leur nature, les vues isométriques et leurs cousines (Dimetric, Trimetric) se prêtent à merveille à la cartographie sémantique, à la visualisation d'informations et aux arbres de compétences.

La 3D ISO permet de présenter implicitement le paradigme choisi pour optimiser la compréhension du sujet traité… Sans être graphiste, on peut utiliser cet artefact comme médium. Cette perspective permet une iconographie simple avec une esthétique facilement déclinable.

L'apport de la cartographie comme facilitateur cognitif (*mind map, concept map*, diagramme) n'est plus à démontrer. La cartographie heuristique combinée avec la 3D ISO offre un mode de représentation didactique de l'interactivité et des imbrications des concepts nécessaires à la compréhension holistique d'une problématique.

Pourquoi présenter votre parcours sous une forme isométrique ?

Pour le projet *isomap*, je souhaitais proposer une lecture systémique (non séquentielle) de mon parcours pour valoriser la cohérence de mon parcours. L'objectif était de proposer des repères aux recruteurs et leur donner des pistes pour m'intégrer dans leur organigramme… La vue isométrique m'a permis de représenter des éléments, leurs relations à plusieurs niveaux, tout en ajoutant une dimension de profondeur : une systémique graphique.

L'isométrique, c'est pour moi l'innovation dans le plaisir, la complexité démystifiée et rendue accessible. C'est l'outil le mieux adapté à mes besoins.

Arnaud Velten a complété cette interview par une vidéo qu'il a postée sur YouTube : www.youtube.com/watch?v=dG05_Z_FWVQ (adresse raccourcie : http://tinyurl.com/ PKM-BSN-CMD).

6

Collaborer autour de l'information[1]

> « La bougie ne perd rien de sa lumière
> en la communiquant à une autre bougie. »
> Proverbe japonais

Selon l'encyclopédie libre Wikipedia, le terme « web 2.0 » a été inventé en 2004 par la société d'édition de livres informatiques O'Reilly. Le postulat était le suivant : le web 1.0 n'était fait que de pages statiques cantonnant l'internaute au rôle de spectateur, alors que le web 2.0 est une plate-forme où les internautes deviennent des acteurs en interagissant non seulement sur le contenu des pages mais également entre eux.

Communiquez avec le web 2.0

Discuter

Méthode 1.0	Méthode 2.0
Téléphoner	Organiser une visioconférence à plusieurs par un logiciel de téléphone IP (exemple : Skype).
Inconvénients	
Le coût de la communication n'est pas gratuit, notamment vers les portables. Les abonnements ADSL prennent toutefois en compte les communications vers les fixes.	Une bonne connectivité Internet reste nécessaire. Il faut disposer d'une webcam.

---

1. Adapté du site http://outils-reseaux.org

Trouver une date qui convienne à tous

Méthode 1.0	Méthode 2.0
Proposer des dates par e-mail. Effectuer des allers-retours d'e-mails pour trouver une date qui convienne à tous.	Utiliser un agenda partagé (exemple : Google Agenda ou un service en ligne dédié). La synchronisation avec l'agenda personnel est possible.
Inconvénients	
Sans connaître les contraintes des uns et des autres, difficile de tomber rapidement d'accord.	Une formation aux agendas partagés peut se révéler nécessaire. Les différentes personnes doivent utiliser la même solution d'agenda partagé ou une solution compatible avec la vôtre. La connexion à Internet est obligatoire. La confidentialité des données : les informations sont stockées sur un serveur externe sans contrôle de votre part.

Services en ligne d'agenda partagé et/ou pour trouver une date de réunion

Nom	Adresse	Remarques
Google Agenda	www.google.com/calendar	Le partage de calendriers est également possible.
Doodle	www.doodle.com	Il permet également de réaliser des QCM simple.
When is Good	whenisgood.net	
Tungle	www.tungle.com	Plugin pour Microsoft Outlook.
ScheduleOnce	www.scheduleonce.com	

Partager des documents

Principaux services en ligne pour transférer un fichier volumineux

Méthode 1.0	Méthode 2.0
Soit : – s'échanger les documents par e-mail. Les pièces jointes ne doivent pas être volumineuses. Au mieux, les découper avec un logiciel de compression et les envoyer par morceaux dans plusieurs e-mails ; – s'échanger les documents par clé USB ; – disposer d'un lecteur réseau partagé sur son poste ; – utiliser un serveur FTP ; – utiliser son logiciel de messagerie instantanée ; – utiliser un logiciel de prise de contrôle à distance (exemple : Teamviewer).	Utiliser un service en ligne de partage de fichiers (exemple : Free).
Inconvénients	
Toutes les organisations ne possèdent pas de serveur FTP (encore moins les particuliers). L'échange par clé USB ou partage de lecteur réseau nécessite une proximité.	La confidentialité des données est moindre.

Nom du service	Adresse Internet	Remarques
Free	http://dl.free.fr	Gratuit. Stockage en ligne illimité. Taille maximum par fichier : Web = 1 Go/FTP = 10 Go. Nombre de fichiers maximum illimité. Limite de téléchargement illimitée. Rétention minimale : trente jours sans téléchargement.
YouSendIt	www.yousendit.com	Gratuit en version de base. En anglais.
OVH	http://demo.ovh.com/fr	Gratuit en version de démonstration.

Utilisez le web 2.0 pour monter vos projets en équipe

Réaliser un sondage

Méthode 1.0	Méthode 2.0
Élaborer un questionnaire. L'envoyer par e-mail. Traiter le questionnaire. Envoyer la synthèse aux sondés.	Utiliser un service de sondage en ligne (exemple : Doodle) ou mettre en place sa plate-forme de sondage (exemple : Limesurvey).
Inconvénients	
Avec un grand nombre de sondés, le traitement du questionnaire prend énormément de temps. Au mieux, vous avez élaboré un formulaire dans votre traitement de texte. Les questions fermées pourront dès lors être traitées automatiquement.	La mise en place d'une plate-forme comme Limesurvey nécessite un minimum de connaissances techniques et un hébergement web compatible PHP.

Services pour organiser des sondages

Nom	Adresse	Remarques
Limesurvey	www.limesurvey.org	Logiciel libre à installer sur un serveur web.
Doodle	www.doodle.com	

Organiser un remue-méninges

Méthode 1.0	Méthode 2.0
Utiliser la méthode des post-it (exemple : méthode Metaplan).	Utiliser un service en ligne de carte heuristique® (exemple : Mindomo).
Inconvénients	
Les collaborateurs doivent se réunir.	En versions gratuites, les services en ligne de carte heuristique limitent le nombre de cartes partageables.

Principaux services pour créer des cartes heuristiques en ligne

Nom	Adresse	Remarques
Mindomo	www.mindomo.com	Gratuit en version de base. Pas de partage possible en version gratuite. 6 $/mois après 7 cartes gratuites. 9 $/mois pour une équipe.
Mindmeister	www.mindmeister.com	Gratuit en version de base. Partage possible pour 5 cartes maximum avec la version gratuite.
Mind42	www.mind42.com	Version de base gratuite.

Rédiger un texte à plusieurs mains

Méthode 1.0	Méthode 2.0
Créer le document avec un traitement de texte (le plus souvent Microsoft Word). Envoyer le document par e-mail. Effectuer des allers-retours d'e-mails avec les modifications du document. Synthétiser les modifications au mieux avec les fonctions de modification du traitement de texte. Envoyer par e-mail le document final.	Créer un document dans un traitement de texte collaboratif (Etherpad, Google Docs, etc.) ou un wiki. Octroyer aux auteurs concernés les droits sur le document (lecture, modification le cas échéant). Communiquer l'adresse de l'espace collaboratif à vos contacts. Le plus souvent, l'outil collaboratif peut contacter vos collaborateurs automatiquement.
Inconvénients	
Vos collaborateurs doivent disposer d'un logiciel compatible avec le vôtre. La centralisation et la synthèse du document sont faites par une seule personne. Avec un trop grand nombre de contributeurs, le procédé devient quasiment impossible.	L'accès à Internet est obligatoire. Une formation minimum à l'utilisation du traitement de texte collaboratif ou du wiki est nécessaire.

Traitements de texte collaboratifs

Nom	Adresse	Remarques
Google Docs	www.docs.google.com	Possibilité d'accorder des droits au partage. Google Docs sait maintenant lire les différents formats de Word (notamment le .docx).
Zoho Writer	http://writer.zoho.com	
G Office	https://goffice.com	
Think Free	www.thinkfree.com	

Les principaux critères pour choisir votre traitement de texte collaboratif sont les suivants :
- formats possibles d'import et d'export ;
- capacité de stockage ;
- gratuité.

Copublier du contenu

Méthode 1.0	Méthode 2.0
Publier *via* un seul logiciel de type FrontPage.	Utiliser un CMS avec différents droits (exemple : SPIP). Lancer un blog. Utiliser un service en ligne pour créer des sites web et des blogs.
Inconvénients	
L'absence de gestion de droit est à déplorer. La mise en page est de type PAO. Elle est donc plus longue à mettre en place.	La modification en totalité du site nécessite un minimum de connaissances en feuilles de styles CSS et en programmation.

Sauvegarder ses données

Méthode 1.0	Méthode 2.0
Sauvegarder ses données sur un support externe : disque dur externe, DVD, etc., avec au mieux un logiciel spécialisé (exemple : Syncback).	Utiliser un service de sauvegarde en ligne (exemple : Dropbox).
Inconvénients	
Oublier les sauvegardes, à moins d'automatiser les sauvegardes avec un logiciel dédié.	La confidentialité des données est moindre.

Services en ligne pour sauvegarder vos données

Nom	Adresse	Remarque
Dropbox	www.dropbox.com	
E-coffre	www.e-coffre.com	
Skydrive	www.windowslive.fr/skydrive	25 Go

Le site Mashable propose plus de quatre-vingts services en ligne pour sauvegarder vos données : http://fr.mashable.com/2007/07/30/stokage-en-ligne-plus-de-80-services

7

Sécuriser l'information

« Se faire battre est excusable, se faire surprendre est impardonnable. »
Napoléon

Sécurisez votre poste de travail

Dans tout système informatique, l'utilisateur final reste bien souvent la cible privilégiée en cas d'attaque ou d'intrusion. En effet, le facteur humain constitue le maillon faible de la sécurité informatique. Grâce au manque d'information ou tout simplement de formation, demander le mot de passe à un utilisateur est souvent plus facile que d'utiliser un logiciel spécialisé comme un *keylogger* (voir lexique) par exemple. Que ce soit pour un poste de travail ou un périphérique mobile (PDA – *Personal Digital Assistant*, voir lexique), les principes de sécurité informatique restent les mêmes. La sécurisation poste par poste, c'est-à-dire brique par brique permet au final d'obtenir un mur solide, un rempart contre d'éventuels assaillants. Sans pour autant céder à la paranoïa, il convient de mettre en œuvre des principes simples et efficaces en matière de sécurité informatique, comme par exemple un mot de passe à son écran de veille.

Les menaces

Bien souvent, nous n'avons pas conscience des menaces qui pèsent sur nos informations, notamment le vol. Même si le prix du matériel informatique de base a fortement baissé, il continue d'attirer la convoitise des voleurs. En ce qui vous concerne, les informations stockées auront sans doute plus de valeur que le prix du matériel en lui-même.

Des systèmes antivol existent : certains ressemblent aux antivols des vélos, comme un câble relié de votre ordinateur à votre bureau. Il repoussera les voleurs mal équipés ou qui manquent de temps ou d'adresse. Ensuite, vous pouvez tenter d'empêcher l'accès aux informations stockées.

Les virus

Comment les reconnaître ?

À moins d'être un expert en informatique, reconnaître un virus au premier coup d'œil est particulièrement difficile. Comme pour une maladie, étudiez les symptômes.

Votre ordinateur :

* Est-il plus lent que d'habitude ?
* Redémarre-t-il de manière intempestive ?
* A-t-il un comportement aléatoire ?
* Envoie-t-il des e-mails à votre insu ?

Une façon de les démasquer : si vous possédez un PC, observez les processus qui tournent sur votre machine. Si l'un d'eux sollicite fortement votre UC (unité centrale), vous avez de grandes chances que ce soit le virus. Recherchez sur Internet à quoi correspond le processus en question. Comment ? Appuyez simultanément sur les touches « CTRL + Alt + Suppr ». Cliquez sur l'onglet « Processus ». Cliquez sur l'en-tête de colonne « Processus » afin de ranger les processus dans l'ordre décroissant.

Comment s'introduisent-ils dans votre ordinateur ?

Les virus s'invitent sur votre ordinateur par toutes les portes d'entrée, notamment :

* Internet :
  – les pages web contenant du code malveillant ;
  – les e-mails (pièces jointes, et même désormais au sein des images) ;
  – la messagerie instantanée.
* Les entrées physiques :
  – les ports USB ;
  – les CD et DVD ;
  – le réseau.

Comment déjouer les pièges ?

Prenez les précautions suivantes :

* affichez les extensions de fichiers ;
* analysez les pièces jointes avant de les ouvrir ;
* analysez tous les fichiers entrants ;
* mettez à jour régulièrement votre antivirus ;

- informez-vous sur le net :
  - les vrais virus : www.secuser.com ;
  - les faux virus (hoax) : www.hoaxbuster.com

Pourquoi sont-ils néfastes ?

La dangerosité est fonction du virus présent sur votre ordinateur. Selon les virus, vous risquez de :
- perdre des données ;
- rendre votre ordinateur libre d'accès ;
- servir de point d'attaque pour véroler un autre ordinateur ;
- etc.

Les principaux types de virus

LES MACROVIRUS

Les macrovirus sont intégrés dans les fichiers de données (classeurs Excel...) sous forme de macro ou de code Visual Basic (un langage de programmation).

LES VERS

Les vers se reproduisent automatiquement par l'utilisation, à votre insu, des contacts de votre carnet d'adresses, par exemple.

LES CHEVAUX DE TROIE (*TROJAN*)

Une fois installé sur votre disque dur, le cheval de Troie permet de prendre le contrôle à distance de votre machine quand vous êtes sur Internet (transmission principalement par fichiers joints aux e-mails).

L'espion qui venait du net

QU'EST-CE QU'UN *SPYWARE* ?

Voici deux définitions complémentaires :
- « Un élément qui effectue des actions telles que la création de *pop-up* non sollicités, le détournement de pages de recherche ou de pages de démarrage, ou la redirection des résultats de recherche[1]. »
- « Un *spyware* est un programme conçu pour récolter des données personnelles sur l'utilisateur et les transmettre à son concepteur. En général, un

---

1. Source : www.f-secure.fr/security_center/malware_code_glossary.html

spyware se cache pour s'installer dans un programme que vous avez télé-chargé. Pour les supprimer, vous devez utiliser un antispyware[1]. »

Souvent, la présence de *spywares* se remarque par :
- une redirection automatique de la page d'accueil sur des sites particuliers (casinos…) ;
- l'ouverture de fenêtres intempestives (souvent des *pop-up*) ;
- un ralentissement de votre ordinateur ;
- un ralentissement de votre connexion Internet (les *spywares* utilisent, en effet, de la bande passante pour communiquer leurs informations).

COMMENT LUTTER EFFICACEMENT CONTRE LES *SPYWARES* ?

La lutte contre les *spywares* passe par :
- le navigateur web : tenez-le régulièrement à jour. Vérifiez également ses paramètres de sécurité (dans Internet Explorer, vérifiez, par exemple, que les scripts de contrôle ActiveX non signés ne sont pas activés) ;
- l'utilisation d'un logiciel antispyware ;

Principaux logiciels antispywares

Nom du logiciel	Adresses Internet	Remarques
Spybot	www.safer-networking.org/fr/index.html	Gratuit
Adaware	www.lavasoft.com/products/ad_aware_free.php	Gratuit

- la vigilance : attention aux sites sur lesquels vous surfez et aux logiciels que vous installez (de nombreux logiciels gratuits contiennent, en effet, des *spywares* !).

La sauvegarde

La sauvegarde est un enjeu à prendre très au sérieux. Contrôlez régulièrement le bon fonctionnement de la sauvegarde : vérifiez que tout ce qui est à sauve-garder est bien sauvegardé (attention aux ajouts ultérieurs à l'installation du système de sauvegarde).

Différents types de sauvegarde existent :
- sauvegarde complète : elle sauve l'ensemble des fichiers du disque dur ;

---

1. Source : www.glossaire.cegetel.net/securite.html

- sauvegarde incrémentale : elle sauve uniquement les fichiers modifiés depuis la dernière sauvegarde ;
- sauvegarde différentielle : elle copie tous les fichiers depuis le dernier *backup* complet ou incrémental.

Pour les documents peu volumineux, vous pouvez également sauvegarder votre travail en vous envoyant un e-mail par le biais d'un webmail. Ainsi, votre espace web vous sert d'espace de stockage pour sauvegarder vos documents importants.

Le nomade

Le nomade désigne le travailleur qui a besoin de se déplacer. Avec la baisse des prix et l'augmentation des fonctions nomades, l'utilisation des ordinateurs portables s'est généralisée au sein des organisations.

Du fait d'une utilisation nomade, ils peuvent :

- menacer l'intégrité du système d'information ;
- divulguer des informations (en cas de vol, par exemple). Pensez à utiliser un disque dur portable afin de ne pas emporter dans un lieu public des informations sensibles.

Quelques chiffres

« Rien qu'à Roissy-Charles-de-Gaulle, 750 ordinateurs professionnels sont retrouvés chaque semaine. (…) Aux États-Unis, 600 000 portables professionnels se volatilisent ainsi chaque année et près de 70 % d'entre eux ne sont jamais réclamés. (…) "On trouve beaucoup d'espions dans les aéroports, mais aussi dans les trains qui convoient les hommes d'affaires, comme l'Eurostar, le Paris-Lyon ou encore le Thalys", fait-on savoir à l'Agence nationale de la sécurité des systèmes d'information (Anssi)[1]. »

Sécurisez votre installation Wi-Fi

Deux solutions cumulatives existent :

- définir une clé WEP ou WPA : ce sont des protocoles pour sécuriser un accès Wi-Fi. La clé WPA ajoute un niveau de sécurité supplémentaire par la modification dynamique de la clé ;
- autoriser uniquement vos ordinateurs à se connecter à votre point d'accès. Pour un PC, relevez l'adresse Mac de vos machines (« Démarrer/Exécuter/

---

1. www.lefigaro.fr/actualite-france/2010/01/30/01016-20100130ARTFIG00186-ces-ordinateurs-victimes-des-aeroports-et-des-gares-.php

Cmd », tapez « ipconfig/all »). Accédez à votre routeur ou à votre Wi-Fi, activez l'option « Filtrage Mac » et indiquez l'adresse Mac de vos PC.

Les vulnérabilités liées à l'enregistrement d'un document Word

Les documents Word sont susceptibles de divulguer des informations à votre insu. Cela peut être particulièrement dangereux.

L'utilisation de l'option « Enregistrement automatique » (dans Office 2010 : Fichier/Options/Enregistrement) crée un fichier avec toutes les versions successives du document enregistré.

L'utilisation d'un autre document comme base pour un nouveau document conduit également à conserver une trace lorsque l'option « Enregistrement rapide » est activée.

Pensez à :

• désactiver l'option d'enregistrement rapide de Word ;
• créer de nouveaux documents à partir de modèles.

Plus de tour de passe-passe avec vos mots de passe

Vous souvenez-vous à chaque fois de tous vos mots de passe ? Non, probablement pas. Les mots de passe sont omniprésents dans notre quotidien aussi bien professionnel que personnel. Actuellement, les mots de passe restent le dispositif le plus répandu pour s'authentifier auprès d'un système d'information car ils ne nécessitent pas de dispositifs techniques élaborés.

L'authentification

« L'authentification consiste à établir une identité annoncée par un utilisateur pour contrôler l'accès à des données ou autoriser des actions. Elle permet d'assurer l'imputabilité dans l'usage de ces droits d'accès[1]. »

---

1. www.securite-informatique.gouv.fr/autoformations/motdepasse/co/
Mots_de_Passe_CH01_SCH01_U01.html

Pourtant, bien souvent, ils sont choisis à la légère. De plus, ils sont systématiquement perçus comme une véritable contrainte. Concocter un bon mot de passe, connaître les différentes attaques possibles… ça s'apprend !

Le gouvernement a mis en ligne un site web pour vulgariser la sécurité des systèmes d'information : www.securite-informatique.gouv.fr Ce site propose une autoformation à l'authentification par mot de passe. Découvrez au plus vite des concepts simples et efficaces à mettre en place dès aujourd'hui pour sécuriser l'accès à votre système d'information.

Comment déjouer l'abordage ?

Apprendre les différents moyens d'attaque contre vos mots de passe permet naturellement de vous en prémunir. En effet, bien souvent, nous n'avons pas forcément conscience de la facilité à récupérer un mot de passe ni de l'importance des données auxquelles nous avons accès. Les attaques les plus répandues sur les mots de passes sont les suivantes.

L'attaque par force brute

Elle consiste à tester tous les mots de passe. Naturellement, vos assaillants utilisent pour cela de petits logiciels spécialisés, que l'on trouve facilement sur Internet.

L'attaque par dictionnaire

Elle consiste à tester une série de mots issus de dictionnaires (prénom, auteur, etc.).

L'attaque par ruse

Elle consiste à récupérer votre mot de passe à votre insu, par :
• la capture des frappes clavier (*keylogger*) ;
• l'interception des communications ;
• les attaques par hameçonnage (*phishing*) : le pirate se fait passer pour un organisme connu (exemple : La Poste) par e-mail ou un faux site web pour soutirer des informations ;
• les attaques par ingénierie sociale : il s'agit d'une forme d'escroquerie informatique dans laquelle le *hacker* va utiliser ses connaissances, son charisme, l'imposture ou le culot pour jouer sur l'ignorance ou la crédulité de personnes possédant ce qu'il tente d'obtenir : nom d'une personne, adresse, codes d'identification, numéro de téléphone… Cela peut passer par tous les moyens (le téléphone, l'e-mail, rarement l'entrevue).

C'est une question de taille ?

Actuellement, en raison de capacités techniques toujours plus évoluées, le bon mot de passe doit posséder une taille de dix caractères minimum. Ces caractères doivent être :

• non signifiants (notamment pour éviter les attaques par dictionnaire) ;
• composés de lettres majuscules, minuscules, de chiffres et si possible de caractères spéciaux.

Comment retenir vos mots de passe ?

Utiliser des bons mots de passe, c'est bien, mais encore faut-il les retenir ! Deux méthodes peuvent nous aider à retenir nos mots de passe.

La méthode phonétique

Comme son nom l'indique, cette méthode consiste à utiliser les sons de chaque syllabe pour fabriquer une phrase facile à retenir.

Exemple : la phrase « J'aime les Audi 80. » devient « Gmléodi80 ». Les adeptes du SMS réussiront cet exercice sans difficulté.

La méthode des premières lettres

Elle consiste à conserver les premières lettres d'une phrase (citation, paroles de chanson, etc.), un peu comme lorsque vous tentiez de retenir vos poésies en primaire. Pensez à mélanger des minuscules et des majuscules.

Exemple : « James Bond repasse à la télévision » devient « JB007ràLTV ».

Un mot de passe, c'est comme les chaussettes : ça se change !

Avec l'usure du temps, un mot de passe ne peut pas rester éternellement inviolable. Changez-les régulièrement. Les administrateurs, notamment des serveurs, peuvent contraindre les utilisateurs à changer leurs mots de passe à intervalles réguliers par la mise en place d'une stratégie de sécurité.

De même, il conviendra d'utiliser un mot de passe différent pour chaque usage.

Préservez votre confidentialité

Le mot de passe est une donnée personnelle. Il ne peut donc pas être partagé. Bien souvent, la mise en place de ce leitmotiv rencontre des freins psychologiques, voire pratiques : par exemple, comment accéder aux données en l'absence de l'utilisateur ? Les services se doivent de bien réfléchir à leur mode d'organisation, notamment en ce qui concerne les données partageables.

Attention à votre navigateur web

De nombreuses applications se retrouvent désormais en version Intranet. Le navigateur web devient dès lors le point d'accès au service. Or, par défaut, un navigateur web propose régulièrement d'enregistrer les mots de passe pour ne plus vous obliger à les retaper. Ce paramétrage peut se révéler dangereux. En effet, un pirate pourra accéder facilement au fichier contenant les mots de passe. Il pénétrera facilement au sein du système d'information.

De même, sur Internet, l'authentification par mots de passe est aussi la plus fréquente. Par facilité, de nombreuses personnes utilisent le même mot de passe pour l'ensemble des services, qu'ils soient personnels ou professionnels. D'une part, nous ne savons pas qui se cache derrière la multitude des services gratuits sur Internet. Or, l'administrateur du site aura bien souvent accès aux mots de passe de l'utilisateur. D'autre part, une fois le mot de passe trouvé (par *keylogger* ou autre), le pirate ouvrira toutes les portes du système d'information de cet utilisateur.

Dans son livre *Lifehacker*[1], Gina Trapani propose une astuce intéressante pour concocter un mot de passe différent pour chaque utilisation. Le concept est simple : il faut mettre en place une règle. Par exemple, prenez la même base pour tous vos mots de passe (exemple : la séquence Mier12). Ajoutez ensuite les deux premières consonnes puis les deux voyelles du service utilisé (par exemple pour Gmail : Mier12gmai). Seul inconvénient de la méthode, certains services web imposent le mot de passe. Dans ce cas, vous devez déroger à votre règle. Le mieux reste alors de conserver ces mots de passe dans un logiciel dédié (comme par exemple Keepass[2]).

1. Gina Trapani, *Lifehacker, 88 Tech Tricks to Turbocharge your Day*, John Wiley and sons, 2006.
2. www.ordi-netfr.com/keepass.php

Comment protéger vos données ?

L'utilisation des services en ligne est pratique : on peut y avoir recours n'importe où, n'importe quand, à partir d'une simple connexion Internet. Ce phénomène est en pleine explosion depuis l'arrivée des connexions Internet nomades 3G sur téléphone portable, et des netbooks, ces petits portables à faible coût dédiés à un usage restreint (bureautique, Internet).

Comme le remarque justement Olivier Ertzscheid, « après la migration en ligne des applications, des services (logiciels en mode SaaS[1]), d'une part croissante de nos comportements informationnels, le web est devenu le véritable système d'exploitation, l'OS (*operating system*) de nos vies numériques »[2]. Le choix du tout en ligne répond au principe de centralisation.

Toutefois, attention de bien choisir les services dans lesquels vous investissez votre temps et vos données, en raison des contraintes suivantes.

La pérennité du service

L'éclatement de la bulle Internet a parfaitement démontré la fragilité de certaines start-up. Avec l'arrivée du web 2.0, de nouvelles entreprises ont périclité dans le secteur du web.

Au-delà de la mort pure et simple du service, le changement de politique commerciale constitue également une possibilité. En effet, par manque de modèle économique fiable, de nombreux services préfèrent proposer une gamme premium payante pour rentabiliser leurs activités.

Les services en ligne sont par nature parfaitement adaptés aux utilisateurs nomades. Désormais, nombre d'entre eux jonglent entre plusieurs ordinateurs (le poste informatique professionnel, le portable et l'ordinateur de la maison), voire entre différents systèmes d'exploitation. Les amateurs de Mac sont de plus en plus nombreux. Toutefois, la plupart des utilisateurs conservent par habitude un système Windows sur leur machine.

---

1. « Le logiciel en tant que service, ou en anglais le *Software as a Service* (SaaS), est un concept consistant à proposer un abonnement à un logiciel plutôt que l'achat d'une licence. » Source : www.fr.wikipedia.org/wiki/SaaS
2. Brigitte Simonnot, Gabriel Gallezot *et alii*, *L'entonnoir*, CF éditions, 2009, page 142.

L'absence de sauvegarde

De nombreux services en ligne ne proposent pas de système de sauvegarde. Des solutions alternatives existent heureusement :
- importer des données sur son disque dur ;
- copier des données sur un site tiers (exemple : le service de *social bookmarking* Diigo permet de dupliquer ses favoris sur Delicious).

La pérennité des formats

Un jour ou l'autre, toute organisation, mais aussi chaque individu, devra affronter ses choix en matière d'archivage électronique. Certes, la problématique reste compliquée. Différents domaines sont impliqués dans le processus décisionnel : informatique avec le choix des formats et du support (un DVD n'est malheureusement pas éternel !), juridique avec l'archivage légal, etc.

L'archivage légal

« L'archivage légal définit les méthodes et moyens utilisés pour conserver un document électronique ou dématérialisé afin de garantir sa pérennité, sa sécurité, son intégrité et sa non-répudiation. Un document électronique archivé ne peut plus être modifié, remplacé ou supprimé (sans passer par un processus complexe et sécurisé). Il doit pouvoir être retrouvé et restitué à l'identique plusieurs années après sa création. Les termes "archivage à valeur probante" ou "archivage probant" sont aussi utilisés pour définir l'archivage légal. L'archivage légal puise sa légitimité dans le texte de loi paru en mars 2000 définissant le cadre légal de l'archivage de documents dématérialisés. »

Quels supports choisir (CD, DVD, etc.) ?

Pour archiver de manière efficace, il faut naturellement prendre en compte le support. En effet, immédiatement, plusieurs questions surgissent :
- Le support ou le matériel pour le lire existera-t-il dans dix ou vingt ans ?
- Le support en lui-même sera-t-il pérenne ?
- Le support dans l'optique d'un archivage légal offrira-t-il une information non modifiable et donc authentique ?

À ce jour, la loi ne fixe aucune obligation particulière en matière de support pour l'archivage numérique. Toutefois, pour un archivage légal, nous pouvons conseiller les supports suivants :
- le disque optique non réinscriptible (CD-Worm, DON, DVD-Worm…) ;
- les disques magnétiques non réinscriptibles.

Là encore, difficile d'être devin en matière d'évolution technologique, il est essentiel de penser d'ores et déjà à établir un cycle pour changer régulièrement de supports.

Un dossier sur l'archivage légal

Le site Guide informatique a publié un dossier sur les supports utilisables pour l'archivage légal consultable à l'adresse suivante : www.guideinformatique.com/fiche-archivage_legal-448

Quels formats de fichiers choisir ?

Le nombre de formats informatiques explose. Bientôt, si nous n'y prenons pas garde, les différents organismes, voire les individus, n'arriveront plus à communiquer entre eux. Pour harmoniser les pratiques au niveau de l'administration, le gouvernement a mis en place le RGI (référentiel général d'interopérabilité) :

« Le référentiel général d'interopérabilité est induit par l'article 11 de l'ordonnance n° 2005-1516 du 8 décembre 2005 relative aux échanges électroniques entre les usagers et les autorités administratives et entre les autorités administratives.

Le référentiel général d'interopérabilité (RGI) spécifie l'ensemble des règles dont le respect s'impose à tous pour faciliter les échanges et rendre cohérent l'ensemble constitué des systèmes d'information du service public, pour assurer la simplicité d'intégration de nouveaux systèmes et pour faciliter l'évolution du système global ainsi que son utilisation par tous les acteurs.

Un bon niveau d'interopérabilité, porté par le RGI, a pour effet de rationaliser et de pérenniser les investissements du service public.

L'ordonnance téléservices prévoit une durée de trois ans pour une mise en conformité des téléservices [1]. »

Vous pouvez ainsi vous inspirer de ce document pour choisir les formats de vos fichiers.

---

1. www.synergies-publiques.fr/rubrique.php ?id_rubrique=71

L'INTELLIGENCE ÉCONOMIQUE PAR FRANCK TOGNINI

Franck Tognini

Franck Tognini est directeur général de l'association Vigilances (www.vigilances.fr).

Pour Vigilances, faut-il vous protéger ?

Notre métier, c'est la pédagogie pour développer l'intelligence économique dans les organisations. Plus on donne, plus on prospère. Pourquoi ? Parce que, dans les activités intellectuelles, le produit, c'est le support pédagogique. Les données sont offertes, contrefaites, diffusées de manière variable. Le produit ne peut pas être protégé et est régulièrement « volé ». De plus, avec le numérique, il est multipliable à l'infini.

La différence entre l'approche intellectuelle et manufacturière, c'est le savoir-faire. Une prestation intellectuelle, c'est comme une chanson : on n'est pas forcément bon chanteur. Si une personne n'est pas en osmose avec son public, s'il n'a pas notre voix, cela tombe à l'eau. Je suis le premier bénéficiaire de la contrefaçon dont je suis victime !

La nuisance est-elle toujours volontaire ?

Croire que les fuites sont volontaires est erroné. La part des comportements volontairement nuisibles reste limitée. Elles sont souvent engendrées par le désir de vengeance. Mais c'est l'arbre qui cache la forêt. L'essentiel des fuites provient des personnes qui sont inconcientes des fuites qu'elles causent. Par exemple, par le fait de trop parler à un client, ou de donner trop de détails à un prospect. C'est ce professionnel qui travaille au bar de l'hôtel. Cette personne qui travaille dur (comportement positif) va causer des dégâts à l'entreprise par les informations confidentielles qu'elle va donner sans se rendre compte. L'entreprise sera victime de cette motivation.

Les trois risques sont numérique, juridique (incompris par les salariés) et humain (inconscient des dégâts possibles). Or, le PKM se situe entre vie privée et vie publique. Le phénomène le plus inquiétant est le fait qu'on ne contrôle pas même sa sphère personnelle : il est compliqué de faire comprendre nos impératifs à notre environnement. Même si je n'ai pas Facebook, comment éviter que mes enfants aillent sur Facebook et racontent des secrets sur mon travail ?

PARTIE 2

ORGANISEZ VOTRE PROPRE SYSTÈME D'INFORMATION PERSONNEL AVEC LE MODÈLE TIICC

Dans la première partie, nous avons abordé l'approche classique du PKM. Depuis la reconnaissance originelle du PKM, notre société a naturellement évolué. De nouveaux éléments doivent désormais être pris en compte : gérer notre capital social (notamment avec l'avènement des réseaux sociaux en ligne), entretenir notre réputation numérique, etc.

Le PKM suit ce mouvement. Il s'étend peu à peu à la sphère du développement personnel, en recourant à des méthodes complémentaires (la GTD, ainsi que celles de Stephen Covey et de Peter Drucker) et à de nouveaux outils (*mind mapping…*). C'est ce que nous allons détailler dans cette seconde partie, en suivant les repères du modèle TIICC :

- Temps : chapitre 8 « Donner du temps au temps » ;
- Identité numérique : chapitre 9 « Qui es-tu sur le net ? Ou comment mieux gérer son identité numérique » ;
- Information : nous ne reviendrons pas dans cette partie à la gestion de l'information. Elle a largement été développée dans la première partie (pages 9 à 143) ;
- Capital social : chapitre 10 « Le social, c'est capital ! » ;
- Compétences personnelles : chapitre 11 « Développer ses compétences personnelles ».

Le chapitre 12 assemble ces différents points pour parvenir à un système complet et cohérent d'information personnel.

8

DONNER DU TEMPS AU TEMPS

« Le temps est le capital le plus rare, et si on ne sait pas le gérer,
alors on ne sait gérer rien d'autre. »
Peter Drucker

Un agenda qui fait date

Et vous ? Savez-vous gérer votre capital temps ? L'agenda est un outil précieux pour gérer efficacement ses activités. Naturellement, vous disposez d'un agenda et vous vous en servez quotidiennement. Mais l'utilisez-vous à 100 % ?

Ne planifiez pas tout !

L'être humain a une fâcheuse tendance à vouloir combler les vides. Nous agissons de la même façon avec notre agenda. Nous le remplissons avec allégresse jusqu'à occuper 100 % de notre temps. Au final, nous nous retrouvons fort dépourvu pour gérer, en plus, le quotidien, voire les imprévus.

Pour bien gérer son agenda, c'est pourtant simple. Il convient de suivre la règle des 60/20/20. Planifiez seulement 60 % de votre temps. Gardez 20 % pour gérer les tâches quotidiennes et 20 % pour les imprévus. De même, pour vos rendez-vous extérieurs, prévoyez une marge de manœuvre en plus du temps de route.

Apprenez à évaluer correctement le temps nécessaire pour accomplir une tâche. En effet, rien n'est jamais si simple qu'il n'y paraît. La loi de Murphy, ou loi de l'« emmerdement » maximal, est là pour nous le rappeler : nous avons souvent tendance à sous-évaluer le temps nécessaire pour accomplir une tâche, au risque de ne jamais terminer ce que nous avons commencé.

Toutefois, veillez à vous astreindre à des impératifs de temps les plus courts possibles. En effet, dans le cas contraire, vous risquerez de tomber sous le coup d'une autre loi, celle de Parkinson ou loi de la dilatation du travail. Elle affirme que « le travail s'étale de façon à occuper le temps disponible pour son achèvement ». Bref, plus vous disposez de temps pour accomplir une tâche, plus vous en mettrez !

Planifier son temps reste tout de même primordial. En effet, si vous travaillez toujours dans l'urgence, vous ne réussirez jamais à accomplir toutes les tâches que vous vous êtes fixées. Bref, vous devez anticiper au maximum. Mais alors, que faut-il planifier ?

En premier lieu, commencez à remplir votre agenda avec les événements importants.

Remplir son agenda comme on remplit un bocal

L'analogie avec le bocal permet de comprendre pourquoi il faut commencer par le plus important. Supposons que je vous présente un bocal rempli de grosses pierres. Puis, je vous demande : « Puis-je ajouter quelque chose ? » Vous répondrez sûrement que non. Mais je sors un sac de gravier et je le verse dans le bocal. Le gravier glisse entre les grosses pierres. Encore une fois, je pose la question fatidique : « Puis-je ajouter quelque chose ? » Non, répondrez-vous probablement. Cette fois-ci, je sors un sac de sable et je le verse dans le bocal. Une dernière fois, je vous repose la question : « Puis-je ajouter quelque chose ? » Cette fois-ci, vous répondez : de l'eau. Vous avez désormais compris le principe !

Si vous aviez commencé par remplir le bocal dans l'ordre inverse (eau, sable, gravier puis les grosses pierres), vous n'auriez pas réussi, n'est-ce pas ? Avec notre temps, c'est pareil : remplir son agenda en commençant par les tâches importantes permet de ne pas se laisser déborder.

Ensuite, notez les événements qui rythment à la fois votre organisation et vous-même. En effet, selon la loi de Swoboda-Fliess-Teltscher, notre organisation et nous-même sommes régis par des rythmes biologiques : congés, impératifs budgétaires, vacances scolaires. Les indiquer au plus tôt dans son agenda permet d'être en totale symbiose avec vos rythmes de vie. Fixez également des délais pour être sûr de terminer dans les temps ce que vous avez entrepris.

Choisissez votre agenda

Papier, électronique ou informatique ?

L'agenda papier recèle des qualités indéniables :

- son coût modique, et par conséquent, le moindre risque qu'on vous le vole ;
- sa disponibilité : il est tout à fait possible de garder constamment son agenda sur soi. Une version de poche est dès lors appréciable.

Quant aux agendas électroniques, ils offrent des fonctionnalités intéressantes pour vous faciliter la vie :

- les alertes : réservez les alertes pour les événements vraiment importants. Multiplier les alertes entraînerait un déficit d'attention ;

- la périodicité : les événements récurrents peuvent être paramétrés dans votre agenda électronique. Exemple : les anniversaires. Cela permet de planifier sur le long terme.

De nombreux cadres sont désormais passés à l'agenda électronique (PDA, agenda sur téléphone portable). Son utilisation nécessite de maîtriser l'art du stylet pour noter ses rendez-vous, ce qui peut décourager certains néophytes. Il présente l'avantage de pouvoir être synchronisé avec son logiciel de messagerie (Outlook par exemple). Vous évitez, de cette façon, la double saisie d'information.

Les services en ligne offrent une alternative intéressante. L'arrivée de téléphones portables et autres agendas électroniques disposant d'une connexion Internet à un coût raisonnable permet de noter ses rendez-vous directement en ligne.

Quel que soit votre choix, disposez d'un seul et même agenda pour votre vie professionnelle et personnelle. Vous éviterez ainsi les mauvaises surprises.

Restez en ligne

Grâce aux agendas en ligne, vous disposez de votre calendrier n'importe où et n'importe quand, une fois que vous disposez d'une connexion Internet.

Attention toutefois à la confidentialité des informations que vous indiquez dans votre agenda. En effet, avec l'utilisation d'un service en ligne, vos données sont stockées sur un serveur externe. Nul ne sait l'utilisation qui peut en être faite. Indiquer, par exemple, des informations confidentielles relatives aux marchés publics peut ainsi s'avérer dangereux.

Les agendas partagés

Les agendas partagés se rendent de plus en plus indispensables. Pour les particuliers, il s'agit souvent d'agendas en ligne, comme Google Agenda. Les agendas électroniques peuvent également se synchroniser avec un ordinateur et donc se partager ensuite *via* Internet. Quant aux organisations, elles peuvent recourir à leur propre serveur, avec Microsoft Exchange par exemple.

Les agendas partagés disposent de nombreuses fonctionnalités :

- ajouter des droits d'accès : certains de vos contacts pourront simplement consulter votre agenda, tandis que votre secrétaire pourra le modifier ;
- organiser une réunion : le logiciel envoie automatiquement des e-mails d'invitation à la réunion et il gère les présences.

Organisez votre agenda

Voir la vie en rose

La plupart des agendas électroniques disposent d'une fonctionnalité pour donner du relief à vos rendez-vous grâce aux couleurs : rouge pour les rendez-vous importants, gris pour les congés, etc. En un clin d'œil, grâce aux couleurs, vous en savez un peu plus sur la nature de votre rendez-vous.

Mettre en place un code

En complément des couleurs, vous pouvez utiliser votre propre code pour certaines de vos informations. Par exemple, quand la date d'un événement n'est pas encore certaine, vous pouvez ajouter un P devant l'intitulé pour indiquer qu'il est provisoire. Ainsi, en un coup d'œil, vous saurez si l'événement peut être par exemple déplacé.

De la même façon, une astérisque signifiera par exemple que vous avez ajouté un commentaire à un événement : « Ne pas oublier de prendre tel document »… Dans le champ « Notes » de votre agenda, ajoutez les précisions nécessaires.

Afin d'instaurer une harmonie dans l'utilisation de tous vos outils, notez le nom du projet associé à l'événement entre crochets, comme pour le nom de vos fichiers.

Votre agenda doit vivre. Consultez et modifiez-le régulièrement pour le mettre à jour.

Mieux vous organiser avec la méthode GTD

La méthode GTD, une question de principes ?

Dans son livre, David Allen présente les six principes de la méthode GTD :
• vider son esprit ;
• collecter et centraliser toutes vos données ;
• organiser les actions par contexte ;
• penser en terme de « *next action* » (action suivante) ;
• découper en actions élémentaires ;
• réaliser une revue hebdomadaire.

Videz votre esprit

David Allen propose de vider l'esprit de tout ce qui l'encombre : coups de téléphone à passer… La collecte de ces éléments peut se réaliser par l'informatique ou le papier. Dans tous les cas, votre outil devra respecter les éléments suivants :

- Portatif : la collecte se déroule n'importe où n'importe quand, votre outil de collecte devra donc continuellement rester à portée de main.
- Sûr : votre collecte doit rester en sûreté.
- Unique : pour éviter de vous éparpiller, centralisez votre collecte avec un seul outil.

De notre point de vue, nous vous conseillons de séparer les tâches des idées grâce à deux outils différents, par exemple deux carnets de notes différents. En effet, si tel n'est pas le cas, vos idées risquent d'être noyées dans le flot des tâches quotidiennes.

En plus de libérer votre esprit, noter ce qui vous passe par la tête vous permettra de sauvegarder cette idée (sans vous fier uniquement à la mémoire humaine qui reste perfectible…), de vous engager dans l'action et de mettre en œuvre cette idée.

Collectez et centralisez toutes vos données

De plus en plus, notre vie devient parcellaire : nous devons gérer l'ensemble de nos activités personnelles (traiter les factures, conduire les enfants à l'école, résilier notre abonnement téléphonique, etc.) en plus de nos activités professionnelles (gérer notre boîte mail, conduire des entretiens, rédiger des lettres, etc.). Bref, nous gérons souvent une multitude de tâches le plus souvent en simultané : un véritable jonglage intellectuel !

Nous avons donc besoin de nous recentrer. La méthode GTD se propose justement de tout centraliser dans une même boîte de réception et organise un véritable cycle de l'information. Une fois votre boîte de réception vidée, vous ressentirez un bien-être certain !

Organisez les actions par contexte

Qu'est-ce qu'un contexte ? Un contexte décrit où ou comment une action peut être réalisée. Il va servir à étiqueter et à traiter une tâche. David Allen postule en effet qu'une tâche doit être réalisée dans le contexte dans lequel vous êtes.

Exemple : quand vous êtes dans une bibliothèque, vous ne pouvez pas passer d'appels téléphoniques importants (à moins de sortir ou de passer pour l'impoli de service…), mais vous pouvez rédiger une lettre.

Voici des exemples de contextes :

• téléphone ;
• ordinateur ;
• Internet ;
• réunions ;
• maison ;
• mails.

Ainsi, nul besoin de vous soucier d'une tâche si le contexte dans lequel vous êtes ne vous permet pas de la réaliser. Regrouper les actions par contexte permet dès lors d'accroître sa productivité personnelle.

Pensez en termes de next action

Définition de *next action* (action suivante)

« L'action concrète par laquelle on enclenchera le travail sur un sujet dès qu'on s'y (re)mettra : "Si je m'y mettais maintenant, qu'est-ce que je ferais tout de suite ?" (passer tel coup de téléphone, vérifier tel document, rédiger telle note…)[1]. »

Prenons un exemple pour bien comprendre cette notion. Si vous devez porter votre voiture en réparation, la première chose à faire sera de téléphoner au garage. Ce découpage de la tâche doit se faire dans le gestionnaire de tâches, et non dans l'agenda (si possible, indiquez également le nom du garage ainsi que le numéro de téléphone).

Certains détracteurs de la méthode critiquent la méthode GTD sur ce point. Découper les tâches en prochaines actions physiques présente un risque de dilution et une perte de temps à découper le projet en trop de micro-tâches. Nous allons voir que cela présente tout de même des avantages.

Découpez vos projets en actions élémentaires

Naturellement, nous avons la fâcheuse tendance à remettre à plus tard les actions compliquées au vu de l'ampleur des tâches à réaliser. Découper les choses à faire en petits éléments permet de les simplifier et de se rendre compte de sa progression. C'est en fait la technique bien connue des petits pas.

---

1. http://fr.wikipedia.org/wiki/GTD Consulté le 11/09/08.

Réalisez une revue hebdomadaire

Pour être constamment à jour dans vos tâches et vos projets, réalisez une revue hebdomadaire. Si une tâche prend moins de deux minutes à réaliser, faites-la tout de suite !

Faites circuler l'information avec la méthode GTD

Diagramme de flux : méthode GTD (basé sur le livre Getting Things Done *de David Allen)*

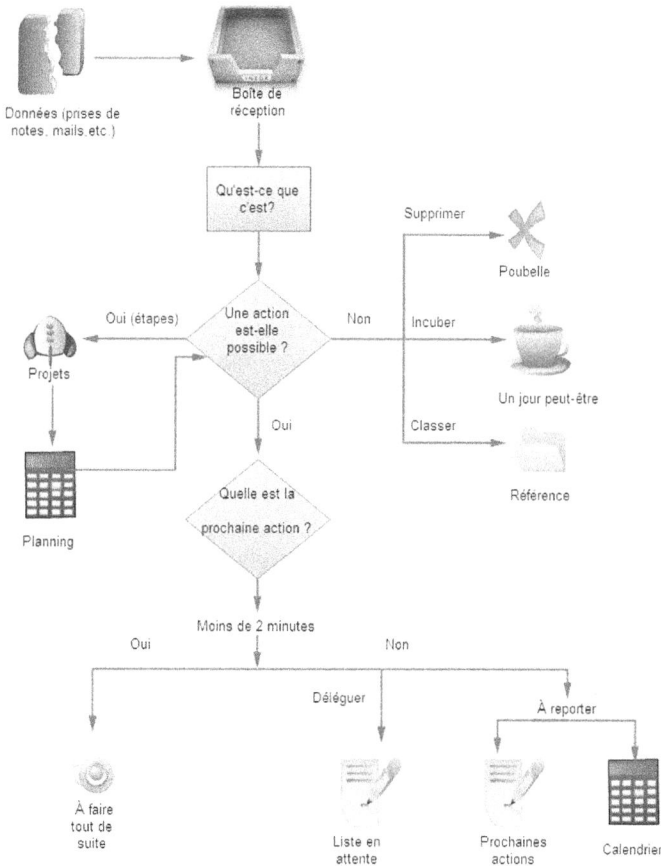

Ce schéma résume l'organisation de la méthode GTD.

Regroupez l'ensemble de vos éléments à traiter dans une boîte de réception (l'*inbox*). Ces éléments peuvent être de nature diverse et variée :

- notes ;
- factures ;
- comptes rendus ;
- mémos ;
- etc.

Une fois collectés, traitez-les un par un. Posez-vous la question : une action est-elle possible ? Si la réponse est non, vous pouvez au choix :

- éliminer l'élément ;
- le classer ;
- le laisser incuber (créez une liste intitulée « Un jour peut-être »).

Si la réponse est oui :

- la tâche me prend moins de 2 minutes, donc je la fais tout de suite ;
- je délègue la tâche ;
- la tâche est pour moi :
  - je la programme en indiquant une date ;
  - je l'ajoute dans ma liste des tâches à faire (asap : *as soon as possible*).
- si la tâche nécessite plus d'une action physique pour la réaliser, je l'ajoute dans mes projets en planifiant les différentes actions.

Équipez-vous pour appliquer la méthode

Première bonne nouvelle : pour appliquer la méthode, nul besoin de se lancer dans l'acquisition d'outils coûteux. Un simple papier et un crayon suffisent. Toutefois, la méthode GTD suscite une véritable mode avec une panoplie d'outils :

- l'*hipster PDA* (des feuilles de bristol maintenues par une pince) ;
- le carnet Moleskine (le retour du fameux carnet de notes d'Ernest d'Hemingway) ;
- les applications pour PDA ;
- etc.

La plupart de ces outils permettent d'obtenir un système GTD portable et sûr.

Marier la méthode **GTD** avec le *mind mapping*

Les cartes GTD vont constituer une partie de votre gestionnaire de tâches. Que ce soit à l'année, au mois, à la semaine ou tout simplement au jour, la carte GTD s'apparente à un véritable GPS. En effet, tout comme un GPS, la carte donne :

• une vision du départ et de l'arrivée. Elle donne du sens au voyage ;
• le tracé du chemin, tout en livrant un aperçu de l'environnement proche ;
• la possibilité de zoomer pour obtenir une vision micro, moyenne et macro.

Le système GTD organisé avec le *mind mapping* se présente sous la forme de cinq cartes :

• portail ;
• année N ;
• mois ;
• semaine ;
• jour.

Les cartes mois, semaine et jour s'organisent en contextes. Elles peuvent se réaliser sous la forme de cartes manuelles. En effet, réaliser des cartes manuelles engage davantage à l'action. De plus, vous conservez constamment sous les yeux les tâches à réaliser. Pour des cartes manuelles, utilisez le recto de votre feuille comme pour une prise de notes classique.

Les cartes années N (exemple : 2010) et portail sont mieux adaptées pour un format informatique. En effet, elles contiennent bien souvent trop d'éléments. Vous pourrez utiliser le système de filtrage des logiciels de *mind mapping*.

Organiser ses cartes par contexte est psychologiquement sécurisant. Chaque matin, il suffit d'accrocher les tâches aux branches correspondantes. Chaque jour, la carte est structurée de manière identique. Pour plus de facilité, vous pouvez créer une carte modèle. La carte par contextes offre un cadre pour répertorier les différentes tâches. La journée commence ainsi sereinement. La structure de la carte permet non seulement de capturer les tâches lors de la réalisation de la carte (souvent le matin), mais aussi tout au long de la journée. Elle favorise également la mémorisation : si vous quittez votre carte des yeux, vous vous souviendrez tout de même des tâches à réaliser.

Parfois, certaines tâches sont imbriquées les unes dans les autres. Certaines doivent être réalisées en premier : indiquez un ordre avec des numéros. Dans ce cas, vous ne pourrez peut-être pas respecter une des règles de la méthode GTD : réaliser l'ensemble des tâches du contexte.

La carte *GTD portail*

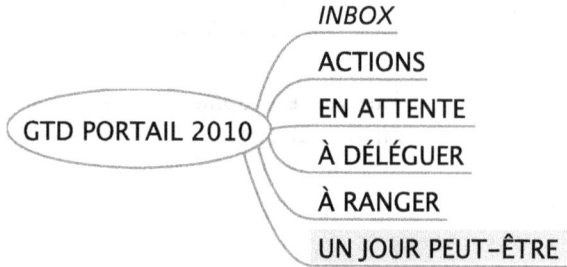

Carte GTD portail

INBOX

ACTIONS

GTD PORTAIL 2010
EN ATTENTE

À DÉLÉGUER

À RANGER

UN JOUR PEUT-ÊTRE

Créez une carte portail GTD par an. Cette carte s'organise autour de plusieurs branches :

- *Inbox* (boîte de réception) : collectez-y toutes les actions ou idées à traiter ;
- Actions : déplacez-y les tâches à réaliser ou les idées de la branche *Inbox* ;
- En attente : cette branche permet notamment d'assurer un suivi de vos tâches, une fois qu'elles ont été traitées et avant de les classer définitivement ;
- À ranger : cette branche contient tous les éléments à classer ;
- À déléguer : cette branche permettra d'assurer le suivi des tâches confiées à d'autres personnes ;
- Un jour peut-être : cette branche contient toutes les idées qui nous trottent dans la tête. Exemple : apprendre le piano…

La carte *GTD année*

Chaque année, créez une carte GTD pour vos projets. Elle s'organise non pas par contextes mais par projets.

Carte GTD année 2010

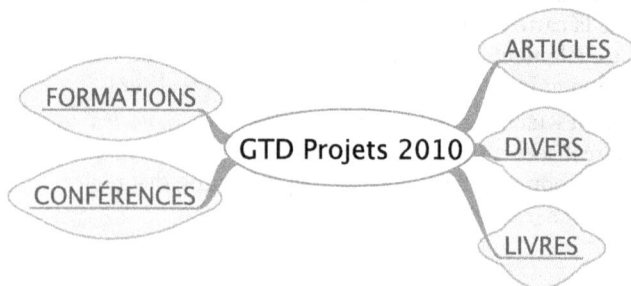

ARTICLES

FORMATIONS

GTD Projets 2010   DIVERS

CONFÉRENCES

LIVRES

La carte GTD mois

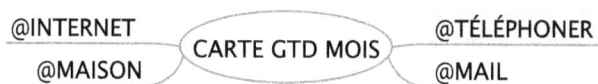

La carte GTD du mois va vous servir à programmer des tâches dans le mois en cours. Elle sert également à suivre certaines tâches en attente (elles dépendent par exemple d'une autre tâche). Vous pouvez également ajouter une branche avec les objectifs du mois.

Carte GTD mois

@INTERNET

@MAISON

CARTE GTD MOIS

@TÉLÉPHONER

@MAIL

La carte GTD semaine

Dans votre carte GTD semaine, notez les tâches à réaliser dans la semaine. La carte GTD va servir également à positionner une tâche en attente. Elle peut dépendre elle-même d'une autre tâche : on peut l'indiquer par un numéro pour donner l'ordre de réalisation ou par une flèche reliant les deux éléments. Vous pouvez également ajouter une branche avec les objectifs de la semaine.

Prenez vos rendez-vous dans votre agenda, puis reportez-les le jour venu dans la carte GTD jour. Il est inutile de les reporter systématiquement dans votre carte GTD semaine.

Pourquoi créer une carte semaine alors qu'il est possible de positionner égale-ment les tâches en prévisionnel dans l'agenda ? Le fait de donner une date engage à l'action. Par ailleurs, certaines tâches ne dépendent pas uniquement de nous. Exemple : aller chercher mes lunettes en commande. Je ne sais pas exactement quand le magasin m'appellera pour venir les chercher. Par ailleurs, marquer chaque tâche par une date est illusoire et surcharge votre agenda en le rendant vite illisible.

La carte GTD jour

Rapidement, la carte GTD jour se transforme en un véritable rituel du matin. Elle permet de bien démarrer la matinée en posant les choses à plat. Chaque matin, vous déchargez ce qui encombre votre esprit sur une feuille.

Faut-il réaliser la carte du jour la veille au soir ? Nous pensons que non. Ainsi, vous ne chargez pas votre esprit avec les tâches à réaliser le lendemain.

Si, dans la journée, vous avez une tâche pour le lendemain, vous pouvez au choix la noter sur la carte du jour avec un pictogramme indiquant « pour demain » ou la positionner sur la carte du lendemain.

Faut-il réaliser des tâches non marquées dans la carte ? Oui, c'est possible, mais notez-les tout de même. Ainsi, vous verrez l'ensemble des tâches accomplies dans la journée. Vous pouvez indiquer par un pictogramme que cette tâche n'était pas prévue : cela permet de quantifier les tâches non prévues et de mettre en évidence que votre organisation doit encore s'améliorer.

Au fur et à mesure que vous réalisez les tâches, barrez-les. En fin de journée, observez les tâches qui restent à faire. Reportez-les sur la carte du lendemain ou dans une autre carte semaine ou mois si elles sont en attente.

Naturellement, tout noter sur une seule carte devient parfois impossible, notamment si vous utilisez une carte manuelle (qu'il s'agisse de la carte jour ou des autres). Vous pouvez dès lors créer des sous-cartes pour développer des points spécifiques.

S'il manque de la place sur la carte jour, vous pouvez toujours développer une branche dans une sous-carte. Exemple : rendez-vous chez le médecin, avec les questions à poser. Cette sous-carte ne sera pas forcément organisée par contextes. Pour un rendez-vous, vous pouvez par exemple créer une carte QQOQCCP (Qui ? Quoi ? Où ? Quand ? Combien ? Comment ? Pouquoi ?).

Sommes-nous multitâches ?

Comme l'indique Daniel Tammet dans son livre *Embrasser le ciel immense, le cerveau des génies*, « l'un des effets les plus communs de cet excès d'informations est la distraction. Une attitude coûteuse en temps et en efficacité pour l'individu comme pour l'entreprise. Le chercheur Éric Horviz et son collègue Shamsi Iqbal ont réalisé une étude pour évaluer les conséquences de multiples sollicitations (e-mails, surf sur Internet, *chats*) sur la capacité des individus à exécuter les tâches qui leur incombent (écriture d'un rapport, conception de programmes informatiques). Les chercheurs ont découvert que répondre à des messages instantanés ralentissait notablement le travail : en moyenne, chaque personne a besoin d'environ quinze minutes par interruption pour se remettre à l'ouvrage. La distraction initiale (l'apparition d'un message virtuel) fait souvent boule de neige, et on est tenté de répondre à d'autres messages, de parcourir un site Internet et ainsi de suite[1] ».

---

1. Daniel Tammet, *Embrasser le ciel immense, le cerveau des génies*, page 257.

Sur son blog Théorie des tendances[1], Pierre Fraser présente, quant à lui, une étude du professeur Clifford Nass et son équipe du département de psychologie de l'université de Stanford sur le *multitasking*. Les conclusions sont édifiantes :
- les multitâches développent des problèmes cognitifs : déficit d'attention, mémoire ;
- les monotâches sont plus performants que les multitâches.

En fait, l'être humain n'est pas réellement multitâche, le cerveau ne sait traiter qu'une seule chose à la fois. Le multitâche représente plutôt une succession de tâches. L'article complet est disponible à l'adresse suivante : http://theoriedestendances.com/2010/01/28/etes-vous-multitache-si-oui- attention

Notre cerveau et le multitâche[2]

La structure de notre cerveau explique pourquoi nous avons des difficultés à réaliser des tâches simultanément. En effet, quand nous réalisons deux tâches, notre cerveau divise littéralement le travail en deux. Chaque hémisphère s'occupe d'une tâche. Ainsi, à partir de trois tâches, nous surchargeons nos hémisphères cérébraux.

---

1. http://theoriedestendances.com
2. Graciela Flores, « Trying to do too much » in *Scientific American Mind*, septembre-octobre 2010, page 9.

9

QUI ES-TU SUR LE NET ?
OU COMMENT MIEUX GÉRER SON IDENTITÉ NUMÉRIQUE

« Aujourd'hui, pour avoir véritablement un plus, ce n'est même pas d'avoir
une fiche, un profil dans un réseau social, parce que ça, c'est vous qui vous le créez ;
c'est d'avoir sa fiche dans Wikipedia, c'est d'avoir une page qui parle de vous,
qui a été faite sur vous dans Wikipedia : ça, véritablement, aujourd'hui,
c'est le Saint Graal de l'identité numérique. »
Alain Lefebvre dans l'émission « Rue des Entrepreneurs »
sur France Inter, 16 décembre 2006

Prenez conscience de votre identité et de votre réputation numérique

Vous naviguez sur le web, même de manière épisodique ? Alors sachez que vous disposez sans doute déjà d'une identité numérique. Elle influe d'ailleurs directement sur votre réputation numérique. En effet, vous avez sur le web une « vie numérique » qui peut soit être le reflet immédiat de votre vie réelle (IRL : *In Real Life*), soit en être distincte. Mais le plus souvent, vous cumulez les deux.

Vous disposez donc d'une présence multiple et fractionnée, mais ce n'est pas tout… À cette présence voulue, explicite (ouverture d'un compte sur un service, identification volontaire par login et mot de passe) s'en ajoute une seconde, implicite. Elle est composée des traces de navigation que vous laissez derrière vous en permanence. De quoi s'agit-il ?

Vous êtes-vous déjà demandé comment le site Amazon pouvait vous faire des propositions de produits toujours plus fines ? Ce service utilise tout simplement vos choix antérieurs ainsi que ceux de millions d'autres utilisateurs pour les traiter grâce à des algorithmes dits de « filtrage collaboratif ». Ceux-ci sont en mesure de déduire que, « si, comme XX % de nos clients, vous avez aimé tel produit, alors vous aimerez aussi tel autre ». En fait, plus le service dispose de données statistiques sur ses clients, plus il sera en mesure d'affiner ses propositions.

Exemples d'activités sur le web

Reflet de votre activité IRL	Activités plus spécifiquement numériques
– Intervention dans le forum de discussion d'une association dont vous êtes membre. – Discussion dans le groupe Facebook de votre club de sport. – Partage de photos de vacances avec un groupe d'amis sur Flickr. – Inscription à un service permettant de retrouver des amis de type Copains d'avant…	– Publication de contenu (blogs, micro-blogs, podcasts, questions-réponses, journalisme citoyen…). – Partage de contenu (Flickr, YouTube, Librarything, Delicious…). – Publication d'avis (TripAdvisor, Wikio, Ciao…). – Achat en ligne. – CV et e-portfolio en ligne. – Site de rencontre. – Jeu en réseaux et univers persistant. – Offre de prestations professionnelles (Freelance.com, Odesk)…

Nombre de services web 2.0 sont donc de gigantesques machines à enregistrer des données de navigation (ce qu'on appelle des *logs*). Ce « web implicite » prend une place grandissante dans nos manières de créer et de consommer du contenu. Alex Iskold, l'« inventeur » de ce terme, explique : « Le web implicite existe grâce aux clics. Quand nous cliquons sur quelque chose, nous votons. Quand nous passons du temps sur une page, nous votons. Et quand nous copions et collons, nous votons un peu plus. Nos gestes et nos actions révèlent nos intentions et nos réactions. »

Chaque élément auquel nous prêtons attention sur le net prend donc de la valeur de ce simple fait. Si un « mécanisme » est mis en œuvre sur un service pour matérialiser et rendre public ce sur quoi se fixe notre attention (clic sur tel lien, temps de visite supérieur à la moyenne sur telle page…), alors le résultat devient partie intégrante de notre identité numérique.

Identité numérique et réputation numérique

Avant d'aller plus loin, précisons ce que nous entendons par les termes d'identité numérique et de réputation numérique. Lionel Maurel[1] définit la première comme celle qu'un individu s'attribue à lui-même sur les réseaux *via* :

---

1. « Droit de l'Internet et de l'information » sur www.slideshare.net/calimaq/droit-de-lInternet-et-de-linformation-complet

- des éléments d'authentification : ID, adresse IP, e-mail, mot de passe, nom, prénom, pseudonyme (pseudo) ;
- des données : personnelles, administratives, bancaires, professionnelles, sociales ;
- des signes de reconnaissance : photo, avatar, logo, image, graphisme ;
- des « traces numériques » : tags, liens publiés, publications diverses et disséminées.

Ceci ne suffit toutefois pas à cerner totalement le concept d'identité numérique. Les auteurs du site Projet Doppelganger lui attribuent en effet cinq caractéristiques qui la distinguent de l'identité usuelle[1]. Elle est :

- « polymorphe : un homonyme peut s'être inscrit avant vous au service x ou y. Vous devrez donc multiplier vos identifiants ainsi que vos pseudo ;
- fragmentée : vos contributions sont dispersées sur de nombreux sites et services ;
- faible : il n'existe pas de moyen simple d'être absolument sûr de l'identité d'une personne sur le net ;
- durable : les traces numériques que vous laissez échappent vite à votre contrôle et participent à la persistance de votre présence sur le web ;
- accessible : les moteurs de recherche permettent de centraliser les traces que vous laissez. »

Comme on le voit, la problématique de l'identité numérique est large et ses impacts potentiellement nombreux. Les deux derniers points restent particulièrement importants : ils nous amènent à la question de la réputation numérique (l'autre face de l'identité numérique). En effet, comme l'explique Olivier Zara, si l'identité numérique représente « ce que je communique au monde » (volontairement mais pas seulement), la réputation numérique est « ce que le monde communique sur moi ».

L'identité est, comme nous l'avons vu, en grande partie déclarative. La réputation est en revanche liée à une évaluation par des tiers, évaluation forcément subjective. En effet, elle ne repose pas sur des faits ou des données quantifiables. Mais sur ce que l'on perçoit de vous en parcourant les traces que vous avez laissées sur le net (et que les moteurs se chargent d'agréger). Voici quelques exemples d'éléments que vous êtes susceptibles de générer et qui viennent alimenter votre réputation numérique.

- Ce que vous dites de vous explicitement dans :
  - votre CV en ligne ;
  - votre e-portfolio.

1. www.doppelganger.name/2009/04/quatre-caracteristiques-de-lidentite.html

- Ce que vous dites de vous implicitement par :
  - les *logs* de vos passages dans certains services qui les agrègent et les diffusent (par exemple votre historique de navigation : Hooeey, Cluztr[1]) ;
  - l'enregistrement et la compilation de vos actions sur les réseaux sociaux (voir notamment le service Plaxo) ;
  - les adresses IP et Mac laissées par votre PC sur les serveurs des sites auxquels vous accédez.
- Ce que vous exprimez sur :
  - votre blog ;
  - les blogs ou sites des autres (commentaires) ;
  - votre compte Twitter ;
  - votre compte Facebook ;
  - des sites d'avis de consommateurs ;
  - des sites de journalisme citoyen…
- Ce que vous faites en ligne :
  - les votes pour vos articles favoris (exemple : Wikio) ;
  - les pages que vous enregistrez comme favoris publics sur Delicious, Diigo, etc. ;
  - votre liste d'ouvrages favoris sur Amazon…
- Les membres de vos réseaux et communautés. Leur réputation a un impact difficile à quantifier sur la vôtre, mais elle est réelle. Exemple : si vous avez de nombreux trolls[2] connus dans vos amis Facebook, on pourra penser que vous en êtes un aussi, ou encore que vous cherchez simplement à avoir le plus d'« amis » possible sans vous intéresser à leur qualité.
- Ce que vous écoutez ou donnez à écouter (*via* par exemple Blip.fm).
- Ce que vous lisez ou donnez à voir de vos lectures (avec un service comme Librarything[3] par exemple).

Tout cela forme un ensemble de données auquel d'autres internautes auront accès. Tout naturellement (et sans même qu'ils en soient conscients), ils vont alors se former une image de vous en interprétant ce matériau *via* leur propre grille de lecture du monde. C'est de cette conjonction que va naître votre réputation numérique. Il faut donc être conscient que vous ne pourrez jamais totalement la contrôler, pour la bonne et simple raison que vous ne pouvez interdire aux autres d'avoir une opinion sur ce que vous donnez à voir de vous-même…

---

1. www.hooeey.com, www.cluztr.com
2. Désigne un sujet qui fâche lancé volontairement sur un espace de discussion en ligne et, par extension, l'individu qui le lance. Source : http://uzine.net/article1032.html
3. www.librarything.com

Les risques liés à l'identité numérique

Le 7 janvier 2009, Raphaël Meltz, journaliste au *Tigre*[1], montre ce qu'il est possible de savoir sur quelqu'un grâce à Internet. Il dresse le portrait d'un internaute à partir des traces qu'il a laissées, volontairement ou non. Il nous apprend ainsi qu'un certain Marc L. est assistant au service d'architecture d'intérieur LBA dans la région de Bordeaux et qu'il a une relation avec Claudia R*** après être resté au moins deux ans avec une certaine Jennifer. Cet article a fait pas mal de bruit au moment de sa sortie car il montre que le net peut être une formidable source d'informations sur les personnes, source par ailleurs gratuite et de grande valeur puisqu'en grande partie alimentée directement par les intéressés.

Les menaces à prendre en compte ici portent essentiellement sur l'utilisation qui peut être faite par d'autres des données que nous laissons à disposition de tous, consciemment ou non. Elles peuvent être utilisées pour :

• vous surveiller sans que vous en soyez conscient ;
• vous « profiler », c'est-à-dire dresser de vous un portrait, à l'instar de ce qu'a fait le journaliste du *Tigre*. Cela peut notamment être utilisé dans le cadre d'actions d'intelligence économique, dans le but de mieux connaître telle ou telle personne travaillant chez un concurrent ;
• usurper votre identité dans le but de vous nuire ou, au contraire, d'utiliser votre notoriété ;
• utiliser les données récoltées sur vous dans le cadre d'actions d'ingénierie sociale (voir lexique).

Dans un futur proche, des programmes seront susceptibles d'utiliser les informations publiées en ligne par un internaute (sur Flickr, Twitter, Facebook...) pour reconstituer par recoupements son identité et l'identifier sur l'ensemble des réseaux sur lesquels il se connecte, même de manière anonyme. Des chercheurs de l'université d'Austin au Texas ont déjà commencé à mettre en œuvre cette solution grâce à un algorithme de ré-identification baptisé Sybil[2].

L'identité numérique, on le comprend, a beaucoup à voir avec l'identification, c'est-à-dire avec la capacité à dire qui l'on est. Concrètement, cela se traduit par les systèmes d'identification *via* identifiant et mot de passe que nous connaissons bien. Depuis quelque temps déjà, la plupart des grands acteurs du net vous permettent de créer un identifiant unique que vous pourrez utiliser

---

1. www.le-tigre.net/Marc-L.html
2. En utilisant uniquement les données publiées dans Twitter et Flickr, ils ont déjà pu identifier 12 % des internautes étudiés. Source : www.atelier.fr/securite/10/23032009/reseaux-sociaux-reseau-social-anonymat-vie-privee-donnees--38010-.html

sur de nombreux services (Google Friend Connect, Facebook Connect, MyBlogLog de Yahoo!). On peut toutefois être réticent à utiliser ces solutions. En effet, les sociétés qui les proposent les utilisent pour :

- suivre votre activité sur les pages que vous visitez ;
- en tirer de vous un profil qui leur permettra par exemple de mieux cibler les publicités qu'elles vous diffuseront.

Pour éviter ce problème, vous pouvez opter pour un système décentralisé comme OpenID. C'est un standard ouvert proposé par l'OpenID Foundation, un service numérique qui vous permet de :

- ne plus avoir à stocker les dizaines de noms d'utilisateurs et de mots de passe des services auxquels vous vous abonnez en vous procurant un identifiant unique, qui doit être évidemment encore mieux protégé que les identifiants classiques ;
- ne pas retaper vos coordonnées lorsque vous voulez vous inscrire à un nouveau service. Votre OpenID lui fournit automatiquement les informations dont il a besoin pour créer votre compte (nom, adresse…) et vous évite ainsi une nouvelle saisie ;
- vous authentifier par un certificat sécurisé lorsque c'est nécessaire (fonctionne avec MyOpenID) ;
- gérer plusieurs identités (ou *persona*) : privée, professionnelle, jeux en ligne… (fonctionne avec MyOpenID).

La limite de l'OpenID ? Bien que le mouvement prenne de l'ampleur, de nombreux sites n'acceptent pas encore ce mode d'identification. Par ailleurs, les services d'identification propriétaires comme Google Friend Connect ou Facebook Connect sont des concurrents de taille…

Les conséquences de la réputation numérique

Disposer d'une réputation numérique (ou e-réputation) dès lors que l'on est présent sur le net (et plus particulièrement sur les réseaux sociaux) entraîne des conséquences dont il faut être conscient. Car, si l'on n'échappe pas à sa réputation numérique, celle-ci nous échappe forcément…

Le problème vient de ce que vous dites ou faites sur le web. Il ne s'agit pas ici de parler d'autocensure mais tout simplement de bon sens. En effet, à moins que votre seule activité soit de jouer en ligne avec un avatar anonyme, votre vie numérique n'est pas seulement virtuelle. Le virtuel *est* le réel ! Autrement dit, toutes vos actions numériques sont susceptibles d'impacter votre vie quotidienne IRL. Ainsi, de nombreux lycéens et étudiants ont tendance à l'oublier alors que leur entrée sur le marché du travail approche…

Vie privée sur Internet (article du journal Le Post)*

Lors d'un entretien d'embauche, on lui montre une photo... de ses fesses

13/01/2009 à 10h47 - mis à jour le 15/01/2009 à 20h01 | 3070 vues | 181 reactions

👍 Recommander   ⬛ 24 personnes recommandent ça.

L'employeur n'a pas cherche bien loin. Il a trouve la photo sur internet.   Vous aussi

* www.lepost.fr/article/2009/01/18/1391383_lors-d-un-entretien-d-embauche-on-lui-montre-une-photo-de-ses-fesses.html

L'enjeu individuel majeur est en effet celui de l'employabilité, qu'il s'agisse de trouver son premier emploi ou d'en trouver un nouveau lorsqu'on est au chômage. Le Blog du modérateur, spécialisé dans la recherche d'emploi, a mené une enquête au printemps 2010[1]. Effectuée sur une population de cent cinquante-sept recruteurs français, celle-ci a révélé que 47 % d'entre eux utilisent les réseaux sociaux pour repérer des candidats. Par ailleurs, ils sont 80 % à connaître Twitter et LinkedIn et 97 % à connaître Facebook et Viadeo, ce qui est énorme si on compare ces chiffres à la population moyenne. Côté candidats (2 208 personnes ont été interrogées), 54 % vérifient les traces qu'ils laissent sur Google régulièrement et 8 % disent savoir qu'un poste leur a été refusé suite à de mauvais résultats en ligne.

Jacques Froissant, spécialiste du recrutement en ligne et des réseaux sociaux relativise toutefois certains dérapages et explique : « Les fêtes étudiantes et les troisièmes mi-temps de rugby, ce n'est pas grave, on sait ce que c'est. Un engagement politique, s'il est modéré, n'est pas non plus choquant. » L'ouverture a toutefois selon lui ses limites : « Un passé de syndicaliste, ça arrête pas mal d'entreprises », confie-t-il.

C'est ce qu'a expérimenté Roland Van Assche, un informaticien du secteur privé qui n'arrivait pas à retrouver du travail. En 2008, il raconte ses déconvenues dans un billet intitulé « Lionel Jospin m'a tué[2] ». Après plusieurs entretiens d'embauche, une recruteuse finit en effet par lui révéler la cause de ses échecs : en 2006, en tant que militant du PS, il avait posé une question à Lionel Jospin sur son blog. Ce dernier lui avait répondu. Depuis, le blog de l'homme politique est inactif. Mais lorsqu'on tape le nom de l'informaticien

---

1. http://moderateur.blog.regionsjob.com
2. www.intox2007.info/index.php?post/2008/08/19/Lionel-Jospin-m-a-tue

dans Google, le premier résultat le concernant est cette réponse. D'après la recruteuse, cet engagement trop visible est le cœur du problème.

La redocumentarisation constitue un autre risque majeur encouru par votre réputation numérique. Avec Internet, nous, humains, sommes de plus en plus susceptibles d'être envisagés comme des documents. En effet, notre identité numérique est constituée des éléments évolutifs de tous types déjà évoqués plus haut. Ces éléments peuvent être classés, indexés, recherchés, comme n'importe quel autre document. La redocumentarisation intervient lorsque des tiers ont la possibilité d'ajouter des données à celles déjà existantes, c'est-à-dire de créer du contenu vous concernant, indexable par les moteurs de recherche. Il pourra éventuellement se substituer à la « version officielle » de l'identité numérique que vous souhaitez donner.

Dans une optique positive, cela est par exemple le cas avec les blogs consacrés à des stars de cinéma, des sportifs, etc. Mais il peut également y avoir une volonté de nuire, comme lorsque les comptes Twitter d'hommes politiques se voient détournés *via* l'utilisation des *hashtags*. La nuisance peut enfin être involontaire. C'est le cas par exemple avec Facebook où il est possible à n'importe quel utilisateur d'indiquer qui est présent sur une photo mise en ligne par un autre membre. Le problème ? Vous pouvez apparaître sur une photo publiée sur ce service sans le vouloir, sans même en avoir été informé et surtout, ne pas avoir la possibilité de supprimer la photo ou la mention vous concernant. Un tiers recherchant des photos sur lesquelles vous apparaissez les trouvera alors avec une simple interrogation dans le moteur de Facebook. Quiproquos assurés !

Vivons heureux, vivons cachés ?

La solution pourrait être simple : n'apparaître nulle part sur Internet, ne pas s'exprimer sur les forums, ne jamais donner un avis sur un produit ou un service, ne pas mettre son CV en ligne, etc. Mais est-ce vraiment envisageable ? À une époque où les recruteurs recherchent en permanence de futurs candidats potentiels sur le net et les réseaux sociaux, n'est-il pas risqué de vouloir se rendre invisible[1] ?

Un recruteur ne trouvant aucune information sur vous pourrait en effet l'interpréter de manière négative, s'il considère par exemple que vous ne disposez pas d'expériences professionnelles convaincantes sur lesquelles communiquer ou que vous n'êtes pas transparent sur votre parcours. Il pourrait aussi penser que vous n'avez rien à dire, pas d'opinion, pas de caractère en somme, car sur

---

1. Voir l'article « Recrutement » sur le blog Outils Froids.

le net plus qu'ailleurs, vous êtes ce que vous donnez à voir… Il pourrait même envisager que votre crainte de vous exposer révèle chez vous une aversion pour le risque, défaut peu prisé lorsqu'un poste de manager est en jeu. *Last but not least*, il pourrait croire que vous êtes technophobe, et là encore, ce ne serait sans doute pas un bon point pour vous…

Par ailleurs, le fait de ne pas occuper la place qui est la vôtre sur le web est également risqué, puisqu'une éventuelle redocumentarisation vous guette : on parle de vous ici et là mais vous ne le savez pas.

On le comprend bien, à moins d'être à la retraite (et encore) ou de n'avoir aucune ambition professionnelle ou sociale, envisager une non-présence sur le net reste difficile. Inévitablement, vous allez devoir créer et entretenir votre identité numérique, mais aussi éviter de subir une réputation numérique médiocre.

Cartographiez et surveillez votre présence sur Internet

La nécessité première de contrôler son identité numérique et maîtriser sa réputation numérique (même *a minima*) passe donc forcément et en premier lieu par la surveillance de ce qui se dit de vous sur le net. De fait, plus vous attendez et plus les traces s'accumulent. Commencez donc aujourd'hui !

La première étape consistera à effectuer un recensement des « lieux » de votre présence web. C'est ici que la méthodologie reprend le dessus.

Première étape : choisissez les mots-clés que vous souhaitez surveiller

À l'instar de toute démarche de veille, la première étape consiste à déterminer les mots-clés à mettre sous surveillance. Cette démarche est toutefois simplifiée car il s'agit de termes clairs et déjà identifiés : pas de synonymes à gérer ici, mais des homonymes inévitables. D'autant plus nombreux que vous portez un nom courant. Si l'on s'appelle Stéphane Dubois, on pourra par exemple mener sa veille sur les termes suivants :

• nom : « Stéphane Dubois » ;
• nom inversé : « Dubois Stéphane » ;
• nom + terme discriminant (référence au métier, à la localisation, etc.) : « Stéphane Dubois » Blois ;
• pseudo (s'ils sont connus de tous) : steph41, stephdub…

Deuxième étape : dressez une liste exhaustive des sites et services à mettre sous surveillance

- Les forums et les listes de discussion traditionnelles : moins centraux qu'il y a quelques années car concurrencés par les sites à contenu social, ils sont toujours très actifs et donc indispensables à surveiller si vous vous exprimez sur le web, notamment *via* un blog, et que vous avez des chances d'être cité.
- Les blogs et leurs commentaires : ils sont devenus d'incontournables relais d'information et peuvent vite se transformer en caisses de résonance.
- Les réseaux sociaux professionnels : les services de types LinkedIn ou Viadeo. Ils permettent initialement de générer des contacts professionnels, disposent de leurs propres forums de discussion qu'il sera nécessaire de surveiller au même titre que les forums de Yahoo! Groups.
- Les réseaux sociaux amicaux : Facebook, Friendster, Bebo, etc. Soyez spécialement vigilants sur l'ajout de votre nom à des photos sur Facebook. Pour être alerté lorsque vous êtes marqué sur une photo, vous devez activer la notification dans votre profil (elle l'est normalement par défaut) : Paramètres/Compte/Notification/Photos
- Les services de micro-blogging : Twitter en premier lieu. Il est susceptible de devenir une véritable caisse de résonance. L'information y circule à très grande vitesse grâce aux micro-blogs. C'est souvent là que naît le buzz, qu'il soit positif ou négatif.

Troisième étape : précisez les requêtes à lancer et les moteurs à interroger par types de sources

Déclinons maintenant cette typologie sous forme de moteurs spécialisés à interroger dont nous suivrons les résultats *via* les fils RSS qu'ils proposent (voir chapitre 2 « Automatisez votre collecte grâce aux flux RSS »). Pour continuer avec notre exemple, les requêtes surveillées dans chaque type de sources seront les suivantes :

- « stéphane dubois » ;
- « dubois stéphane » ;
- « steph41 ».

Pour chacun des moteurs interrogés, pensez à trier les résultats par dates avant de récupérer les fils RSS. Cela permet de toujours faire apparaître en premier les informations les plus récentes, ce qui est évidemment indispensable dans une démarche de veille. Nous avons privilégié ici des moteurs et métamoteurs spécifiques (par types de sources) plutôt que des outils brassant très larges et

Type de sources	Moteurs ou métamoteurs utilisés	Commentaires
Blogs	Google Blogs : http://blogsearch.google.com	
	Technorati : http://technorati.com	Choisir « Any authority » dans les options de filtrage.
	Blogpulse : www.blogpulse.com	
Commentaires de blogs	Backtype : www.backtype.com	Backtype ne propose pas de flux RSS. Il est donc nécessaire d'en créer artificiellement. Dapper est un excellent service pour cela : www.dapper.net/open
Vidéo et audio	Google Video : http://video.google.com	Utiliser l'interface de recherche avancée.
	Blinkx : www.blinkx.com	Blinkx a l'avantage d'indexer le contenu audio des fichiers et de permettre ainsi une recherche plein texte.
	Truveo : www.truveo.com	Métamoteur disposant d'un large choix de sources et diffusant ses résultats sous forme de flux.
	Social Mention : www.socialmention.com	Utiliser l'interface de recherche avancée.
Forums et listes de discussion	Yahoo! Groups : http://fr.groups.yahoo.com/	Ne permet pas une recherche dans le contenu des messages. Il faut alors utiliser la requête suivante dans Google Alerts : site : fr.groups.yahoo.com « stéphane dubois » Dans « Type » choisir « Web » et dans « Mode d'envoi » choisir « Flux »
	Google groups : http ://groups.google.com	Passer par Google Alerts : dans « Type » choisir « Discussions » et dans « Mode d'envoi » choisir « Flux » pour générer du Rss.
Micro-blogging	Twitter Search : http://search.twitter.com/	Permet d'interroger en plein texte les billets parus sur Twitter.
	Friendfeed	Agrégateur de services de micro-blogging ou réseaux sociaux.
Web « classique »	Google Alerts : www.google.com/alerts	Dans « Type » choisir « Web » et dans « Mode d'envoi » choisir « Flux » pour générer du RSS.
Réseaux sociaux « amicaux »	Utilisation de Samepoint en choisissant d'interroger « Networks » : www.samepoint.com/social-networks.php	Samepoint permet d'interroger un bouquet de ces services déjà constitué (dont Facebook et Ning).
Réseaux sociaux professionnels	Viadeo : www.viadeo.com LinkedIn : www.linkedin.com Plaxo : www.plaxo.com	Les moteurs intégrés à ces sites donnent des résultats assez médiocres mais doivent toutefois être exploités.

se présentant comme des agrégateurs d'information pour l'e-réputation. Nous avons toutefois conservé les deux meilleurs d'entre eux, Social Mention (www.socialmention.com) et Samepoint (www.samepoint.com).

Quatrième étape : surveillez les flux RSS générés *via* Netvibes

Pour surveiller les fils RSS générés par les moteurs ci-dessus, utilisez un agrégateur. Google Reader conviendra évidemment. Mais vous pouvez aussi opter pour une solution comme Netvibes[1]. Grâce à son mode d'affichage type tableau de bord, il vous permettra d'obtenir une vision synthétique de ce qui se dit de vous.

Soignez votre réputation numérique

Nous l'avons suffisamment répété, la réputation numérique ne peut être contrôlée. Cependant, on peut l'orienter *via* deux types d'actions pour mieux la cerner : la première relève de la stratégie de communication alors que la seconde est à visée corrective.

Déterminez vos objectifs et choisissez vos supports de présence web

Aujourd'hui, les solutions qui s'offrent à nous pour être présent sur le web, pour communiquer et orienter au mieux notre réputation numérique, sont nombreuses. De fait, la question n'est pas tant de savoir comment communiquer que de savoir pourquoi et de choisir les supports de communication adaptés.

De même que les publicitaires mettent en place des plans médias pour les produits et services qu'ils promeuvent, vous allez devoir choisir les supports sur lesquels vous souhaitez communiquer en fonction de vos objectifs.

La question de la temporalité est cruciale et se pose ainsi : est-ce que je veux être visible rapidement (par exemple pour trouver un job) ou est-ce que je veux être reconnu pour mon expertise et m'assurer ainsi une reconnaissance à long terme ? Dans le premier cas, on privilégiera des supports permettant de

---

1. www.netvibes.com

Support de présence	Permet de...
Services de CV en ligne	– Déposer et mettre à jour un CV dans un objectif de recrutement. – Afficher ses compétences.
Blogs personnels	– S'exprimer sous forme de billets et donner ainsi la mesure de ses domaines d'expertise. – Faire du réseautage en ligne en entretenant une discussion avec ses lecteurs mais aussi en renvoyant vers des blogs « amis » (*blogroll* – liste de blogs amis –, liste de favoris).
Services de micro-blogging	– Se créer un réseau de personnes s'intéressant aux mêmes thématiques que vous. – Partager votre veille quotidienne avec elles. – Maintenir une relation potentiellement permanente avec elles.
Réseaux sociaux professionnels	– Déposer et entretenir un CV. – Se faire recommander par d'anciens collègues, employeurs, clients… – Se mettre en relation avec d'autres professionnels.
Réseaux sociaux « amicaux »	– Déposer et entretenir un CV. – Se mettre en relation avec d'autres professionnels de manière moins formelle.

mettre en avant ce que l'on veut donner à voir de soi-même (originalité, dynamisme, etc.). Dans le second cas, on préférera des supports permettant de valoriser ses compétences (voir tableau page 174). Ce qu'il faut comprendre avant tout, c'est que la première approche a plutôt pour objectif de générer de la popularité et la seconde de la confiance. Bien sûr, on pourra, et même devra, combiner les deux pour adresser nos objectifs à court, moyen et long termes.

Nettoyez et orientez

Le dispositif de veille que vous venez de mettre en place va vous permettre de surveiller ce qui se dit de vous sur Internet. Vous devrez ensuite mettre en place des actions à visée corrective pour reprendre le contrôle. Elles peuvent être de différents types.

• Dans la mesure où vous avez la main sur un contenu qui vous déplaît, réécrivez-le ou supprimez-le.
• Répondez aux éventuelles attaques vous concernant sur les forums de discussion ou dans les commentaires de blogs.

Support de présence	Personnalité projetée	Valorisation des compétences	Avantages	Inconvénients
Services de CV en ligne	*	*	Nécessite peu d'entretien.	Ne permet pas de se démarquer réellement des autres candidats.
Blogs personnels	**	***	Permet de promouvoir ses compétences à long terme.	Demande un gros investissement en temps.
Services de micro-blogging	***	*	Permet d'étendre son réseau et de maintenir le contact.	Compétences rendues visibles uniquement dans la qualité des liens et des réponses que l'on fournit.
Réseaux sociaux professionnels	**	**	Proposent des forums de discussion par thèmes professionnels et des mécanismes de confiance.	Demandent du temps pour l'entretien de son réseau.
Réseaux sociaux « amicaux »	***	*	Permettent d'entretenir des relations de manière moins formelle.	Peuvent brouiller le message entre privé et professionnel.

- Demandez l'aide des webmasters pour supprimer un commentaire inopportun que vous auriez laissé ou qui vous concerne sur leurs sites ou forums de discussion.
- Faites jouer votre droit à la suppression de pages sur certains moteurs de recherche (exemple : https://www.google.com/webmasters/tools/removals?hl=fr&pli=1).
- Reprenez le contrôle : s'il n'est pas trop tard, déposez le nom de domaine correspondant à votre nom (exemple : www.stephane-dubois.net). Cela vous évitera des homonymies gênantes et vous donnera une bonne base de départ pour lancer des actions de *personal branding* (voir l'interview ci-dessous). Vous pouvez également déposer votre nom de domaine avec l'extension .tel qui, même si elle est encore peu répandue, a été créée à cet effet[1].
- Abonnez-vous à un service comme Reputation Defender (www.reputationdefender.com). Il fait une veille sur votre nom et effectue, avec votre accord, les démarches nécessaires pour supprimer les pages indésirables (service payant : $ 10 par mois pour surveiller le web et $ 30 par élément à effacer).

Votre identité numérique, c'est votre identité tout court. Ne laissez pas à d'autres la possibilité de la gérer.

LE *PERSONAL BRANDING* PAR ANTOINE LAURENT

Antoine Laurent

Antoire Laurent est actuellement étudiant à Euromed Management à Marseille.

Qu'est-ce que le personal branding *?*

Selon le blog du *personal branding*[2], c'est la « communication en nom propre orientée autour de l'acteur communicant. Le but étant de gagner en notoriété et en crédibilité pour réaliser plus tard des projets d'envergure ». L'intérêt du *personal branding* réside dans le fait de se faire connaître et reconnaître sur Internet. Cela peut permettre de gagner en crédibilité vis-à-vis d'un recruteur ou d'une communauté d'utilisateurs.

Environ 79 % de recruteurs américains utilisent Internet pour connaître la réputation de leurs postulants. En France, les chiffres ne sont pas les mêmes mais au vu de l'évolution, ce type de pratiques aurait tendance à augmenter.

Comment le personal branding *peut-il concerner les employés d'une entreprise ?*

Le *personal branding* peut se faire de manière consciente ou inconsciente. De manière générale, toutes les personnes inscrites sur des réseaux sociaux, ou

---

1. www.telnic.org (14 € par an pour un nom de domaine en .tel).
2. www.blogpersonalbranding.com

commentant des statuts ou des *posts* sur des blogs, font de l'e-réputation lorsqu'il s'agit de parler d'une entreprise, ou du *personal branding* lorsqu'il s'agit de commenter les faits d'une personne.

Dans l'entreprise, les gens peuvent parfois publier des commentaires sur leur journée sur ces fameux réseaux sociaux, n'hésitant pas à critiquer l'entreprise, ses activités, le poste occupé ou pire encore, leur directeur en le nommant. Ces commentaires publics peuvent être utilisés à mauvais escient et nuire à la réputation de l'entreprise ou de son dirigeant. Les employés deviennent les ambassadeurs de la marque pour laquelle ils travaillent, pendant mais aussi après leur journée de travail. Il est assez difficile de contrôler ce qu'ils disent sur leurs réseaux sociaux privés.

Pour éviter tout débordement, il est important que le directeur forme ses employés aux bonnes pratiques sur ces nouvelles méthodes de travail. Les employés sont la plus grande force de l'entreprise. Cette force, bien formée, peut être l'un des moyens de communication les plus fiables. Elle peut également se fédérer en communauté et défendre l'entreprise en cas de commentaire calomnieux. D'une manière générale, il est plus facile de former les employés aux bonnes pratiques plutôt que de tenter de réparer le mal. En effet, les moteurs de recherche ont une excellente mémoire.

Pour maîtriser sa réputation en ligne au sein des communautés créées, il est primordial de développer des notions d'appartenance, d'identité collective et de culture commune. Pour un chef d'entreprise ou un cadre dirigeant, il peut également être important de former son enfant à l'usage de ses pratiques. En effet, il devient incontournable de lui demander de ne pas accepter n'importe qui dans ses amis, et d'éviter en cas de conversation en ligne de donner trop de détails sur ce que fait papa ou maman (l'heure à laquelle il rentre, ce qu'il raconte en sortant du travail, etc.). Sans devenir parano, ces informations peuvent être collectées par de faux profils et être utilisées à mauvais escient.

On sait également que la réputation du chef d'entreprise entraîne celle de son entreprise. Ce double rôle est un peu plus difficile à assumer mais peut rapporter gros. Voici quelques règles pour entretenir une bonne réputation :

- anticiper : écoutez ce qui se dit dans votre cercle professionnel et personnel. Concernant la réputation d'une PME, n'hésitez pas à identifier et à surveiller les blogs d'experts (une centaine devrait suffire à dégager les grandes tendances) ;
- être transparent : par exemple, présentez-vous lorsque vous commencerez une discussion sur un forum ou une conversation, surtout si le thème est polémique. Mais ne vous dévoilez pas trop non plus car la mémoire d'Internet est celle des moteurs de recherche, c'est-à-dire quasiment infinie ;
- rester intègre : la capacité à être ouvert au dialogue sera le meilleur garant de votre image.

Comment le personal branding *peut-il concerner les étudiants ?*

Selon Camille Alloing, consultant expert en e-réputation, les étudiants qui prétendent à un master seront un jour ou l'autre à la recherche d'un stage. La majorité d'entre eux sont présents sur des réseaux sociaux tels que Facebook, Viadeo… Nous pouvons diviser les étudiants utilisant les réseaux sociaux en trois groupes.

Le « frileux » cultive son absence sur Internet. Il ne veut pas être présent notamment sur Facebook car il ne sait pas vraiment ce que deviennent les informations qu'il publie. Pour lui, le web 2.0 est une innovation commerciale. Ils sont de moins en moins nombreux mais revendiquent leur position.

Le « joueur » : c'est clairement le profil de la plus grande partie des étudiants. Pour lui, Internet est une immense plate-forme de jeux. Il est toujours à l'affût de la dernière vidéo qui fera le buzz, du dernier scoop… Il ne comprend pas le concept de web 2.0 mais il l'utilise. Dans le profil de ces étudiants, on peut trouver de nombreux excès (vidéos, photos, commentaires abusifs…).

Le « consciencieux » a un usage professionnel du net. C'est le profil de moins d'étudiants qu'on ne l'espère. Certains d'entre eux sont des blogueurs, ils ont compris le concept d'identité numérique et améliorent leur image sur le net.

Il paraît clair que, pour la majorité des étudiants, leur activité sur les réseaux sociaux risque de nuire à leur employabilité ou à leur réputation en ligne. Même si, en France, les recruteurs sont encore un peu timides en ce qui concerne la veille image, celle-ci pourrait prendre de l'ampleur dans les prochains mois. D'après des tendances observées sur Internet et l'évolution des demandes des utilisateurs, les paramètres de confidentialité s'améliorent et les étudiants commencent à verrouiller leurs profils, à utiliser des pseudonymes et évitent de publier des photos trop compromettantes en vue d'une potentielle embauche. La réputation en ligne d'une personne est extrêmement volatile, tout comme celle d'une entreprise. Cela peut également être très dangereux.

Quels sont les principaux problèmes du personal branding *?*

Selon Olivier Zara, consultant, le principal problème de cette pratique est l'interpénétration entre la sphère privée et la sphère professionnelle. C'est très clairement exprimé par le phénomène Facebook.

Au départ, ce réseau social a été créé pour exposer sa vie privée. Aujourd'hui, la nouvelle organisation de ce média social qui tend à devenir un peu plus professionnel constitue un gros problème, surtout pour les étudiants. Ce problème provient surtout du fait que Facebook a une mémoire permanente. Pour des raisons commerciales, la limite entre sphère privée et professionnelle est de plus en plus floue. En effet, fort de ses 500 millions d'inscrits, Facebook est une formidable base de données pour les employeurs et les étudiants.

Il y a également une différence entre être visible sur Internet (lorsque l'on tape son nom dans Google et que l'on tombe sur des résultats qui nous sont inconnus) et être présent sur Internet (contrôle des résultats par l'utilisateur). Les réseaux sociaux, quels qu'ils soient (privés ou professionnels) ne sont qu'un outil dans la démarche de *personal branding*, non une finalité. Il ne faut pas oublier qu'une présence se doit d'être entretenue. En effet, il n'y a rien de pire qu'un profil (Viadeo, LinkedIn…) ou un blog qui n'a aucune actualité.

En fonction de votre métier, votre marketing personnel peut faire pencher la balance en votre faveur ou non. Par exemple, à compétences égales, un financier tenant un blog et y exposant sa vision du métier sera un plus qui sera apprécié des recruteurs. Lorsque l'on tape son nom, se focaliser sur les trois premières pages Google est important. En effet, ces résultats-là sont les plus représentatifs de votre image perçue en ligne.

10

LE SOCIAL, C'EST CAPITAL !

« Nous façonnons nos outils et ensuite nos outils nous façonnent. »
Marshall Mc Luhan

Les bienfaits du groupe

L'émergence du web 2.0

Depuis que les services de type 2.0 ont commencé à émerger, le terme « social » est omniprésent sur Internet. Revenons un peu en arrière pour mieux comprendre ce qu'il englobe et, plus important, ce qu'il implique.

En septembre 2005, Tim O'Reilly, l'éditeur d'ouvrages informatiques qui a inventé le terme « web 2.0 », écrit sur son blog un article introductif à la conférence qu'il organise quelques semaines plus tard. Il y décrit ce qu'il perçoit comme le passage du web vers une nouvelle étape. Il illustre ce mouvement par des exemples de services en ligne qui opposent, selon lui, ancien et nouveau modèle. Il n'en donne pas de définition précise mais évoque sept principes le caractérisant :

1. Le web est une plate-forme délivrant des services et applications aux internautes plutôt qu'une collection de sites web.
2. Une société doit contrôler les données uniques qui lui sont fournies par les utilisateurs de ses services et qui s'enrichissent au fur et à mesure que ces services sont utilisés.
3. Les internautes doivent être considérés comme des codéveloppeurs des services.
4. Il faut « outiller » l'intelligence collective pour lui donner les moyens d'émerger.
5. Plus il y a d'utilisateurs du service, meilleur il est.
6. Il faut libérer le logiciel du PC en lui permettant de se glisser dans les objets.

7. Il faut déployer des interfaces souples et légères fondées sur des méthodes de développement de type AJAX (voir lexique).

Dès son invention, le terme « web 2.0 » est perçu par beaucoup comme un artifice marketing destiné à faire consommer plus de services en ligne à l'internaute et à générer des revenus publicitaires en conséquence. Les critiques portent également sur le fait que les méthodes, langages et techniques décrits par Tim O'Reilly sont loin d'être nouveaux.

Toutefois, limiter le web 2.0 aux composantes d'AJAX ou au standard RSS (même s'ils en sont des éléments clés) serait pour le moins réducteur. En faire un simple concept marketing serait par ailleurs confondre les effets et les causes. Ce qui fait depuis toujours le succès d'un service, d'un produit, d'un concept, d'une idée, c'est bien sûr sa qualité et sa pertinence. Mais c'est surtout le nombre de clients, usagers, utilisateurs, fans qui l'utilisent, l'apprécient et en parlent. Or, ceci est au cœur du web 2.0 de tant de manières qu'il faudrait plutôt utiliser un terme un peu barbare pour l'évoquer : la consubstantialité. En effet, si le web 2.0 existe c'est parce que :

• l'internaute l'utilise : d'une part, il tire parti de nouveaux services utiles. D'autre part, il « tire » lui-même ces services, tant commercialement que fonctionnellement. En effet, il les fréquente et aide à leur amélioration (c'est le principe de la version bêta permanente).

• l'internaute l'enrichit : chaque passage qu'il effectue dans un service en ligne laisse des traces à la fois explicites (votes, commentaires) et implicites (*logs*) qui vont ajouter à son expérience mais aussi à celle des autres utilisateurs du service (voir Amazon et son système de recommandations automatiques en temps réel).

• l'internaute le fait utiliser : de nombreux mécanismes dits « sociaux » sont présents sur ces services afin de permettre à l'utilisateur de les promouvoir facilement (bouton « *I like*/J'aime » de Facebook, envoi vers Twitter, etc.).

Finalement, « web 2.0 » est uniquement un terme qui désigne un moment particulier de l'histoire d'Internet. Celui où un cercle vertueux s'est instauré grâce, notamment, à des évolutions techniques et ergonomiques utiles (suivre les membres de sa communauté, en trouver de nouveaux, suivre l'actualité ou la météo *via* les flux RSS, etc.).

Du web 2.0 aux réseaux sociaux

Cinq ans après l'article de Tim O'Reilly, que recouvre encore ce terme et doit-on continuer à l'utiliser ? Les usages liés au 2.0 se sont en effet diffusés dans la société (usages privés, extimes ou collectifs). De fait, les services 2.0 contenaient dès le départ des mécanismes d'agrégation des actions implicites et explicites des internautes les fréquentant. Cela permettait d'envisager très rapidement les possibilités d'un passage en mode collectif. Autrement dit, ils garantissent que ce que chacun fait pour lui-même est, d'une manière ou d'une autre, mis au service de tous.

Comme le montre l'interrogation suivante dans Google Trends[1], un service qui agrège sous forme de courbes les mots-clés entrés par les utilisateurs de Google, c'est dorénavant aux résultats de cette logique que nous sommes confrontés. Le terme « réseaux sociaux » a en effet commencé à émerger dès 2008. Il vient maintenant côtoyer celui de « web 2.0 », dont les occurrences baissent significativement et de manière continue depuis fin 2007[2].

Tendance des termes « web 2.0 » et « réseaux sociaux » avec Google Trends

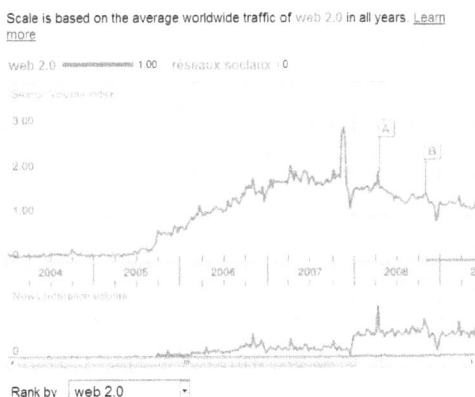

Utiliser ce terme pour désigner le web actuel pourrait donc rapidement devenir un anachronisme. Le glissement auquel nous assistons et qui mène du « web 2.0 » aux « réseaux sociaux » est d'ailleurs significatif. Le premier a, en quelque sorte, donné naissance au second par les usages qui en ont découlé (et qui étaient attendus), même s'il a fallu quelques années pour en saisir la forme et les implications.

---

1. www.google.com/trends

2. On pourra objecter que le terme de « réseaux sociaux » est bien antérieur à 2008 et qu'il est par ailleurs ambigu puisqu'il désigne également une notion de sociologie existant depuis 1958. Google Trends ne laissant émerger des tendances qu'au-delà d'une quantité significative d'occurrences, on peut penser que celle qui apparaît à cette période correspond bien à ce terme tel que nous l'entendons ici.

La quête du graphe

Ce glissement est particulièrement perceptible avec Facebook. Son fondateur, Mark Zuckerberg, explique qu'il permet d'exploiter le graphe social global, c'est-à-dire « l'ensemble des relations de toutes les personnes dans le monde. Il y en a un seul et il comprend tout le monde. Personne ne le possède. Ce que nous essayons de faire, c'est de le modéliser, de représenter exactement le monde réel en en dressant la carte[1] ». Concrètement, le graphe social inclut et précise avec un niveau de granularité très fin les relations entretenues par chacun avec tous. Il dit :

• qui sont nos relations sur le web ;
• quels types de rapports nous entretenons avec elles ;
• dans quel cadre ;
• avec quel degré de proximité ;
• etc.

Avec le graphe social, ce ne sont plus les sites estampillés *social networking* qui sont importants. Mais tous les supports qui permettent nos interactions sociales numériques quotidiennes, qu'il s'agisse :

• des messageries électroniques ;
• des messageries instantanées ;
• des services de partage ;
• de collaboration autour de documents, ou des blogs.

Cela suppose la mise en place de solutions capables de traiter et d'agréger des données issues de sources disparates qui permettront de définir des niveaux de proximité avec tel ou tel membre ou groupe de membres de notre réseau, puis d'édicter des règles permettant, par exemple, de n'être averti que des messages, trouvailles (*social bookmarking*) et activités (micro-blogging) des plus proches d'entre eux.

Dans ce cas précis, le graphe jouera alors un rôle de filtre social, en ne laissant apparaître que les découvertes de notre réseau d'amis ou de collègues, outillant de fait la sérendipité[2]. Ce concept est tellement important, que Tim Berners-Lee, l'inventeur des liens hypertextes (et donc d'Internet), estime que nous vivons actuellement le passage du *world wide web* au *giant global graph*

---

1. Intervention de Mark Zuckerberg lors du salon TechCrunch40 en septembre 2007.
2. « Le mot sérendipité est en français un néologisme dérivé de l'anglais *serendipity*, un terme introduit en 1754 par Horace Walpole pour désigner des « découvertes inattendues. » Source : www.fr.wikipedia.org/wiki/Sérendipité

ou « graphe global géant ». La « quête du graphe » sera donc la grande bataille commerciale des années à venir. En effet, sa maîtrise devrait notamment permettre d'affiner de manière drastique la diffusion de publicités ciblées vers les internautes durant leur navigation[1].

Qu'est-ce que les réseaux sociaux ?

Les sociologues Danah Boyd et Nicole Ellison, spécialistes des réseaux sociaux sur Internet, les définissent comme des « services permettant aux individus de construire un profil public ou semi-public dans un système donné, d'articuler une liste d'autres utilisateurs avec lesquels ils partagent une connexion, et de consulter et parcourir les connexions des autres membres du système. La nature et la nomenclature de ces connexions peuvent varier d'un système à l'autre ».

Sur les réseaux sociaux, chaque membre dispose donc, *a minima*, d'une page profil qui lui permet de :

• communiquer avec les membres de son réseau, c'est-à-dire les personnes avec lesquelles il aura accepté une mise en relation privilégiée et durable dans le système ;

• gérer les membres de son réseau. Par exemple, créer des listes les regroupant par thèmes : professionnel, amis, association, etc. ;

• découvrir de nouvelles personnes susceptibles de faire partie de son réseau après une demande de mise en relation ;

• gérer les applications internes auxquelles le service permet d'accéder *via* des API et *mashups* (voir ces deux termes dans le lexique).

Les réseaux sociaux sont peu aisés à cerner. D'une part, ils ne sont pas forcément déclarés comme tels par leurs créateurs. D'autre part, on assiste à un inévitable mélange des genres qui limite la possibilité de les classer. Le tableau ci-dessous permettra toutefois d'y voir plus clair :

---

1. Cette bataille conditionne aussi le traitement et l'utilisation qui seront réservés à nos données personnelles et des initiatives non commerciales bâties autour de services *open source*, comme OpenID, hCard, XFN ou FOAF, peuvent faire contrepoids à celles proposées par les acteurs commerciaux.

Type	Objectifs pour l'utilisateur	Exemple	Remarques
Amicaux	– Se créer un réseau d'amis et de relations. – Socialiser *via* le partage d'items (photos, vidéos, articles). – Jouer (quiz, tests avec comparaison des résultats).	– Facebook ; – MySpace ; – Bebo ; – Orkut ; – Friendster…	Grâce aux API proposées par des services tiers, certains de ces services peuvent se transformer en réseaux sociaux à vocation professionnelle.
Professionnels	– Mettre en ligne son profil professionnel dans le but de l'exposer. – Trouver ou retrouver un emploi. – Identifier un expert pour l'interroger.	– LinkedIn ; – Viadeo ; – Plaxo ; – Xing…	Ces services permettent de créer des communautés thématiques qui reprennent la forme des forums et groupes de discussion de type Yahoo! Groups
Thématiques	– Rejoindre une communauté dont on partage les centres d'intérêts.	– Ecovibio (éco-habitat) ; – Knowtex (culture scientifique et technique) ; – Beboomer (plus de quarante-cinq ans) ; – LesFoodies (cuisine)…	Ces réseaux se multiplient à un rythme soutenu avec une segmentation de plus en plus pointue. Ils restent concurrencés par les réseaux généralistes tels Facebook qui permettent de créer des groupes thématiques.

Type	Objectifs pour l'utilisateur	Exemple	Remarques
De rencontre	– Trouver l'âme sœur. – Faire des rencontres.	– Meetic ; – Match ; – Parship…	Ces services disposent de moteurs de filtrage par critères permettant de trouver l'âme sœur par affinités. Depuis quelques mois, de nombreux services se sont lancés sur des segments de « marché » : par religion, couleur de peau, origine…
Par type d'items	– Partager et découvrir des fichiers, des liens.	– YouTube (vidéos) ; – Flickr (photos) ; – Scribd (documents type bureautiques) ; – Delicious (favoris)…	Ces services permettent de se créer un espace dans lequel on pourra stocker des items et les partager avec tous ou avec des groupes privés.
D'entreprise	– Formaliser les réseaux informels internes auxquels on est rattaché ou auxquels on participe dans l'organisation où l'on travaille. – Communiquer, collaborer, se coordonner avec ces réseaux.	- BlueKiwi ; - Jamespot Pro ; - Knowledge Plaza ; - Yoolink Pro ; - Xwiki ; - Teamshaker ; - Sharepoint…	– Il s'agit la plupart du temps de solutions payantes qui vont apporter dans l'entreprise les modalités de collaboration souples de services comme Facebook. – Ils agrègent de plus en plus d'outils auparavant indépendants (blogs, wikis, micro-blogs…).

Les apports des réseaux sociaux au niveau individuel et collectif

Ce que les réseaux sociaux sont susceptibles de nous apporter doit être conçu à deux niveaux nécessairement imbriqués.

Le premier niveau est celui de l'individu. Il va pouvoir les utiliser pour :

• gérer ses contacts ;

• se faire de nouveaux amis ou relations ;

• leur poser des questions ciblées, notamment lorsqu'il s'agit d'experts ;

• découvrir de nouveaux sites web, services, documents… (partage de favoris) ;

• émettre (et donc partager) ses idées ;

• améliorer sa réputation numérique…

Le second niveau est collectif. Il a trait plus spécifiquement à ce l'on nomme l'intelligence collective.

C'est une notion introduite par Pierre Lévy en 1994 pour désigner l'objectif qui devrait être celui de toute organisation humaine et qu'il définit comme « une intelligence partout distribuée, sans cesse valorisée, coordonnée en temps réel, qui aboutit à une mobilisation effective des compétences ». Il complète cette définition par la question qu'elle induit inévitablement : « Des groupes humains peuvent-ils être collectivement plus intelligents, plus sages, plus savants, plus imaginatifs que les personnes qui les composent ? » La réponse à cette question est oui. Le premier à l'avoir constaté est le scientifique Francis Galton. En 1906, lors d'une foire agricole où il était possible de gagner un prix en estimant le poids d'un bœuf, il eut l'idée de récupérer la liste des estimations des huit cents participants et d'en calculer la moyenne. Il découvrit avec stupéfaction un poids moyen estimé de 1 197 livres de viande, quand la bête en fournit 1 198. Une estimation bien plus précise que celle proposée par chacun des participants pris séparément.

Cette expérience et d'autres, réalisées selon un principe similaire, ont depuis été menées à de nombreuses reprises avec des résultats positifs, comme l'a exposé James Surowiecki dans son ouvrage *La sagesse des foules*[1]. Récemment, les mathématiciens Scott Page et Lu Hong ont montré que, d'une part, la diversité des opinions est essentielle à l'obtention de tels résultats et que, d'autre part, lorsque les groupes sont composés d'individus aux profils variés mais connaissant, même *a minima*, le sujet de travail, les risques d'erreurs sont encore plus faibles. Cette découverte est essentielle car elle valide le fait que

---

1. Jean-Claude Lattès, 2008.

n'importe quel regroupement humain n'est pas intelligent et que les connaissances de chaque individu impactent les résultats du groupe.

À cette nécessaire diversité des opinions, James Surowiecki ajoute deux autres conditions d'émergence de l'intelligence collective :

- l'indépendance des opinions : elle doit permettre à chacun d'exprimer ses intuitions sans subir le poids des avis des autres ;
- les processus d'agrégation : ils permettront de recueillir et de cumuler, selon différentes modalités, les avis de tous.

C'est précisément sur ce dernier point que les réseaux sociaux sur le net ont un rôle à jouer.

Pour résumer, l'intelligence collective ne naît pas de Twitter ou de Facebook. Mais ces services sont susceptibles, si nécessaire, de l'outiller.

Facebook, un ami qui vous veut du bien ?

Les outils sociaux comme Facebook sont extrêmement puissants. Ils permettent de diffuser et de partager rapidement des informations personnelles avec des contacts. Mais, derrière cette fonctionnalité se cache un risque : dévoiler des informations sensibles à la mauvaise personne. L'utilisation inappropriée de ce type d'outils et la méconnaissance de ses impacts contribuent à renforcer les dangers potentiels des réseaux sociaux, qui sont encore accrus par la multiplication exponentielle de votre réseau.

Ces effets négatifs ne sont pas très graves lorsque l'on utilise Facebook pour publier des informations personnelles strictement anodines. Toutefois, cela devient rapidement dangereux quand le contexte professionnel rentre en jeu. Comment contrôler l'information quand on dispose d'un réseau d'amis supérieur à cent personnes par exemple ?

Ça y est : je suis sur Facebook !

Claire, assistante dans une médiathèque, s'est créée dernièrement un compte Facebook. Pourquoi ? Elle a probablement fini par céder à la pression de son entourage qui souhaitait absolument qu'elle rejoigne leur réseau social. Réticente au début, elle apprend petit à petit à découvrir les joies et les malheurs des réseaux sociaux. Face à ce nouveau média, elle s'est rapidement trouvée désemparée.

Elle reçoit régulièrement des messages comme « Veux-tu être mon amie ? » ou un *poke*[1] (un mot difficilement traduisible en français) de personnes qu'elle ne connaît même pas ! Ces demandes d'amitié proviennent d'inconnus, mais également de personnes qu'elle connaît sans pour autant les avoir jamais rencontrées ! En bref, des amis virtuels. Ces contacts peuvent bien sûr être amicaux, mais ils peuvent également revêtir un caractère professionnel : par exemple, faut-il accepter ses collègues du bureau comme amis Facebook ? Ces contacts professionnels peuvent être des collègues proches mais également des personnes rencontrées dans le cadre professionnel. Faut-il les accepter eux aussi ou vaut-il mieux les orienter vers un réseau social plus professionnel comme Viadeo par exemple ? De plus, sans précautions, les informations personnelles publiées sur Facebook pourront être consultables par tous : votre famille, vos amis, mais aussi vos collègues, votre chef…

En effet, par manque de pratique et d'informations, Claire n'est pas informée des dangers ou plus simplement des mésaventures potentielles que peut générer ce type d'outil. Comment en prendre conscience ?

Réalisez la petite expérience suivante. Connectez-vous sur Google puis lancez une recherche sur votre patronyme (c'est-à-dire : prénom + nom). Un néologisme tiré de l'anglais est né de cette pratique courante : googler (ou googliser). Il signifie lancer une recherche sur une personne sur Internet à partir de Google. Qu'observez-vous ? La plupart du temps, les informations collectées sur les réseaux sociaux apparaissent en premier dans les résultats de Google. Une attention toute particulière doit donc être portée aux informations laissées sur les réseaux sociaux et notamment Facebook.

La recherche d'informations sur les personnes prend désormais de l'ampleur. De nos jours, de nombreux moteurs de recherche se spécialisent dans la recherche d'informations sur les personnes. Le plus connu d'entre eux à ce jour, 123People[2] vous offre gratuitement toutes les informations disponibles sur le net à votre égard ou sur un tiers : numéro de téléphone, adresse mail, profils de réseaux sociaux, etc.

Le vice des réseaux sociaux en ligne, c'est que nous mettons volontairement des informations personnelles sur le net sans prendre certaines précautions.

---

1. Sur Facebook, le *poke* signifie « attirer l'attention d'une personne en lui tapotant sur l'épaule ». Source : www.blog.honet.be
2. www.123people.fr

Faut-il être sur Facebook ?

Là aussi, c'est un choix personnel. Toutefois, même si on est *a priori* réfractaire à mettre en ligne sa vie personnelle, il est tout à fait possible de se créer un profil pour ne mettre que le strict minimum. Cette solution évite que quelqu'un d'autre emprunte votre patronyme à votre insu. Bref, il s'agit en quelque sorte d'occuper le terrain. Bâtir votre profil Facebook peut également permettre d'éviter les ambiguïtés sur les homonymes.

Quand Facebook tourne au désastre...

Dans son sketch sur Facebook[1], Jérôme Commandeur représente avec humour les affres de Facebook. Le comique commence par caricaturer la perte de temps représentée par Facebook avec des demandes farfelues : « Veux-tu faire partie du groupe du RER A ? »

Facebook contient également de nombreuses applications pour jouer. De même, sur le mur Facebook, les internautes peuvent présenter des informations personnelles sans aucun intérêt : « 10 h : je suis en train de manger un paquet de Pepito. 12 h : je n'ai plus faim pour déjeuner. » Bref, les réseaux sociaux représenteraient une perte de temps incommensurable.

L'humoriste continue en soulignant l'atteinte à la vie privée. Il dépeint la mise en ligne d'une photo où on le voit en mauvaise posture. Sans demande d'accord préalable, des personnes peuvent en effet poster des images de vous. Indiquer votre nom suffit pour vous faire apparaître sur le mur de vos amis. On comprend aisément le danger que représente ce type d'outils si on n'y prête pas attention. Que dira votre chef ou votre futur employeur s'il trouve sur Internet des photos compromettantes de vous ?

Tout en se moquant, Jérôme Commandeur insiste également sur les conditions d'utilisations des outils sociaux. Personne ne les lit naturellement. Pourtant, ils contiennent bien souvent des clauses surprenantes. La mise en ligne de vos photos sur Facebook entraîne une cession de certains droits. Ainsi, s'il est très facile de publier une photo sur Facebook, il sera beaucoup plus difficile de faire retirer une photo compromettante. Par simple méconnaissance, beaucoup d'utilisateurs n'utilisent pas les fonctionnalités relatives à la vie privée que propose pourtant Facebook.

Quels sont les dangers de Facebook ? Premier cas d'école. Claire, notre assistante de médiathèque, se fait porter pâle au travail pour cause de rhume carabiné. De son domicile, elle alimente son Facebook en indiquant que malgré sa maladie, elle a réussi à conserver sa séance de natation durant les heures de

---

1. La vidéo du sketch est disponible à l'adresse suivante :
   www.youtube.com/watch?v=hbicoc15D7I

non sortie. Le lendemain, de retour sur son poste, surprise : son chef a trouvé par hasard ses aveux sur Facebook. Claire avait en effet oublié qu'un jour, elle avait accepté son chef comme ami dans Facebook.

Pourtant, Claire aurait pu facilement éviter ce type de problème. Depuis peu, Facebook propose une fonctionnalité pour créer des listes d'amis (par exemple : amis, famille, collègues, chef, etc.). À chaque catégorie, il est possible d'attribuer des droits spécifiques. Cela peut aller d'une restriction complète, les personnes ne pourront pas voir votre âge, votre lieu de vie, etc. à une ouverture complète de votre profil.

Qui devez-vous acceptez comme ami ?

Certains utilisateurs des réseaux sociaux disposent d'une politique d'ouverture. Ils acceptent en ami tous ceux qui en font la demande. D'autres, au contraire, acceptent uniquement les connaissances réelles ou virtuelles. Le choix entre ces différentes solutions reste avant tout personnel. Toutefois, il faut prendre conscience des conséquences liées à son choix.

Accepter toutes les demandes d'amitiés entraîne une augmentation d'un nombre des informations affichées sur votre mur. Plus votre réseau grossira, plus le nombre d'informations partagées grossira.

Tirez parti des réseaux sociaux professionnels

Comment utiliser les réseaux sociaux dans le cadre professionnel ? Les réseaux sociaux peuvent s'utiliser à titre personnel mais également à titre professionnel. Ces derniers se spécialisent de plus en plus. Certains d'entre eux relèvent plus de la sphère privée (Facebook par exemple). Alors que d'autres, comme Viadeo, appartiennent au champ professionnel.

Il n'y a pas que Facebook dans la vie !

En France, les deux réseaux sociaux professionnels les plus utilisés sont Viadeo[1] (réservé à un public plutôt francophone) et LinkedIn[2] (plutôt utilisé par les personnes en contact avec l'étranger).

Sont-ils payants ? La plupart d'entre eux proposent une inscription gratuite. Créer un profil pour présenter son activité professionnelle et mettre votre CV en ligne (par exemple lorsque vous recherchez un poste) est tout à fait

---

1. www.viadeo.com
2. www.linkedin.com

possible. De nombreux recruteurs parcourent désormais les réseaux sociaux professionnels pour dénicher la perle rare. Autant profiter de cette vitrine.

Un petit bémol cependant : les principaux réseaux sociaux ne permettent pas de bâtir un véritable e-portfolio avec un CV multimédia digne de ce nom. L'accès à l'ensemble des services reste payant. Le coût reste modique en comparaison, par exemple, avec des sites de rencontre : environ six euros par mois[1] pour Viadeo (l'accès payant permet notamment l'envoi direct d'e-mails...). Toutefois, Viadeo, contrairement à Meetic, conserve à ce jour la possibilité d'indiquer une adresse mail dans son profil. Ainsi, même sans acquitter le prix de l'abonnement, vous pouvez vous faire contacter directement.

Ces services en ligne sont très efficaces pour accroître rapidement son réseau. Ils se basent sur le principe : « Les amis de mes amis sont mes amis. » Ils vous proposent donc automatiquement des contacts potentiels en fonction des renseignements indiqués dans votre profil mais aussi dans ceux des autres inscrits (par exemple, grâce au nom de l'école où vous êtes allé, au diplôme obtenu, etc.) Ils permettent non seulement de suivre l'activité des membres de votre réseau mais également de voir qui a visité votre profil. Ils possèdent également des fonctionnalités intéressantes pour fédérer votre communauté. Vous avez la possibilité de créer des groupes thématiques, de lancer des rencontres (vos contacts pourront répondre par oui, non ou peut-être).

Faut-il accepter tout le monde comme amis sur un réseau professionnel ?

Certains utilisateurs des réseaux sociaux sont également des acharnés de la demande d'amitié. Pourquoi ? Leur but est d'obtenir un réseau important et de diffuser ensuite des informations par ce canal. Ainsi, de nombreux commerciaux lancent désormais des demandes d'amitiés à tout-va afin de pénétrer votre réseau.

Accepter ce type d'utilisateurs sur un réseau social professionnel comme Viadeo peut à terme devenir néfaste. En effet, les informations relatives à cet utilisateur boulimique pollueront les informations de votre réseau. Rapidement, vous perdrez de vue les informations intéressantes postées par vos contacts. Elles seront noyées dans la masse.

---

1. Prix au 06/09/2010.

Utiliser Facebook pour la veille ?

Les réseaux sociaux deviennent une donnée de plus à prendre en compte dans son système de veille. En effet, de nombreux utilisateurs diffusent de l'information ciblée sur leur réseau.

Petit à petit, tous les services issus du web 2.0 deviennent interopérables. Une information postée sur Twitter, le célèbre service de micro-blogging, peut s'afficher automatiquement sur votre mur Facebook, par exemple. Les réseaux sociaux deviennent le média idéal pour diffuser rapidement de l'information personnalisée à son réseau.

LES RÉSEAUX SOCIAUX PAR ÉRIC DELCROIX

Éric Delcroix

Éric Delcroix est consultant, conférencier, spécialiste et expert en communication print et web, web 2.0, réseaux sociaux, *social media*… Pour une liste (non exhaustive !) de ses activités, consultez http://eric-delcroix.com

Comment ne pas se saborder sur les réseaux sociaux ?

C'est vrai qu'il est assez facile de se torpiller en s'inscrivant dans les réseaux sociaux. Je pense que la première chose à faire après s'être inscrit à un réseau social est de l'observer sans y prendre part. On pourra ainsi comprendre comment il fonctionne, quels sont les codes propres à ce réseau et essayer de réfléchir à la raison pour laquelle on veut être dans ce réseau, ce que l'on veut ou peut y faire et dans quel but.

Beaucoup de personnes m'écrivent car ils ont vu leur compte Facebook fermé de manière autoritaire par le service. Généralement, le compte a été fermé pour non-respect des conditions d'utilisation. On ne peut pas faire ce que l'on veut sur ces réseaux. Autre moyen de se saborder : ne pas respecter la législation en vigueur dans son pays. Mais pourquoi ne pas avoir le même comportement que dans la vie réelle sur ces réseaux ? L'anonymat et l'impunité derrière un écran ne sont que des impressions… La question à se poser avant de mettre en ligne ou de faire quelque chose sur ses réseaux est : est-ce que je le ferais dans la vie de tous les jours, dans la rue, etc. ?

Comment séparer ses différents réseaux ? Faut-il créer deux comptes différents ? Ou des groupes ?

Je suis assez réticent à la création de comptes multiples pour un même individu dans un réseau. Des outils au sein des services permettent en général de séparer les différentes sphères de connaissance. Il est ainsi simple de séparer relations de travail et relations familiales par exemple. Usez et abusez de ces segmentations dans vos comptes. Il en est de même pour la création de groupes ou d'événements privés dans Facebook.

L'un des dangers de la multiplicité des comptes est l'utilisation d'un compte à mauvais escient… On pense être sur un compte A, mais on est connecté sur le compte B ! Je sais que la plupart des gens disent : « Cela ne m'arrivera pas, je fais attention ! » Jusqu'au jour fatidique où ils se trompent de compte ! À ce moment, ils ne s'en vantent pas…

Sur les réseaux sociaux, faut-il accepter toutes les demandes d'amitié ou réaliser un tri ?

La réponse n'est pas blanche ou noire ! Il n'existe pas de vérité absolue, tout dépend de ce que l'on veut faire de ces outils de réseaux sociaux et de la manière dont on les utilise. Il faut toujours voir plusieurs faces à ces réseaux : je communique vers, je partage avec et j'écoute mes amis virtuels. On adaptera son comportement en fonction. Seule restriction : le but du jeu n'est pas d'avoir le plus grand nombre d'amis. Décrocher la timbale en or n'a pas beaucoup de sens… Nous cherchons avant tout à posséder des amis virtuels « utiles ». La collectionnite aiguë n'a donc pas sa place dans cet objectif.

11

DÉVELOPPER SES COMPÉTENCES PERSONNELLES

« L'instabilité est nécessaire pour progresser. Si on reste sur place, on recule. »
Coluche

« Le concept de compétence ne renvoie pas uniquement aux savoirs et savoir-faire, il implique aussi la capacité à répondre à des exigences complexes et à pouvoir mobiliser et exploiter des ressources psychosociales (dont des savoir-faire et des attitudes) dans un contexte particulier[1]. »
Pourquoi développer des compétences clés ? D'abord, l'avancée technologique nécessite de développer des capacités d'adaptation. Ensuite, les sociétés se fragmentent de plus en plus, et les métiers se spécialisent. Enfin, à cause de la mondialisation. Auparavant, seuls les ouvriers non qualifiés étaient en concurrence avec les pays émergents. Désormais, les ingénieurs aussi sont concernés. De nombreuses sociétés occidentales sous-traitent par exemple de la programmation en Inde.

Apprenez à vous connaître

« If opportunity doesn't knock, build a door[2]. »
Milton Berle

Comme nous venons de le voir, le développement et la communication autour de ses compétences reste un élément essentiel pour réaliser les objectifs que nous nous sommes assignés. Une question encore plus essentielle doit toutefois être abordée ici : savoir comment déterminer ces fameux objectifs afin de ne pas emprunter des chemins que l'on pourrait regretter ensuite.

1. Source : www.oecd.org/dataoecd/36/55/35693273.pdf Consulté le 23/06/2010.
2. « Si la chance ne frappe pas à votre porte, construisez-en une. »

Le modèle TIICC prend en compte cette étape *via* le T de gestion du Temps. Tout simplement parce qu'il s'agit de l'élément le plus important que vous ayez à gérer, celui dont dépendent les quatre autres. Nous parlons bien sûr ici de la gestion du temps sur le long terme et non plus de la simple gestion des tâches. Même si celles-ci doivent nécessairement se mettre au service d'objectifs plus élevés. Ces deux éléments (les objectifs et les tâches à effectuer pour les atteindre) sont en effet indissociables. Ils impriment un rythme à toute réalisation humaine, qu'elle soit collective ou individuelle. Les objectifs marquent les rythmes lents. Ils sont la projection dans le temps de nos désirs et nous tirent vers l'avant. Les tâches sont la brique de base sur laquelle se bâtit tout projet. Elles sont totalement incontournables pour avancer tant la règle du « un pas après l'autre » reste encore le meilleur moyen d'atteindre nos objectifs sans être dépassé par leur ampleur.

Nous entrons donc ici clairement dans le domaine du développement personnel, un champ d'étude où toutes les productions ne se valent pas, loin de là. Il y a toutefois beaucoup d'auteurs sérieux dont les écrits peuvent nous être profitables et il serait dommage de s'en priver sous prétexte que se côtoient généralement, dans ce domaine, le pire et le meilleur.

Changer de vie ?

Un des leitmotivs des ouvrages consacrés au développement personnel consiste à affirmer qu'il faut améliorer sa vie pour qu'elle soit le plus en accord possible avec ses aspirations profondes et nous amène ainsi au bonheur que l'on souhaite.

La notion de bonheur est cependant ambiguë. Pour Tim Ferriss, l'auteur du best-seller *La semaine de quatre heures*[1], il vaut mieux se concentrer sur celle d'enthousiasme. Selon lui, la question que nous devons réellement et périodiquement nous poser lorsque nous souhaitons repenser notre vie est la suivante : « Qu'est-ce qui m'enthousiasme ? »

Avant d'aller plus loin, arrêtons-nous sur une expression qui pourrait s'avérer contre-productive au final. On parle souvent en développement personnel de changer sa vie. Cela pourrait laisser penser qu'il s'agit ici de prendre des mesures radicales visant à apporter de véritables bouleversements. Or, tout le monde n'a pas forcément envie de changer complètement sa vie. Il s'agit donc de choisir une méthode qui pourra, si besoin, s'appliquer de manière mesurée. Celles que nous vous présentons sont de celles-là.

---

1. Pearson, 2010.

Mieux choisir ses objectifs de vie avec Stephen Covey

Dans son ouvrage culte, *Les sept habitudes*, Stephen Covey (l'un des vingt-cinq Américains les plus influents selon le *Time Magazine*) s'attache à mettre en pratique les apports de trois siècles de littérature américaine consacrée au succès et à l'accomplissement personnel. Cette tradition a développé certains principes qui fondent l'éthique du caractère et s'opposent à ceux de l'éthique de la personnalité apparue après la guerre. D'après Covey, là où la première cherche à nous faire évoluer durablement, la seconde propose des recettes superficielles et souvent éphémères de type « souriez et la vie vous sourira » ou « vouloir, c'est pouvoir ».

L'approche de Stephen Covey vise le développement personnel et l'amélioration de son efficacité à long terme. L'objectif est de passer progressivement de la dépendance aux autres vers l'indépendance (reconnaissance de soi-même) puis vers l'interdépendance (reconnaissance de la nécessité de collaboration avec d'autres personnes afin d'accroître sa propre efficacité). Cette philosophie, on le voit, est totalement en phase avec un *Personal Knowledge Management* (PKM) qui doit nous amener vers une plus grande autonomie, qu'elle soit personnelle ou professionnelle, mais aussi à reconnaître d'une part, et exploiter d'autre part, notre interdépendance *via* les services du web 2.0.

Ce n'est bien sûr pas l'ensemble de la méthode de Stephen Covey que nous vous présentons ci-dessous. Il n'est pas possible de résumer la richesse de ses ouvrages en quelques lignes. Il s'agit plutôt d'un point de départ pour mieux se connaître et disposer ainsi des éléments qui nous permettront de prendre notre vie en main.

Mise en œuvre de la méthode de Stéphane Covey

Étape	Action
1	Identifier les « rôles » que vous êtes amené à jouer dans votre vie : conjoint, père/mère, fils/fille, responsable marketing, sportif/sportive, bénévole dans une association…
2	Écrivez pour chacun de ces rôles ce que vous aimeriez que l'on dise de vous dans votre discours funèbre (c'est un moyen radical !).
3	Transformez ces compliments potentiels en des objectifs de vie à atteindre à moyen et long termes. Une carte heuristique® est tout à fait adaptée à cet exercice.
4	Chaque début de semaine, préparez votre planning et faites coïncider vos rendez-vous et engagements des jours à venir avec ces objectifs. En retour, utilisez vos objectifs comme supports vous permettant de penser à des actions ciblées à mener dans la semaine.
5	Veillez à intégrer chaque nouvelle tâche qui se présente à vous durant la semaine, y compris la plus minime, dans vos objectifs à long terme.
6	Revoyez périodiquement vos objectifs afin de les affiner ou de les réorienter.

Marier la méthode de Stephen Covey et la méthode GTD ? Facile avec le *mind mapping* !

À première vue, les méthodes de David Allen[1] et de Stephen Covey semblent très différentes. Schématiquement, là où le premier prône une focalisation sur la réalisation des tâches dans le but de conserver « un esprit comme de l'eau », le second nous invite surtout à garder un œil sur nos objectifs à long terme.

Dans les faits, leurs méthodes se complètent aisément et avantageusement. Ici encore, c'est l'outil informatique qui va nous aider à réaliser la jonction et plus spécifiquement le *mind mapping*. Que vous utilisiez un logiciel payant comme MindManager ou MindView, ou gratuit comme Freemind et Freeplane, vous allez pouvoir tirer parti dans le premier cas des marqueurs de *maps* et dans le second du gestionnaire d'attributs. Les deux systèmes vous donnent en effet la possibilité de créer des catégories aisément applicables aux éléments de vos cartes et vous permettent ainsi de les reclasser à la volée en fonction de vos besoins. Vous pourrez par exemple ajouter à vos tâches les attributs suivants :

- conjoint/conjointe ;
- père/mère ;
- fils/fille ;
- responsable marketing ;
- sportif/sportive (karaté/jogging) ;
- bénévole Croix-Rouge ;
- etc.

Ainsi, lorsque vous entrerez une nouvelle tâche, même insignifiante, dans votre système GTD, vous serez sûr qu'elle rentre bien dans vos objectifs de vie en lui assignant un ou plusieurs de ces attributs. Une fois encore, on ne parvient à de grandes réalisations qu'avec des petits pas…

Mieux se connaître pour mieux réussir professionnellement avec Peter Drucker

À cette approche de Covey, utilisable tant dans sa vie privée que professionnelle, nous avons souhaité ajouter une seconde plus orientée vers les besoins des travailleurs du savoir. Et pour cause, puisqu'elle nous est proposée par Peter Drucker lui-même.

---

1. Voir dans le chapitre 8 la sous-partie intitulée « Mieux s'organiser avec la méthode GTD » page 150.

Si, malgré le nombre important d'ouvrages du type « Effectuez vous-même votre bilan de compétences » existants sur le marché, nous avons choisi de présenter sa méthode, c'est qu'il s'est autant intéressé au problème des organisations qu'à celui des individus qui les composent. Il ne met pas la performance des entreprises d'un côté et celle des travailleurs du savoir de l'autre, tout comme il n'envisage pas les individus uniquement comme des employés. Sa vision est globalisante. Elle renvoie à un partenariat gagnant-gagnant pour les organisations et les individus qu'elles emploient. Comment pourrait-il en aller autrement ? Ses conseils sont donc précieux pour cette première raison. Mais aussi parce qu'il les a appliqués tout au long de sa vie et que cela lui a plutôt bien réussi...

Étape 1 : identifiez vos compétences clés avec l'analyse en feed-back

La première étape de la méthode de Drucker consiste à mieux connaître ses forces et ses faiblesses en pratiquant ce qu'il appelle une analyse en *feed-back*. Il s'agit, à chaque fois que vous prenez une décision clé ou effectuez une action importante, d'écrire les résultats que vous en attendez et de les comparer quelques mois plus tard (neuf à douze) avec les résultats effectifs. Au bout de quelque temps et en fonction des résultats obtenus, vous serez en mesure de savoir où vous êtes compétent[1] et où vous l'êtes moins. À partir de là :

1. essayez de vous mettre dans des situations où vos points forts produiront des résultats ;
2. travaillez vos points forts : l'analyse en *feed-back* vous montrera où les compétences que vous avez déjà acquises peuvent être encore améliorées ;
3. identifiez, afin de les contrer, les mauvaises habitudes qui limitent vos qualités (exemple : vous avez de bonnes idées, des objectifs ambitieux mais n'arrivez pas à formaliser les étapes qui conduiront à leur achèvement) ;
4. n'allez pas vers ce pour quoi vous n'êtes pas fait : vous perdez ainsi le temps et l'énergie que vous pourriez consacrer à passer du niveau « compétent » au niveau « expert ».

---

1. Vous pouvez aussi vous aider du service Clifton StrengthsFinder de Gallup Organization : il s'agit d'un test en ligne permettant de déterminer ses forces. Pour y accéder, il faut acheter les ouvrages de Gallup contenant les codes d'accès : environ 20 €. http://sf1.strengthsfinder.com/fr-fr/homepage.aspx

Étape 2 : identifiez votre mode de fonctionnement

Personne ne travaille tout à fait de la même manière. En cherchant à comprendre comment vous fonctionnez, vous pourrez créer et optimiser l'environnement propice à votre efficacité. Quelques questions à vous poser :

1. Suis-je plutôt quelqu'un qui lit ou quelqu'un qui écoute ? Il faut savoir que l'on est rarement les deux. Un lecteur accordera peu d'attention à ce qu'on lui dit et inversement. Il est intéressant pour vous de savoir où vous vous placez mais aussi de comprendre où se placent vos collègues.

2. Comment j'apprends ? On peut apprendre en lisant, en écoutant, en écrivant, en faisant ou même en s'écoutant parler. Lorsqu'on connaît son profil d'apprenant, on doit faire en sorte de toujours se mettre dans les meilleures conditions d'apprentissage possibles[1].

3. Est-ce que je travaille mieux en groupe ou en solo ? Si je travaille mieux en groupe, quelles sont les relations qui me conviennent ? Subordonné, dirigeant ?

4. Est-ce que je produis de bons résultats comme décideur ou comme conseiller ? On connaît l'importance des éminences grises dans l'ombre des hommes de pouvoir. On peut être très à l'aise dans la réflexion théorique et beaucoup moins lorsqu'il s'agit de la concrétiser par des décisions. À l'inverse, on peut savoir faire des choix mais avoir besoin d'éclairages avisés.

5. Est-ce que je suis bon lorsqu'il faut agir en situation de stress ou est-ce que j'ai besoin d'un environnement très structuré et relativement prévisible ?

6. Corollaire à la question 5 : est-ce que je travaille mieux dans les petites structures ou dans les grandes ?

Étape 3 : identifiez vos valeurs

1. Réalisez le test du miroir : formalisez la réponse à la question suivante : quel type de personne est-ce que je veux voir le matin dans le miroir ? (À rapprocher du discours funèbre de Stephen Covey.)

2. Confrontez les résultats de ce test au type d'activités que vous menez ou aux valeurs de l'organisation pour laquelle vous travaillez.

---

1. Voir par exemple ce site qui propose un test vous permettant de déterminer votre profil d'apprenant : www.apprendreaapprendre.com/reussite_scolaire/test.php

3. Les valeurs ne sont pas qu'éthiques : est-ce que vous voulez travailler dans une organisation qui vous aide à faire au mieux ce que vous savez faire, ou dans une organisation qui recherche l'innovation de rupture ? Votre vie professionnelle sera radicalement différente selon que vous choisissez l'une ou l'autre.

Pour Peter Drucker, les risques en cas de valeurs trop éloignées sont que « non seulement l'individu sera frustré mais qu'en plus il ne produira pas de résultats[1] ».

Étape 4 : sachez à « quoi » vous appartenez

Il s'agira dans cette quatrième étape de synthétiser ce que vous aurez appris sur vous dans les trois premières étapes afin d'être en mesure de faire des choix pertinents en terme de carrière. Si par exemple, vous savez que vous n'êtes pas un décideur, peut-être devez-vous refuser un poste de ce type, le risque étant de mal le vivre et d'hypothéquer la suite de votre carrière.

Cette étape doit aussi vous permettre de pouvoir dire oui à certaines demandes sur lesquelles vous êtes mal à l'aise en posant des conditions d'exécution : « Je veux bien le faire mais voici comment et voici le type de résultats que vous pouvez attendre de moi. »

Étape 5 : définissez votre apport (dans votre service, votre équipe projet, etc.)

Trois questions doivent se poser ici :
1. Que demande la situation ?
2. Étant donné mes compétences clés, mon mode de fonctionnement et mes valeurs, comment puis-je apporter la meilleure contribution à ce qui doit être fait ?
3. À quels résultats doit-on arriver pour faire la différence ?

Pour atteindre ses objectifs, Peter Drucker propose :
- de ne pas projeter de résultats à plus de dix-huit mois, les imprévus étant trop nombreux ;
- de se fixer des résultats raisonnables, c'est-à-dire atteignables *a priori* ;
- de se fixer des résultats qui ont du sens, c'est-à-dire qui feront la différence ;
- de se fixer des résultats qui doivent être visibles et si possible mesurables ;
- de mettre en place un plan d'action : que dois-je faire ? Où et comment démarrer ? Avec quels objectifs ? Dans quels délais ?

---

1. Peter Drucker, *Managing oneself*, Harvard Business Review, 2005.

Étape 6 : prenez la responsabilité de vos relations (ou l'intelligence émotionnelle avant l'heure)

« Se gérer soi-même exige de prendre la responsabilité de ses relations[1] », nous dit encore Peter Drucker, explorant ainsi en pionnier les territoires de l'intelligence émotionnelle que le psychologue Daniel Goleman[2] a depuis largement explorés et détaillés :

1. Acceptez le fait que les autres sont différents de vous, ils ont leurs propres compétences clés, leur propre manière de faire les choses, leurs propres valeurs. Pour être efficace, vous devez chercher à comprendre ce que recouvrent ces trois éléments chez vos collaborateurs afin d'en tirer le meilleur parti. C'est encore plus vrai pour votre responsable. Il faut savoir s'adapter à ce qui le rend plus efficace car « c'est (...) le secret pour "manager" son patron[3] ».

2. Communiquez sur vos compétences. Beaucoup d'incompréhensions viennent du fait que l'on ne sait pas vraiment, y compris dans un même service, que Dupont est très bon pour ceci et Durand pour cela. Lorsque vous arrivez dans un nouveau poste, expliquez à vos collègues quelles sont vos forces, comment vous fonctionnez et ce que vous vous proposez d'apporter. Puis demandez-leur de se définir de la même manière. Même si parler de soi ainsi peut sembler à première vue présomptueux, au final, cela génère de la confiance.

Changer sa vie pour aller vers ce qui nous enthousiasme (et gagner ainsi en autonomie) n'est pas un élément annexe pour mettre en place son propre système de PKM, mais la ligne directrice, l'azimut de ce système. Les autres éléments ne peuvent qu'être au service de cet objectif plus élevé. Si l'on doit mieux gérer son information, c'est pour alimenter ses connaissances et développer ses compétences. C'est ainsi que l'on est reconnu et que l'on peut espérer atteindre un degré d'autonomie, notamment financière. Celle-ci vous permettra de dégager du temps pour faire ce qui vous épanouit le plus. Et si vous avez la chance que votre métier fasse partie des activités qui vous enthousiasment, veillez quand même à respecter un équilibre entre vie privée et vie professionnelle. Car ce qui enthousiasme votre partenaire n'est certainement pas votre absence…

---

1. *Ibid.*
2. *L'intelligence émotionnelle*, Robert Laffont, 1999.
3. Peter Drucker, *Managing oneself*, Harvard Business Review, 2005.

Valorisez vos compétences personnelles

L'e-portfolio, un CV en expansion

Se présenter sous son meilleur jour

Désormais, vous pouvez vous montrer sous votre meilleur jour tout en démontrant vos compétences professionnelles. Comment ? Grâce au CV en ligne qui devient un véritable e-portfolio. Un e-portfolio se présente comme un CV classique : expériences professionnelles, études, etc. Toutefois, Internet décuple les potentialités du CV. Grâce aux liens hypertextes, vous pouvez compléter votre CV avec des liens vers des sites web : les écoles que vous avez fréquentées, les entreprises où vous avez travaillé, etc. Vous pouvez également enrichir votre CV avec du contenu multimédia : vidéo de présentation, photos, etc. En complément de votre présentation, vous pouvez publier du contenu annexe : mémoire de master, etc. Pourquoi ne pas ajouter également des commentaires de vos anciens collègues, voire, si possible, les recommandations de vos anciens employeurs ?

L'e-portfolio décuple les possibilités de mise en page de votre CV. En effet, sur le net, il n'y a plus besoin de se soucier du coût d'une impression couleur. L'e-portfolio peut servir lorsque vous recherchez activement un poste mais également durant toute votre carrière pour vous présenter professionnellement.

Quels outils utiliser pour élaborer votre e-portfolio ?

Sur le net, de nombreuses solutions permettent de créer rapidement votre e-portfolio. La plupart des solutions dédiées sont gratuites en version de base, puis payantes pour une utilisation avancée (exemples : www.moncv.com et www.doyoubuzz.com). Elles présentent l'avantage de disposer d'une trame toute prête pour élaborer votre e-portfolio.

Rien ne vous empêche de vous inspirer de ces sites pour créer le vôtre. Au choix, vous pouvez lancer un site web ou un blog en forme de portfolio. Vous pouvez utiliser un service en ligne ou si vous disposez d'un peu plus de connaissances informatiques, vous pouvez héberger votre propre solution.

Dans tous les cas, pour un meilleur référencement de votre e-portfolio, pensez à déposer un nom de domaine. Utilisez par exemple votre patronyme. Le coût reste modeste : environ cinq euros par an. La plupart des plates-formes de contenu proposent par ailleurs un outil statistique. Vous pourrez ainsi évaluer l'intérêt porté à votre e-portfolio, voire affiner votre analyse par page. Toutefois, l'analyse de vos statistiques ne vous permettra pas de savoir si c'est bien un recruteur qui a consulté votre e-portfolio.

Démarquez-vous grâce au CV heuristique

Le temps où un employé passait toute sa carrière au sein d'une même organisation semble révolu. Désormais, vous devez vous attendre à changer d'organisations plusieurs fois dans votre vie professionnelle. Dans le cadre de votre recherche de poste, vous serez amené à mettre à jour votre CV pour valoriser au mieux votre expérience professionnelle. Pour un même poste, la concurrence est rude. Dès lors, comment se démarquer pour se faire remarquer ? Le CV sous forme de carte heuristique® apporte une façon originale et efficace pour sortir du lot.

Quel logiciel choisir pour réaliser votre CV heuristique ?

Actuellement, il existe plus de cent logiciels de *mind mapping*. L'offre se répartit entre logiciels payants et gratuits d'une part, et d'autre part, entre logiciels en ligne ou non.

Pour débuter, s'équiper d'un logiciel gratuit est un bon choix. De toute façon, les réflexes appris sur l'ensemble des logiciels sont quasiment les mêmes. Comme vous vous en doutez, l'offre en logiciels gratuits est un peu moins pléthorique... À ce jour, vous pouvez restreindre votre choix à trois logiciels gratuits : Freemind, Freeplane et Xmind. Freemind est particulièrement puissant pour tout travail de production. Toutefois, l'apparence des cartes Freemind est beaucoup moins attrayante qu'une carte Xmind. Pour cette raison, présenter votre CV heuristique grâce à Xmind reste un choix judicieux. En plus, Xmind est désormais disponible en français.

Prendre en main Xmind

Pour	Faire
Insérer une branche fille	Appuyer sur la touche « Inser » du clavier.
Insérer une branche sœur	Appuyer sur la touche « Entrée » du clavier.
Renommer une branche	Appuyer sur la touche « F2 » du clavier ou double-cliquer sur l'élément.
Déplacer une branche	La glisser et la déposer à l'aide de la souris.
Supprimer une branche	Appuyer sur la touche « Suppr » de votre clavier.

Composer un CV heuristique

Pensez à respecter le plus possible les bonnes pratiques du *mind mapping*, à savoir un mot-clé par branche. Ainsi, vous séparerez les différentes informations et cela permettra de bien amorcer la suite. Par exemple, mettre « Téléphone » puis « fixe » et « portable » sur deux branches distinctes peut vous faire penser à ajouter votre numéro de ligne fixe : morceler l'information de cette façon permettra également aux recruteurs de scanner plus facilement votre CV.

CV HEURISTIQUE VS CV CLASSIQUE, LEQUEL ENVOYER ?

Votre CV heuristique sera-t-il bien perçu par les recruteurs ? Tout dépendra du degré d'ouverture du secteur dans lequel vous postulez. Vous pouvez très bien réaliser votre CV heuristique grâce à une carte manuelle. En fonction de vos talents artistiques, votre carte pourra toutefois être perçue comme moins professionnelle. Réservez donc les cartes manuelles pour des professions à l'esprit ouvert : art, culture, etc. La carte informatique, grâce à la structuration de l'information, paraîtra plus professionnelle. À ce jour, Imindmap[1], le logiciel de *mind mapping* de Tony Buzan, est celui qui se rapproche le plus de l'aspect manuel. Naturellement, vous pouvez très bien envoyer votre CV sous les deux formes. Selon votre choix, les informations contenues dans ces deux formes de CV seront les mêmes, ou bien vous pourrez présenter en carte heuristique® une version expurgée de votre CV classique.

Dans notre livre *Boostez votre efficacité avec Freemind, Freeplane et Xmind*[2], nous expliquons pas à pas comment créer un CV heuristique avec Xmind.

1. www.thinkbuzan.com/fr
2. Xavier Delengaigne, Pierre Mongin, *Boostez votre efficacité avec Freemind, Freeplane et Xmind*, Eyrolles, 2e édition, 2010.

CV heuristique de Xavier Delengaigne

Xavier Delengaigne

CONTACT
- Adresse : 4 rue de valenciennes
- 59000 LILLE
- Blog : www.collectiveumerique.fr
- Téléphone : Port : 06 61 08 64 xx
- E-mail : xavier.delengaigne@laposte.net

FORMATION
- FrontPage
- Dreamweaver — maîtrise des logiciels
- Flash — création de sites webs
- Javascript — langages
- HTML
- Formation à l'École Nationale des Cadres Territoriaux — option informatique
- École Nationale des Techniciens de l'Équipement — Valenciennes
- Attaché territorial 2002/2003
- Secrétaire Administratif des Services Déconcentrés du Ministère de l'Équipement (des Transports et du Logement) 2001-2002 — Lauréat du concours
- SAP (langage ABAP/4), Oracle (langage SQL, PL/SQL)
- Faculté de droit et de sciences politiques Alexis de Tocqueville — Droit (1997-1998)
- Maîtrise
- GEA (Gestion des Entreprises et des Administrations) (1994-1996)
- AES (Administration Économique et Sociale) (1996-1997)
- Université d'Artois
- DUT — BUT Lens
- Licence — UFR Arras
- option Ressources Humaines
- mention développement local
- Série C (Mathématiques, Sciences Physiques) (1993-1994)
- Baccalauréat — Lycée d'Artois
- Noeux les mines
- Diplômes

LANGUES ÉTRANGÈRES
- Anglais niveau IV / IV+ — lu, parlé, écrit
- Espagnol

EXPÉRIENCES PROFESSIONNELLES
- VILLE DE LA MADELEINE 2002-2009 — Directeur des systèmes d'information
  - Administration du réseau informatique — Mise en place / Installation — VPN, serveur linuxrtz, serveur TSE, Proxy SQUID
  - Informatisation des services — Site internet de la Ville de la Madeleine sous SPIP
  - Gestion des projets informatiques
  - Formation — Utilisateurs
  - Parc informatique — Maintenance — Matérielle / Logicielle
  - Intérim du responsable du domaine informatique
  - Chef de projet formation en informatique
  - Webmaster du site intranet
- CENTRE INTERREGIONAL DE FORMATION PROFESSIONNELLE D'ARRAS 2001-2002 — Chef de projet formation
- SOCIÉTÉ ROVER 2000-2001 — Ingénieur d'étude et de développement
  - Réalisation de développement sous SAP en ABAP/4
  - Rédaction des dossiers de spécifications techniques selon les différents éléments fournis
  - Intégration des développements au sein de la société Rover
  - Rédaction des différentes spécifications techniques en terme d'architecture

12

METTRE EN PLACE UN SYSTÈME D'INFORMATION PERSONNEL

« Faites simple, aussi simple que possible, mais pas simpliste. »
Einstein

Comment identifier vos besoins en information ?

Certains besoins en information nous sont imposés par notre activité même car leur utilité est immédiate : chiffre des ventes, pourcentage de retours clients, taux de conversion des visiteurs d'un site web... Toutefois, il est indispensable, notamment lorsque l'on débute à un nouveau poste, de ne pas se satisfaire de l'existant et de mener l'audit de ses propres besoins informationnels.

Ceci est vrai dans le domaine professionnel mais peut aisément se décliner dans le cadre privé. De manière générale, on s'aperçoit d'ailleurs que les gens qui ont une passion n'ont pas de mal à se poser les bonnes questions pour avancer : « Comment trouver la personne-ressource qui me permettra de perfectionner ma technique de guitare ? », « Comment contacter l'expert d'arts martiaux qui m'enseignera telle forme de travail ? », etc. Ils ont l'enthousiasme nécessaire pour mettre la machine en marche. De fait, la passion est un excellent moteur. Les gens passionnés par leur métier se posent ainsi plus facilement les bonnes questions que les autres.

Les deux questions de Peter Drucker

Comme nous l'avons vu dans le chapitre 11, Peter Drucker est un excellent guide personnel. S'étant posé la question des besoins en information avant les autres, il a mis au point deux questions simples[1] qui nous semblent à nouveau pleines de bon sens. Nous devons nous les poser pour ne pas rater notre cible :

---

1. Peter Drucker, « Quelle information pour les cadres ? » in *Les Échos*, 2002 : www.lesechos.fr/formations/manag_info/articles/article_12_1.htm

Question	Description
1. Quelle est l'information que je dois apporter aux personnes avec lesquelles je travaille et dont je dépends ? Sous quelle forme ? Et dans quels délais ?	Pour Peter Drucker, la première question à se poser n'est pas « Qu'est-ce que je veux ? » mais « Qu'est-ce que les autres attendent de moi ? » et donc « Qui sont les autres ? » (ce qui est très cohérent avec sa méthode d'identification des compétences personnelles : voir chapitre 11). Cette question est essentielle car elle nous oriente dès le départ vers le travail collaboratif.
2. Quelle est l'information dont j'ai personnellement besoin ? Qui peut me la donner ? Sous quelle forme ? Et dans quels délais ?	La première chose que doit faire un employé pour obtenir l'information dont il a besoin dans le cadre de ses fonctions est donc d'aller voir les autres, c'est-à-dire tous ceux avec qui il va être amené à travailler ou dont il dépend, pour les interroger. En retour ; il doit se préparer à répondre lui-même à la question « Et vous, quelle information attendez-vous de moi ? » Dans le cadre de nos activités privées, on devra se poser cette question à nous-même en utilisant comme cadre de réflexion les différents rôles et objectifs que l'on se sera assigné grâce à la méthode de Stephen Covey.

Quels sont vos facteurs critiques de succès ?

On peut compléter la méthode de Peter Drucker en s'inspirant de celle des facteurs critiques de succès. Elle a été développée par le chercheur en management John Rockart[1] pour permettre aux organisations de décliner leurs objectifs stratégiques à un niveau opérationnel, c'est-à-dire pour les réduire à quelque chose de plus « actionnable » : plan tactique, plan d'action, etc. Elle permet dans un premier temps de cerner les facteurs qui affectent la réalisation des objectifs stratégiques, les fameux facteurs critiques de succès (FCS). Avec un minimum d'efforts, il est tout à fait possible de décliner cette méthode à nos besoins individuels en information :

Une fois encore, le *mind mapping* pourra ici servir efficacement de support à votre réflexion.

---

1. John F. Rockart, « *Chief executive define their own data needs* », *Harvard Business Review*, mars-avril 1979.

Méthode des facteurs critiques de succès

Étape	Actions
1	Déterminez vos facteurs critiques de succès en fonction de vos objectifs stratégiques (ou de ceux de votre service évidemment). Pour cela, posez-vous les questions suivantes : – Où détesteriez-vous le plus que quelque chose aille mal dans votre activité ? – Citez deux ou trois secteurs de votre activité où des difficultés vous empêcheraient de fonctionner normalement. – Supposons que vous restiez isolé pendant trois mois. Que souhaiteriez-vous savoir en premier en revenant ?
2	À partir des réponses obtenues ci-dessus, sélectionnez celles qui se recoupent et vous semblent essentielles (entre trois et six).
3	Réfléchissez aux informations dont vous avez continuellement besoin pour mieux gérer ces FCS.
4	Mettez en place une veille personnelle sur ces thèmes (voir chapitre 11).

Flux matériel *vs* immatériel

Le flux matériel reste bien réel

Bien que nous vivions dans un univers de plus en plus virtuel, la réalité nous rattrape rapidement avec des objets bien physiques. Malgré une volonté de s'orienter vers la dématérialisation, nous continuons de rester entourés par des informations sur un support physique :

• courriers ;
• dossiers ;
• livres ;
• magazines ;
• etc.

Cette source de données est bien souvent multiforme. La méthode GTD (voir chapitre 3, « Rangez votre bureau », page 57) propose de centraliser ces données physiques dans une *inbox* (une boîte de réception). En fonction du volume de données à traiter, l'*inbox* peut être une simple bannette à courrier. Une fois rentrées dans le système, les données ne doivent pas rester statiques.

Organiser le flux matériel

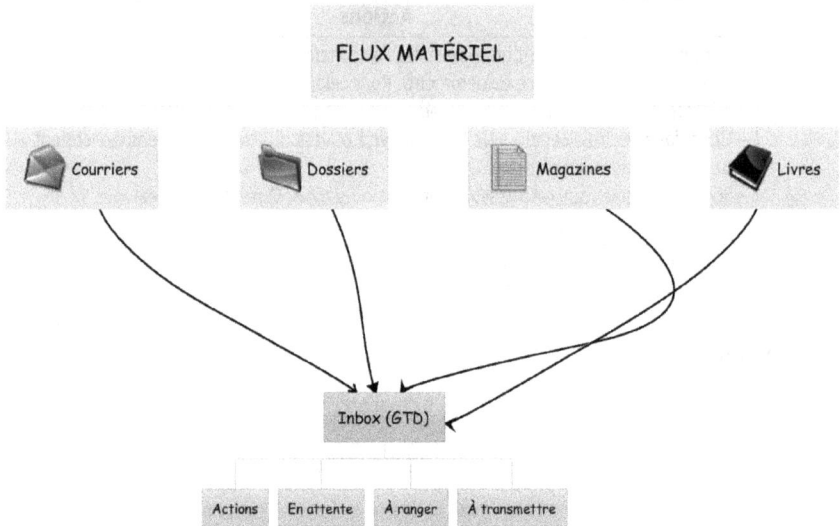

Afin de ne plus faire coexister un flux matériel en plus d'un flux immatériel, de nombreuses personnes se tournent vers la dématérialisation. Elles scannent purement et simplement tous les documents qu'elles reçoivent pour les réceptionner dans une *inbox* virtuelle. Ainsi, tout est centralisé. Toutefois, même avec un matériel performant (scanner à défilement), scanner tous les documents consomme du temps.

Vers un flux de plus en plus immatériel[1]

Le flux immatériel est lui aussi grandissant : toujours plus d'e-mails, de conversations téléphoniques, etc.

En moyenne, combien d'e-mails recevez-vous par jour : dix ? Vingt ? Cinquante ? Cent ? Vous l'avez sans doute remarqué : le nombre d'e-mails reçus par jour augmente de façon exponentielle. L'e-mail reste, il est vrai, le principal outil de communication dans la plupart des organisations.

---

1. Nous complétons ici nos conseils pour mieux gérer sa boîte mail, thème que nous avons commencé à aborder dans la partie 1 au chapitre 5 « Organiser l'information », notamment dans « Gérez votre messagerie : de quoi je me mail ? ».

Organiser le flux immatériel

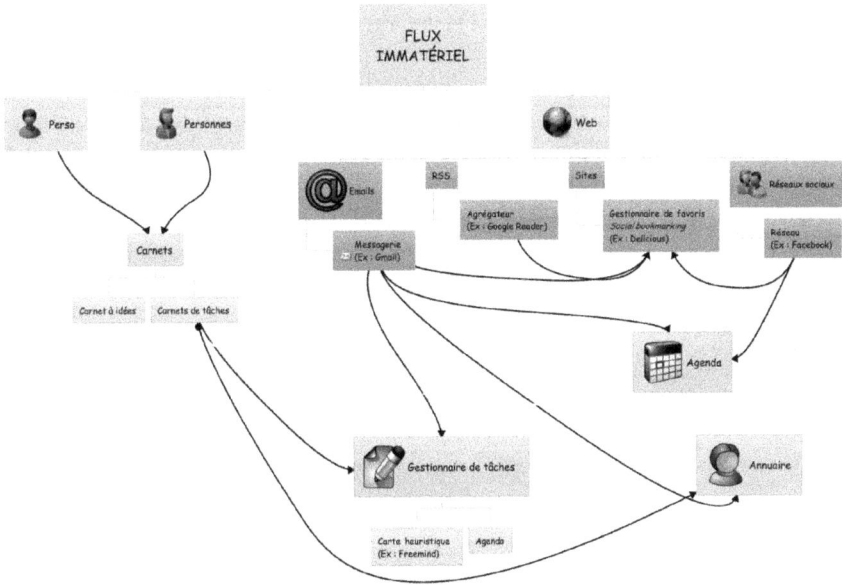

Chaque jour, le flot ininterrompu de courriels charrie avec lui toutes sortes d'informations à traiter. Mais avez-vous déjà pris le temps de réfléchir à la nature de chaque e-mail reçu ? Sans doute que non… Bien souvent, nous traitons tous les e-mails de manière identique. Pourtant, la plupart des e-mails peuvent être transformés en actions. Selon la méthode GTD, si une action prend moins de deux minutes, vous devez la réaliser tout de suite.

Cette action peut être :

- répondre ;
- transférer ;
- déléguer ;
- faire.

Respectez l'adage « chaque chose à sa place » pour :

- un événement : ajoutez-le dans votre agenda puis supprimez l'e-mail ;
- un site : ajoutez-le dans vos favoris dans un site de *social bookmarking* par exemple, puis supprimez l'e-mail ;
- un contact : ajoutez-le à votre annuaire, puis supprimez l'e-mail.

Lorsque nous envoyons un e-mail avec une tâche déléguée par exemple, nous croyons que c'est terminé. Eh bien non, vous devez assurer un suivi car votre contact ne réalisera peut-être pas la tâche, ou que tout simplement, il n'aura pas reçu votre e-mail (ou fait semblant de ne pas le recevoir). Une fois l'e-mail envoyé, transférez-le dans votre dossier en attente pour assurer un suivi.

Le temps et l'attention sont des ressources finies. Vous ne devez pas simplement consulter votre boîte mail mais agir, transformer les e-mails en actions. Le but ultime reste d'amener votre boîte de réception à zéro. L'e-mail est simplement un médium. Vous devez transformer vos e-mails en actions.

Organiser la messagerie selon la méthode GTD

Si l'action engendrée par lemail prend moins de deux minutes, réalisez-la immédiatement. ← Boîte de réception

Actions   En attente   Archives   Corbeille

Vous organiser : une activité quotidienne

Organiser l'année
En début d'année, réalisez une carte GTD avec les projets structurants de l'année. Créez également une carte GTD portail. Elle sera l'équivalent virtuel de votre système d'organisation GTD du flux matériel (bannettes).

Notre organisation va ensuite descendre d'un niveau pour s'occuper du mois.

Organiser le mois (en cours)
Au début du mois, créez la carte GTD du mois en cours. Vérifiez la carte du mois précédent, pour ajouter dans la carte en cours les tâches non réalisées. Au fil du temps, indiquez les tâches à réaliser dans le mois ainsi que les tâches en attente pour réaliser par exemple un suivi.

Notre organisation va encore descendre d'un niveau pour s'occuper de la semaine.

Organiser la semaine (en cours)	
En début de semaine	Créez la carte GTD de la semaine en cours. Vérifiez la carte de la semaine précédente pour ajouter dans la carte en cours les tâches non réalisées. Vérifiez votre système d'organisation GTD du flux matériel (vos bannettes). Le cas échéant, répartissez les tâches dans vos différentes cartes GTD : Projets, Mois, Semaine, Jour. Consultez votre agenda pour visualiser les événements prévus.
En fin de semaine	Consultez les pages web mises à lire plus tard (exemple : dans Diigo).

Notre système d'organisation va maintenant s'intéresser à une unité de mesure commun à beaucoup de travailleurs : la journée.

Organiser la journée (en cours)	
Début de journée	Élaborez la carte GTD du jour. Consultez vos e-mails. La carte GTD du jour reprend les tâches notées dans un premier temps au sein du carnet de tâches. Vérifiez également les tâches non réalisées sur la carte GTD de la veille. Vérifiez votre agenda. Reportez les rendez-vous du jour dans la carte GTD du jour. Vérifiez les actualités du jour. Au choix, vous pouvez lire le journal ou consultez les sites d'actualité sur le net (exemple : Google Actualités). Au-delà de l'aspect de culture générale, l'actualité du jour peut influer sur votre agenda (exemples : travaux sur l'autoroute, organisation d'un événement auquel vous voulez assister). Consultez vos réseaux sociaux. Le plus souvent, limitez-vous à deux réseaux sociaux : un généraliste (exemple : Facebook) et un professionnel (exemple : Viadeo). Consulter ses réseaux chaque jour ne consomme pas forcément trop de temps. Un rapide scannage des différents éléments permet de limiter à cinq minutes la consultation de son compte. Sur les réseaux sociaux, il y a une grande réactivité. Consulter quotidiennement votre réseau vous permettra de vous tenir informer en temps réel des informations circulant au sein de votre réseau. L'ensemble de la phase d'organisation du matin représente environ trente minutes.

Organiser la journée (en cours) *(suite)*	
Fin de journée	Vérifiez la carte GTD du jour. Barrez le cas échéant les tâches réalisées (bien souvent, vous biffez les tâches réalisées au fur et à mesure de la journée.) Vérifier la carte GTD du jour en fin de journée permet de prendre conscience de l'ensemble des tâches effectuées dans la journée, car pour paraphraser Marie Curie : « On ne fait jamais attention à ce qui a été fait ; on ne voit que ce qui reste à faire. » Consultez votre lecteur de flux RSS. En guise de récompense, vous pouvez à ce moment lire vos flux RSS. Certains consultent leur agrégateur de flux dès le matin, mais avec le nombre grandissant de flux, nous cédons vite à la tentation de vouloir tout lire. Réserver la lecture des fils RSS en fin de journée permet de ne pas prendre trop de temps, ou tout du moins de ne pas empiéter sur l'activité de la journée qui commence tout juste.

LE SYSTÈME D'INFORMATION PERSONNEL PAR BRUNO BERNARD SIMON

Quels sont les piliers d'un système d'information personnel : l'e-mail ? L'agrégateur de flux RSS ?…

L'e-mail et les listes de discussion restent importants même si le RSS a mangé une part non négligeable du temps de veille. Le presse-papier ne doit pas être oublié, ni surtout les réseaux professionnels – et non pas les réseaux sociaux du web 2.0.

Le web 2.0 a-t-il révolutionné l'activité du travailleur du savoir ?

Oui… et non. Oui, si l'on considère que le web 2.0 représente avant tout la rapidité des réseaux, la participation de plus d'acteurs (les « pro-ams »), et donc l'augmentation de la production de l'information et du temps nécessaire à son traitement. Non, du point de vue du fond du travail : la recherche des sources d'informations, la vérification, le recoupement, l'agrégation et le stockage restent les mêmes.

Le système d'information personnel se compose-t-il d'outils mais également de méthodes (mind mapping, GTD, etc.) ?

Dans mon cas personnel, rien de bien compliqué, si ce n'est une classification et un classement optimal des fichiers, la sauvegarde des données, la mise à jour des logiciels et du matériel.

Conclusion

« No one likes change except a wet baby. [1]*»*

L'avènement d'un continuum informatique

Désormais, dans la plupart des organisations, nous sommes en présence d'un véritable continuum informatique. L'ordinateur est présent à chaque étape de la production d'information.

Prenons l'exemple de la presse : « Dès la deuxième moitié des années 1990, les chercheurs français Daniel Thierry et Denis Ruellan[2], étudiant les transformations organisationnelles des rédactions des entreprises de presse régionale, repèrent l'existence d'un continuum informatique présent à tous les maillons de la chaîne de production de l'information depuis l'amont de cette chaîne (repérage, collecte, sélection, indexation...) jusqu'à son aval (impression et diffusion) en passant par toutes les étapes intermédiaires liées à la fabrication de l'information (hiérarchisation, écriture, mise en scène...)[3]. »

Bien que non exclusif, le *Personal Knowledge Management* (PKM) reste intimement lié à l'ordinateur. Développer des compétences informatiques et informationnelles devient donc primordial.

Une information protéiforme et multisource

Les sources traditionnelles sur papier (livres, magazines) conservent tout leur attrait. Le net, quant à lui, constitue un véritable magma informationnel. En son sein s'entremêlent des données publiques, des informations personnelles, d'autres commerciales.

---

1. « Personne n'aime le changement à part un bébé mouillé. »
2. Denis Ruellan et Daniel Thierry, *Journal local et réseaux informatiques*, L'Harmattan, 2000.
3. Nicolas Pélissier et Mamadou Diouma Diallo, *L'entonnoir : Google sous la loupe des sciences de l'information et de la communication*, C&F Éditions, 2009, page 61.

Bref, se retrouver dans ce *melting pot* informationnel devient de plus en plus compliqué, nous avons besoin de boussoles pour naviguer dans l'océan de données que constitue le net. Face à l'infobésité, nous devons mettre en place des filtres pour éviter de nous noyer dans le flux continu de données. Le PKM est justement là pour nous aider à nous y retrouver (il faut cependant noter que le développement de solides compétences dans ce domaine peut prendre plus ou moins de temps selon les personnes).

Attention à l'enfermement informationnel

De nombreux travailleurs du savoir restent emprisonnés dans un univers auto-créé. Au fil du temps, ils ont bâti un système d'information performant. Toutefois, forts de ce réceptacle de données, ils délaissent peu à peu la sérendipité, ainsi que le plaisir de trouver et de s'y retrouver. Ils se retrouvent dans une veille permanente, connectés vingt-quatre heures sur vingt-quatre à leur ordinateur et au net. Internet devient le cordon ombilical nécessaire à leur survie.

L'addiction au net est vite contagieuse selon votre profil de personnalité. Ainsi, comme dans toute activité, la pause est bénéfique. Débranchez-vous périodiquement du flux continu d'informations. Il faut savoir parfois arrêter le temps, c'est-à-dire sortir des flux de données pour en tirer des connaissances. Pour prendre une image, arrêtons de vouloir boire toute l'eau du fleuve boueux pour boire uniquement l'eau de source limpide.

Mais l'enfermement informationnel peut aussi être collectif. La sociologue Danah Boyd pointait récemment les risques d'homophilie, c'est-à-dire notre capacité à nous confronter uniquement à des informations auxquelles nous avons des chances d'adhérer (et d'éviter ainsi les points de vue divergents). C'est particulièrement visible sur le marché des sites de rencontres : ils se spécialisent de plus en plus par « niches » (les trentenaires, les quarantenaires, ceux qui votent à gauche ou à droite, les Blacks Blancs Beurs, les Catholiques, les Musulmans, les Juifs, etc.). Comme le dit Danah Boyd, « la technologie n'a pas dans son essence de mettre fin aux divisions de la société. Et même, plus souvent qu'à son tour, elle les renforce[1] ».

---

1. Danah Boyd, « Vivre avec, dans et autour de l'information » in *Internet Actu*, 25 octobre 2010.

Savoir ralentir

Depuis quelques années, on voit grandir le mouvement du « slow ». Slow Food, le *slow travel*, le *slow parenting*[1] : tout est bon pour prendre son temps et c'est tant mieux, car prendre son temps n'est pas synonyme de le perdre, au contraire. Le concept de « slow » appliqué à la gestion de l'information revient à mettre en place des garde-fous pour nous permettre de prendre de la distance avec elle, notamment celle, toujours croissante, qui est diffusée en temps réel. Temps de déconnexion, de détente, de respiration, voire, pourquoi pas, de méditation (comme le prônent certains des chercheurs les plus avancés dans cette réflexion[2]), afin de repartir sur de bonnes bases. On sait par exemple que le fait de dormir sur une idée nous permet souvent d'aboutir à une solution le lendemain (et c'est maintenant prouvé[3]). On sait aussi que la rêverie journalière est un élément important de la résolution de problèmes[4] ou bien que les promenades, même courtes, dans un environnement naturel[5] améliorent notre créativité. En fait, plus le temps passe et plus les neurosciences cognitives nous apprennent que le cerveau a besoin de ces temps de pause pour mieux intégrer les informations afin de mieux les réutiliser. Comment le travailleur du savoir qui souhaite être efficace pourrait-il ne pas tenir compte de ces découvertes ?

Le PKM ou l'art de s'adapter au réel pour ne pas le subir

Le *Personal Knowledge Management*, comme nous l'avons démontré, est une discipline nécessairement intégratrice. Elle se nourrit des apports de domaines scientifiques divers (sciences de l'information, de la cognition, du management, de l'éducation…). Mais elle s'intéresse aussi aux pratiques, savoir-faire et tours de main numériques pour la bonne et simple raison qu'ils sont

1. http://en.wikipedia.org/wiki/Slow_Movement
2. Voir notamment Bernard Stiegler, *Prendre soin de la jeunesse et des générations*, Flammarion, 2008.
3. « Let me sleep on it: creative problem solving enhanced by REM sleep » in *Science Daily*, 9 juin 2009 : www.sciencedaily.com/releases/2009/06/090608182421.htm
4. Robert Lee Hotz, « A wandering mind heads straight toward insight » in *Wall Street Journal*, 19 juin 2009 : http://online.wsj.com/article/SB124535329704882860l.html
5. Hubert Guillaud, « Comment la ville nuit-elle à notre cerveau ? » in *Internet Actu*, 12 janvier 2009.

souvent à l'origine de recherches menées dans ces domaines. Sur Internet, l'essai-erreur et les approches heuristiques sont constantes et peu coûteuses en temps. Il n'est donc pas nécessaire d'attendre une validation scientifique pour tester et mettre à son profit une technique que d'autres auront partagée… et avec le web social, il s'en partage beaucoup !

Dans ce contexte informationnel singulier, on comprend bien qu'il est difficile d'enfermer le PKM dans des définitions trop catégoriques. S'adaptant à la fois aux évolutions sociétales évoquées dans cet ouvrage et aux besoins individuels de chacun, il est multiforme et en perpétuelle évolution. Nous pensons toutefois que le modèle TIICC, détaillé ici avec force outils et méthodologies, devrait permettre à chaque travailleur du savoir de poser les bases de son propre système de PKM mais aussi, grâce à la pratique de la veille qui en est une composante essentielle, de mieux anticiper les changements qui l'attendent et de s'y adapter.

Maintenant, c'est à vous ! Gérez votre PKM comme un livret de caisse d'épargne. Vos données sont un capital à faire fructifier, à accumuler doucement pour que le moment venu, vous puissiez « tirer » dessus.

Sur les réseaux sociaux, *idem*, le capital de sympathie et/ou d'expertise que vous aurez contribué à créer vous sera très utile au moment opportun.

ANNEXES

Annexe 1

MIEUX TAGGER SES FAVORIS

Lorsqu'on commence à enregistrer des pages web dans un service de *social bookmarking*, on utilise souvent des tags descriptifs simples généralement liés au(x) thème(s) qu'elles traitent. Après quelque temps, ces tags ne suffisent cependant plus à retrouver facilement les éléments stockés. Il est alors temps de réfléchir à des tags plus précis que l'on intégrera dans des catégories de niveau supérieur (appelés *bundles* dans Delicious)[1]. Vous créerez ce faisant ce que l'on appelle une « classification à facettes » qui vous permettra de naviguer dans vos favoris en ajoutant un descripteur à un autre afin de ne filtrer que ceux qui vous intéressent (exemple : mot-clé + année + nom de la publication).

Voici quelques exemples de catégories de tags que l'on peut utiliser[2] :

Facette	Exemple de tags
Thématique	Veille_stratégique, lobbying, pêche_à_la_mouche…
Source	Veille_magazine, Le_Pêcheur_Français…
Type d'objet	.ppt, .pdf, logiciel, extensionFF, article, liste, comparatif, référence…
Date	2010, 01_03_09, mai08…
Langue	US, FR, G, JP…
Couverture géographique	France, Australie, Chine…
Action	A_transférer, Pour_untel…
Auteur	Michel_Dupont, Pauline_Durand…
Entreprise citée	Concurrent_A, Client_Z, Fournisseur_Y…
Personne citée	Untel_1, Untel_2…

---

1. Diigo ne propose qu'un seul niveau hiérarchique pour classer ses favoris mais on peut utiliser le système des listes pour les regrouper dans des catégories supérieures.
2. D'autres catégories sont proposées sur le site http://facette.csail.mit.edu qui propose par ailleurs un intéressant plugin Firefox pour mieux tagger ses découvertes dans Delicious.

Bien sûr, il ne s'agit pas ici de choisir un tag dans chaque catégorie, ce qui serait chronophage, mais de se fixer sur quelques catégories que l'on utilisera avec régularité. C'est une condition *sine qua non* de la pérennité de votre compte de *social bookmarking*.

Annexe 2

UTILISER PERSONALBRAIN

PersonalBrain 6.0 est un logiciel en français et en version libre qui vous permet d'appréhender de façon concrète ce que peut être un système d'information personnel.

Les avantages

Une seule interface permet de regrouper des milliers de données, mais aussi de les connecter entre elles, en les transformant ainsi en informations. Les fils du *mind map* capturés au fil du temps sont tissés ensemble dans un réseau unique comparable aux connexions de notre cerveau. Toute idée du « plex » (l'espace d'affichage du réseau d'idées, en bleu), semblable au plexus de notre poitrine, s'affiche avec trois possibilités de liens : parent, enfant et lien.

L'idée que nous souhaitons traiter se place immédiatement au centre de l'écran, là où notre vision se focalise avec le plus de force. La recherche est facilitée par un menu déroulant ou des tags.

L'importation de fichiers réalisés sur des logiciels de *mind mapping* tels que MindManager et Freemind est possible, ce qui permet de capter et de réutiliser des réseaux d'idées déjà élaborés sans avoir à les ressaisir. Cela se passe comme lorsque vous réemployez un modèle de réflexion.

L'export sous forme de site web dynamique utilisant la technologie AJAX permet d'envoyer un *mind map* à quelqu'un ou de l'imprimer sur une à plusieurs pages.

Le logiciel est compatible avec les trois configurations Windows, Mac et Linux. La version libre est déjà très puissante (www.thebrain.com).

Les utilisations

Tout d'abord, le logiciel a une fonction d'archivage. Il vous permet de capter en temps réel tout ce qui accroche votre regard. Une page web qui vous intéresse peut être sauvegardée par un simple glisser/déposer pour être relue ou réutilisée plus tard. Grâce à l'affichage transparent, vous pouvez garder sa fenêtre ouverte en permanence sur votre écran sans que cela perturbe votre travail – ou à peine.

Le logiciel est aussi particulièrement efficace et adapté pour faire de la veille, de l'intelligence économique, pour gérer vos favoris, etc. Pour partager votre travail, publiez les portions de cartes souhaitées sur WebBrain en version publique ou privée.

Gérer un portefeuille de projets en associant les mails, les rapports, les fichiers, les pages web et les données contenues dans le corps des idées : tout est possible. L'organisation personnelle de vos données est ainsi facilitée. Votre « cerveau digital » prolonge votre cerveau physique, tout comme la cuillère prolonge votre bras. L'avantage majeur est l'unicité de temps, de lieu et d'action.

Les principales fonctions

Vous pouvez consulter une image des fonctionnalités sources sur www.idergie.com. En voici un extrait ci-dessous :

Chaque idée peut être reliée à des milliers d'autres. Pour ceux qui connaissent le *mind mapping*, c'est une carte à la puissance cent qui est proposée en filigrane de votre écran.

La navigation est facilitée par l'affichage de la liste des idées saisies récemment. On peut classer chaque idée dans une catégorie auquel vous pourrez vous connecter. Les tags vous permettent d'ajouter de l'information à l'information : par exemple, s'agit-il d'une personne ? Un traitement de texte est disponible dans les notes attachables à chaque idée. Ainsi, un contenu est attaché à un contenant (l'idée).

L'affichage transparent filtre positivement vos découvertes sur le web. Le glisser/déposer accroche immédiatement l'idée qui passe et que l'on perd d'habitude quand l'on surfe à toute allure sur les liens hypertextes. Le logiciel devient notre fil d'Ariane : on retrouvera notre chemin lorsque nous le ferons en marche arrière ! La sauvegarde étant instantanée, vous êtes libéré du souci de l'enregistrement.

PersonalBrain est téléchargeable sur www.thebrain.com, www.mindmanagement.org et www.collectivitenumerique.fr

Annexe 3

CONTACTER LES AUTEURS

La rédaction de ce livre constitue pour nous l'aboutissement de notre projet sur le PKM, mais non une fin en soi. Nous serions ravis de continuer la discussion avec vous par tous les moyens en votre possession.

Nous assurons également des formations dans des domaines variés : cartographie de l'information (*mind mapping*), intelligence économique, veille, et naturellement PKM.

Xavier Delengaigne : xavier.delengaigne@gmail.com

Vous pouvez également le contacter *via* les commentaires de son blog Collectivité Numérique (www.collectivitenumerique.fr).

Pierre Mongin : fichepratique@gmail.com

Président de l'association « Le *mind mapping* pour tous », il anime le site MindManagement (www.mindmanagement.org) dédié au *mind mapping*.

Christophe Deschamps : christophe.de@gmail.com

Il anime le blog Outils Froids consacré à la veille, à l'intelligence économique et au PKM depuis 2003 (www.outilsfroids.net).

Lexique

Agent de surveillance : logiciel qui permet de surveiller des pages, des sites ou des parties de site web et d'être alerté lorsqu'un changement est intervenu.

AJAX : terme qui évoque l'utilisation conjointe d'un ensemble de technologies libres couramment utilisées sur le web (HTML ou XHTML, CSS, DOM et Javascript, XML, etc.).

Annuaire (ou répertoire) : classement des sites web par rubrique afin d'en faciliter la recherche.

API (*Application Programming Interface* ; en français, « interface de programmation ») : ensemble des fonctions mises à disposition des programmes informatiques par une bibliothèque logicielle ou un service afin de permettre l'interopérabilité entre des composants logiciels.

Atom : basé sur le standard XML, Atom sert à syndiquer du contenu web. C'est le concurrent du format RSS.

Balise meta HTML : information sur la nature et le contenu d'une page web, ajoutée au moyen de marqueurs HTML.

Blogroll (en français, « blogoliste ») : liste de liens vers d'autres blogs considérés comme pertinents par un blogueur. Il est souvent affiché sous la forme d'une colonne au sein d'un blog.

Bookmarklet : favori dynamique à glisser/déposer dans la barre de favoris du navigateur.

Bruit : toute réponse non pertinente à une recherche documentaire (AFNOR 1987). Source : www.bibliotheques.uqam.ca/bibliotheques/serv_techniques/analyse/politiques/POL_glossaire.HTML

Bundle : dans Delicious, catégorie de niveau supérieur pour classer les tags qui permet de constituer une « classification à facettes ».

Carte GTD : carte heuristique® basée sur la méthode GTD (*Getting Things Done*).

Charte Marianne : socle d'engagements mis en œuvre dans de nombreux services dépendants de l'État français.

Client de messagerie : logiciel qui sert à lire et envoyer ses e-mails en les téléchargeant sur son ordinateur (exemple : Microsoft Outlook).

CMS (en anglais, *Content Management Systems* ; en français, SGC, « système de gestion de contenu ») : famille de logiciels destinés à la conception et à la mise à jour dynamique de site web ou d'application multimédia.

Collaborative social search : mode de recherche qui apparaît lorsque deux personnes ou plus s'associent pour trouver la réponse à une question. Le « modèle physique » de cette collaboration est baptisé « *over the shoulder* » : deux personnes travaillent dans un même bureau, l'une devant l'ordinateur, l'autre observant les résultats obtenus par la première et lui donnant, par exemple, des idées de mots-clés nouveaux à utiliser.

Collective social search : mode de recherche qui tire parti des innombrables répertoires dans lesquels les internautes laissent des traces de leur passage, qu'elles soient implicites ou explicites.

Community manager (en français, « gestionnaire de communauté ») : personne qui anime et régule les échanges entre internautes utilisant un service web commun. Il a pour mission de faire respecter les règles de bonne conduite au sein de la communauté. Source : www.fr.wikipedia.org/wiki/Community_manager

Concept mapping (ou « carte conceptuelle » en français) : représentation sous la forme d'un schéma composé de concepts reliés par un lien signifié. Il a été popularisé par un pédagogue américain, Novak, dans son livre *Learning How to learn.*

CRM (*Customer Relationship Management* ; en français, GRC, « gestion de la relation clients ») : logiciel qui permet de gérer la relation clients afin de fidéliser ses clients en répondant le mieux possible à leurs attentes.

Crowdsourcing : utilisation de la créativité, des savoir-faire et de l'intelligence des internautes à moindre coût. Le concept recouvre à la fois les techniques et processus mis en œuvre sur les services en ligne 2.0 dans le but de capturer puis d'agréger les actions des internautes grâce à des algorithmes (notamment de filtrage collaboratif). La valeur ajoutée des contenus publiés par les internautes est ainsi mise en évidence et est réinjectée dans le système afin d'améliorer l'expérience utilisateur.

CSV (*Comma Separated Values*) : « forme très primitive, mais finalement très robuste, de base de données, où chaque ligne est un enregistrement où les champs sont séparés par un caractère prédéfini point virgule ou tabulation) » Source : http://blog.wmaker.net/glossary

CV heuristique : présentation du CV en arborescence, utilisant des images, du texte, de la couleur et même des liens hypertextes renvoyant vers des pages web. C'est un véritable CV électronique.

Digital immigrant (en français, « immigrant numérique ») : à l'opposé des *digital natives*, personne qui a grandi hors d'un univers numérique et qui tente de s'y adapter.

Digital native (en français, « natif numérique ») : désigne les personnes qui ont grandi dans un univers numérique (mp3, iPod, Internet).

e-mail protocol : sorte de charte mise en place avec ses interlocuteurs au début d'un projet afin de limiter le nombre d'e-mails reçus et de gagner en efficacité.

e-mail span : en théorie des graphes, nombre de destinataires à un e-mail.

Embodiment : analogies avec le corps humain et métaphores ayant trait à la « vraie vie » qui donnent sens à des concepts sans réalité tangible.

E-portfolio : CV en ligne dont les potentialités sont décuplées par Internet (renvois vers les sites web des entreprises fréquentées, intégration de vidéo, son, etc.).

E-réputation : données explicites et implicites, diffusées sur le web à la fois par une organisation, ses employés, ses clients, ses concurrents ainsi que par des personnes-relais (blogueurs, twitterrers, etc.). On parle également de l'e-réputation d'une personne pour parler de sa réputation sur le web.

Everything overload : désigne les différents types d'*overload* auxquels est confronté le travailleur du savoir, c'est-à-dire *information overload, tools overload, social overload*... Voir aussi « Infobésité ».

Executive summary : résumé qui donne les grandes lignes et le contexte d'un document long, le but étant d'aider son interlocuteur à prendre une décision.

Extime : défini par le psychologue Serge Tisseron comme « le mouvement qui pousse chacun à mettre en avant une partie de sa vie intime, autant physique que psychique ». Voir Serge Tisseron, *L'intimité surexposée*, Ramsay, 2001.

FAI : fournisseur d'accès à Internet.

FCS (facteurs critiques de succès) : éléments essentiels qu'une organisation doit considérer afin de réaliser ses orientations stratégiques et ses objectifs.

Fichier OPML (*Outlined Processor Markup Langage*) : c'est un fichier XML qui permet d'échanger des données sous forme de listes structurées.

Folksonomie : néologisme forgé sur « *folks* » qui signifie « les gens » en anglais, et « taxonomie » qui désigne un classement sous forme d'arborescence. Une folksonomie est un ensemble de mots-clés créé de manière collaborative, décentralisée et spontanée par des non-spécialistes sous forme d'index.

Fork : embranchement d'un projet.

Friend-filtered social search : il s'agit ici de permettre à l'utilisateur de rechercher dans des données et résultats déjà trouvés, accédés, partagés, notés et annotés par les membres de son réseau (« amis », « *followers* »...) ou les membres de leurs réseaux (« amis de mes amis »).

Gestionnaire de tâches : outil pour assurer le suivi des tâches (un logiciel ou un carnet, etc.).

Giant global graph (en français, « graphe global géant » ou « graphe social global ») : représentation graphique dynamique de l'ensemble des relations de toutes les personnes dans le monde en fonction de leurs interactions sur le web (blogs, réseaux sociaux, etc.).

Hacker : pirate informatique.

Hashtag : tag sur Twitter et d'autres réseaux de micro-blogging, représenté par « #tag ». Il permet de faire des recherches sur un sujet précis sur le moteur de recherche. Vous pouvez ajouter un ou plusieurs *hashtags* à vos *tweets*, qui seront ainsi visibles plus facilement sur le moteur de recherche. » Source : www.blog.audrey-fosseries.com/2009/11/la-chronique-twitter-du-week-end-lecon.html

Hipster PDA : feuilles de bristol maintenues par une pince et permettant de gérer son emploi du temps et ses tâches.

Infobésité : surcharge informationnelle qui constitue une des principales caractéristiques de notre société de l'information. La technologie actuelle est à la fois le problème et la solution.

Info-pollution : bruit généré par de multiples messages, par exemple des spams n'apportant aucune valeur ajoutée.

Information liquide : principe selon lequel tous les mots d'une page web sont reliés à tous les mots de tous les autres sites web. Chacun de ces hypermots donne accès à des fonctionnalités personnalisables afin de disposer d'une navigation Internet totalement personnalisée.

Information literacy : maîtrise informationnelle.

Information overload : trop-plein d'information (synonymes : infobésité ou surinformation).

Ingénierie sociale : forme d'escroquerie informatique dans laquelle le *hacker* va utiliser ses connaissances, son charisme, l'imposture ou le culot, pour jouer sur l'ignorance ou la crédulité de personnes possédant ce qu'il tente d'obtenir (nom d'une personne, adresse, codes d'identification, numéros de téléphone...). Cela peut passer par tous les moyens (le téléphone, l'e-mail, rarement l'entrevue).

IP : identifiant d'une machine sur un réseau qui utilise le protocole IP.

IRL : *In Real Life*, littéralement « dans la vie réelle ».

JIT e-mail (*Just In Time e-mail*) : il s'agit d'appliquer le principe systémique du « juste-à-temps » à l'envoi des e-mails. Ce principe stipule qu'il faut éviter de stocker, et plutôt produire « au bon moment », c'est-à-dire au moment de la consommation de ce qui est produit.

Keylogger : logiciel espion qui enregistre à votre insu vos frappes de clavier, le plus souvent pour récupérer vos mots de passe.

KM (*Knowledge Management*, gestion des connaissances) : désigne à la fois les méthodologies et les outils visant à partager, structurer, valoriser, capitaliser et rendre accessible l'information utile au sein des organisations.

Lean e-mail : application de la méthode *Lean* pour les e-mails.

Liste de diffusion : utilisation de l'e-mail pour publiposter des informations à un groupe d'abonnés.

Log : donnée de navigation effectuée par un internaute.

Logiciel *peer-to-peer* (en français, « pair à pair ») : système de connexion décentralisée permettant à des utilisateurs d'échanger des fichiers entre eux.

Logigrammes : façon de visualiser de façon séquentielle et logique les actions à accomplir et les décisions à prendre pour atteindre un objectif.

Loi de Douglas : les dossiers et les documents s'entassent jusqu'à remplir l'espace disponible pour le rangement.

Lois de proximité : elles partent du principe que le lecteur est attiré par ce qui lui est proche, le touche, le concerne directement et personnellement. Principalement, quatre lois de proximité existent : géographique, chronologique, sociale et psychoaffective.

Maîtrise personnelle (*personal mastery*) : l'un des cinq piliers du KM (*Knowledge Management*) selon Peter Senge.

Mashup (application composite, ou encore *mash-up*) : application qui allie du contenu ou des services provenant de plusieurs applications différentes plus ou moins hétérogènes.

Méthode « *wipe as you go* » (en français, « nettoyer au fur et à mesure ») : principe de ranger un fichier immédiatement après l'avoir utilisé.

Méthode GTD (« *Getting Things Done* » ; en français, « accomplir des tâches ») : méthode de gestion des tâches créée par David Allen.

Méthode *Lean* : méthode employée au départ chez Toyota pour améliorer les processus de fabrication, elle s'est généralisée pour gérer la production. Son but : rechercher la performance par l'amélioration continue et la chasse au gaspillage.

Micro-blogging : site Internet qui permet de tenir des micro-blogs et de les diffuser sur un réseau social. Le micro-blog est un dérivé concis du blog, c'est-à-dire qu'il permet de publier de courts articles. Le service de micro-blogging le plus populaire est Twitter, qui limite ses micro-blogs à 140 caractères de texte.

Mind mapping : technique pour organiser graphiquement ses idées. Tony Buzan, un psychologue anglais, a développé cette méthode dans les années 1970. Le *mind mapping* donne naissance à des *mind maps* (en français, « cartes heuristiques » ou « cartes mentales »).

Mind map (en français, « carte heuristique® » ou « carte mentale ») : carte dessinée le plus souvent par un logiciel de *mind mapping*. Un *mind map* peut aussi se dessiner manuellement.

Modèle TIICC (Temps, Identité numérique, Information, Capital social, Compétences personnelles) : modèle de PKM qui intègre des problématiques découlant de la part grandissante prise par le web dans tous les aspects de notre vie.

Moteur de recherche : outil qui permet de rechercher de l'information sur les pages web.

Moteur de recherche desktop : moteur de recherche local, c'est-à-dire situé directement sur son ordinateur (exemples : Word, PDF, Excel, musique, images, e-mails, etc.).

Moteur de recherche plein texte : moteur de recherche qui prend en compte l'ensemble du texte d'une page.

Moteur de recherche « temps réel » : moteur de recherche spécialisé (ou disposant d'une option spéciale) dans la recherche d'information récente, provenant souvent des réseaux comme Twitter.

Moteur de recherche d'actualités : moteur de recherche spécialisé dans la recherche d'information au sein des actualités.

Métamoteur : moteur de moteurs de recherche. La recherche s'effectue alors sur cinquante moteurs à la fois par exemple.

Newsletter : lettre d'information.

Next action (action suivante) : prochaine action concrète que la personne accomplira pour faire avancer le projet.

Open access : mouvement lancé vers la fin des années 1990 et régi par la déclaration de Berlin sur le libre accès aux connaissances dans le domaine des sciences. Il englobe notamment l'accès gratuit aux documents (en ligne et en texte intégral), l'archivage en ligne, la diffusion sans restriction, l'interopérabilité et l'archivage à long terme.

Opérateur : syntaxe permettant de préciser ses requêtes sur un moteur de recherche. Les opérateurs avancés sont plus complexes que les opérateurs simples de type booléens.

Pages-ressources : pages qui sont elles-mêmes des listes d'adresses web potentielle-ment intéressantes, souvent intitulées « favoris », « *bookmarks* » ou encore « liens utiles ».

PDA (*Personal digital assistant*) : assistant digital personnel. C'est un ordinateur de poche, tel que le téléphone portable Blackberry.

Personal branding : idée selon laquelle l'individu peut se gérer comme une marque.

Personal Knowledge Management (PKM) : « Le *Personal Knowledge Management* met en jeu un ensemble de techniques et d'outils relativement simples et peu coûteux que chacun peut utiliser pour acquérir, créer et partager la connais-sance, étendre son réseau personnel et collaborer avec ses collègues sans avoir à compter sur les ressources techniques ou financières de son employeur. » (Défi-nition de Steve Barth en 2000.)

Personal Learning Environment (EAP en français, soit Environnement d'apprentis-sage personnel) : ensemble de logiciels et de technologies 2.0 (blogs, wiki, RSS, etc.) qui aident les apprenants à organiser leurs connaissances.

Phishing : attaques par hameçonnage cherchant à capter des données sensibles comme des numéros de cartes bancaires, soit par e-mail (le pirate peut se faire passer pour la banque de la victime), soit par un site web falsifié.

Plugin : module d'extension permettant d'ajouter des fonctionnalités à un logiciel.

Pro-ams (littéralement, « professionnels amateurs ») : amateurs éclairés capables de rivaliser avec les professionnels du web.

Pronétaires : néologisme créé par Joël de Rosnay à partir du grec *pro*, (« devant », « avant », mais aussi « favorable à ») et de l'anglais *net* (« réseau »), qui est aussi un clin d'œil au mot « prolétaire ». Source : http://fr.wikipedia.org/wiki/Pronétaire

Push : information poussée qui arrive sans être sollicitée, *a contrario* du *pull*, infor-mation tirée que l'internaute va chercher.

Pyramide inversée : voir « Règle 5W + 2H + G ».

QQOQCCP (Qui ? Quoi ? Où ? Quand ? Comment ? Combien ? Pourquoi ?) : méthode qui permet d'attaquer un problème informationnel sous plusieurs angles. Cette méthode est très utilisée dans le journalisme.

Redocumentarisation : fait de créer du contenu sur un individu, indexable par les moteurs de recherche, en plus de la documentation qu'il a lui-même renseignée à son sujet.

Reference overload : surcharge de contenus dits de référence.

Règle 5W + 2H + G (Who ? What ? Where ? When ? Why ? + How ? How much ? + Google) ou pyramide inversée : méthode de rédaction qui consiste à présenter l'essentiel dès le début.

Règle de message : dans une messagerie, sert à ranger automatiquement les messages. Exemple : tous les messages en provenance d'un même expéditeur peuvent se placer automatiquement dans un dossier spécifique à son nom.

Répertoire : voir « Annuaire ».

Réseaux sociaux : services permettant aux internautes de construire un profil public ou semi-public dans un système donné, de consulter les connexions des autres membres du système et de solliciter, si nécessaire, une mise en relation avec eux.

RGI (référentiel général d'interopérabilité) : ensemble des règles pour faciliter les échanges et rendre cohérents les systèmes d'information du service public.

RSS : format qui permet de s'abonner à un site web. Le fil RSS (aussi appelé filet ou flux RSS) se lit avec un lecteur de flux RSS.

Screencast : capture vidéo d'un écran d'ordinateur. Cet enregistrement du déroulement d'une manipulation peut être accompagné par de l'audio. Les *screencasts* peuvent servir comme tutoriels pour expliquer le fonctionnement d'un logiciel.

Serveur FTP (*File Transfer Protocol* ; en français, « protocole de transfert de fichiers ») : protocole de communication destiné à l'échange informatique de fichiers sur un *réseau* TCP/IP. Source : fr.wikipedia.org/wiki/Ftp

Social bookmarking (en français, « marque-page social », « navigation sociale » ou « partage de signets ») : manière de stocker, classer, chercher et partager ses liens favoris entre internautes.

Social data mining : techniques visant à exploiter les réseaux sociaux afin d'en tirer une valeur ajoutée liée aux interconnexions de leurs membres (voir aussi « Graphe social global »).

Social networking : réseaux sociaux.

Social news : services permettant de faire émerger les actualités les plus populaires en fonction des votes des internautes. Mise en œuvre du *crowdsourcing*.

Social overload : désigne notre capacité à multiplier le nombre de contacts que nous avons dans nos réseaux d'une manière tout à fait inédite dans l'histoire de l'humanité.

Social search (« recherche sociale » en français) : mode de recherche qui utilise les réseaux sociaux et les réseaux d'experts. Il est mené dans des espaces de travail partagés où il met en jeu des techniques de *social data mining* ou des processus d'intelligence collective pour améliorer la recherche.

Spelled-out e-mail : e-mail qui facilite la tâche du lecteur en appliquant toutes les bonnes règles des chartes e-mails.

Spyware : élément qui effectue des actions non sollicitées par l'internaute en vue de récolter ses données personnelles et de les transmettre à son concepteur.

Supernet : super réseau.

Tag : mot-clé permettant une meilleure indexation des contenus sur le web, technique découlant des méthodes de documentation.

Tag literacy : maîtrise du classement par tag.

Temps-devenir : concept emprunté à Philippe Zarifian, qui désigne ainsi des moments de réflexion volontaire, le temps consacré à la lecture d'articles, d'ouvrages, mais aussi le temps fécond que nous accordons à l'oxygénation de notre esprit et de notre corps.

Tools overload : forme de surcharge constituée par le nombre de logiciels et de services en ligne sans cesse croissant qui nous est proposé et parmi lesquels nous devons choisir.

Travailleur du savoir : expression créée par Peter Drucker pour désigner une personne qui met en œuvre des concepts, des idées et des théories, plutôt que des compétences manuelles ou musculaires.

Troll : sujet qui fâche lancé volontairement sur un espace de discussion en ligne et, par extension, l'internaute postant ces messages provocateurs prompts à susciter des débats houleux.

UC : unité centrale.

URL : sigle pour *Uniform Resource Locator*, méthode d'adressage uniforme indiquant le protocole des différents services disponibles dans le réseau Internet.

Veille image (ou veille e-réputation) : surveillance de l'e-réputation d'une organisation ou d'une personne. Cette veille est nécessaire pour suivre ce que disent les internautes et y répondre si nécessaire.

Vue isométrique ou isomap : carte d'organisation où les trois dimensions sont représentées avec la même importance.

Web 2.0 : terme inventé par Tim O'Reilly pour qualifier le passage du web à une nouvelle étape, caractérisée entre autres par la multiplication de services aux internautes qui sont considérés comme des codéveloppeurs de ces services.

Webmail : messagerie accessible par le web (exemple : Gmail).

Wiki : site web dont l'écriture est collaborative, c'est-à-dire que les pages sont modifiables par les visiteurs du site, et historicisée, ce qui signifie qu'il est toujours possible de revenir à une version précédente de la page en cours.

XML : format informatique qui permet une pérennité du contenu.

Index des notions clés

Index des logiciels, services en ligne et plugins

242 Organisez vos données personnelles

Bibliographie

David ALLEN, *S'organiser pour réussir* : Getting Things Done, Leduc. S Éditions, 2008.

Jean-Noël ANDERRUTHY, *Google est à vous* ! – *Tout sur la recherche avancée et les services en ligne*, Éditions ENI, 2ᵉ édition, 2009.

Jean-Noël ANDERRUTHY, *Du web 2.0 au web 3.0* – *Les nouveaux services Internet*, Éditions ENI, 2009.

Jean-Noël ANDERRUTHY, *Techniques de veille et e-réputation* – *Comment exploiter les outils Internet* ?, Éditions ENI, 2009.

Cédric BERGER et Serge GUILLARD, *La rédaction graphique des procédures* – *Démarche et techniques de description des processus*, Association française de normalisation (AFNOR), 2001.

Isabelle CANIVET, *Bien rédiger pour le web et améliorer son référencement naturel*, Eyrolles, 2009.

Stephen R. COVEY, *Les sept habitudes de ceux qui réalisent tout ce qu'ils entreprennent*, Éditions Générales First, nouvelle édition, 2005.

Jean-Luc DELADRIÈRE *et alii*, *Organisez vos idées avec le mind mapping*, 2ᵉ édition, Dunod, 2006.

Éric DELCROIX, *Flickr*, Pearson Education, 2008.

Éric DELCROIX et Alban MARTIN, *Facebook* – *On s'y retrouve*, Pearson, 2008.

Xavier DELENGAIGNE et Thomas JOUBERT, *Écrire pour le web : vers une écriture multimédia*, Territorial Éditions, 2010.

Xavier DELENGAIGNE et Pierre MONGIN, *Boostez votre efficacité avec FreeMind, Freeplane et Xmind : bien démarrer avec le mind mapping*, Eyrolles, 2ᵉ édition, 2010.

Xavier DELENGAIGNE et Fabrice GONTIER, *Les outils multimédias du web : équipements, services et savoir-faire pour communiquer sur Internet*, CFPJ Éditions, 2009.

Xavier DELENGAIGNE et Pierre MONGIN, *Organisez votre vie avec le mind mapping* – *Côté tête et côté cœur*, InterÉditions, 2009.

Xavier DELENGAIGNE et Fabrice GONTIER, *Communiquer avec les outils électroniques : vers une collectivité numérique 2.0*, Territorial Éditions, 2008.

Xavier DELENGAIGNE, *Organiser sa veille avec des logiciels libres*, Territorial Éditions, 2007.

Christophe DESCHAMPS, *Le nouveau management de l'information. La gestion des connaissances au cœur de l'entreprise 2.0*, FYP éditions, 2009.

Peter DRUCKER, *L'avenir du management*, Pearson Village mondial, 2010.

Ron HALE-EVANS, *Mind Performance Hacks*, O'Reilly Media, Inc, USA, illustrated edition, 2006.

Mark HURST, *Bit Literacy: Productivity in the Age of Information and E-mail Overload*, Good Experience, 2007.

Hélène MAUREL-INDART, *Plagiats, les coulisses de l'écriture*, Éditions de La Différence, 2007.

Véronique MESGUICH et Armelle THOMAS, *Net recherche 2010 : le guide pratique pour mieux trouver l'information utile et surveiller le web*, ADBS, 2010.

Pierre MONGIN et Jean-Philippe LEFÈVRE, *Simplifier la gestion de votre collectivité grâce à un Intranet*, Territorial Éditions, 4e édition, 2006.

Joseph D. NOVAK et D. Bob Gowin, *Learning How to Learn*, Cambridge University Press, 1984.

Francis PISANI et Dominique PIOTET, *Comment le web change le monde : l'alchimie des multitudes*, Village mondial, 2008.

Joël RONEZ, *L'écrit web : traitement de l'information sur Internet*, CFPJ Éditions, 2007.

Peter SENGE, *La cinquième discipline – Le guide de terrain : stratégies et outils pour construire une organisation apprenante*, Éditions Générales First, 2000.

Brigitte SIMONNOT et Gabriel GALLEZOT, *L'entonnoir : Google sous la loupe des sciences de l'information et de la communication*, C&F Éditions, 2009.

Daniel TAMMET, *Embrasser le ciel immense, le cerveau des génies*, Les Arènes, 2008.

Franck TOGNINI, Pierre MONGIN, et Cathy KILIAN, *Petit Manuel d'intelligence économique au quotidien : comment collecter, analyser, diffuser et protéger son information*, Dunod, 2006.

Gina TRAPANI, *Upgrade Your Life: The Lifehacker Guide to Working Smarter, Faster, Better*, Wiley-Blackwell (an imprint of John Wiley & Sons Ltd), 2e édition, 2008.

David WEINBERGER, *Everything Is Miscellaneous: The Power of the New Digital Disorder*, Henry Holt & Company Inc, 2008.

Table des matières

www.ingramcontent.com/pod-product-compliance
Lightning Source LLC
Chambersburg PA
CBHW061151220326
41599CB00025B/4440